탄핵이 뭐길래

프롤로그　　　　　　　　　　　　　　　　　　　　　　8

1부　　　　　　　　　　　　　　　　　　　　**탄핵의 자격**

첫 관문-탄핵의 절차는 정당했는가　　　　　　　　　　14
윤석열 대통령 탄핵 판결문 전문　　　　　　　　　　　17
논점 1: 사법심사 대상성　　　　　　　　　　　　　　29
논점 2: 국회 법사위 조사에 대한 의심　　　　　　　　33
논점 3: 일사부재의 원칙 위배 여부　　　　　　　　　38
논점 4: 계엄이 금방 해제되었으니 탄핵이 불필요한가?　43
논점 5: 탄핵 소추 이유를 중간에 바꿨다　　　　　　　49
논점 6: 탄핵소추권 남용　　　　　　　　　　　　　　54
다시 읽기: 박근혜 대통령 탄핵 판결문 전문　　　　　59
적법 요건이 빚어낸 탄핵의 문턱　　　　　　　　　　69

2부 10개의 논쟁과 인문학 질문

질문들 - 탄핵에 숨겨진 본질을 묻다	74
1. "헌법에 저항하라?" - 시민저항권의 진실	77
2. "바이든 날리면" 언론의 자유와 정부의 검열	84
3. 대통령을 파면시키는 힘 - 사법부	94
4. 국회의 입법 폭주 vs 대통령의 끈질긴 거부권	100
5. 광장으로 나온 민주주의	110
6. 대통령의 권력 남용 그리고 사익 추구	118
7. 탄핵인가 쿠데타인가	128
8. 계엄령과 긴급명령권 - 민심 진압인가, 국가 수호인가?	140
9. 서로 "반헌법" - 헌법은 누구의 편인가	151
10. 혐오의 시대: 차별과 미움	161
탄핵 판결문이 남긴 것	170

3부

33개의 인문학 서재

33개의 개념으로 여는 인문학 서재   176

  1. 탄핵 - "이제 그만 물러나시오"   178
  2. 종북좌파 vs 독재친일 - 대한민국에서 진보와 보수란   183
  3. 한국의 트라우마 - 계엄령과 긴급조치   188
  4. 김건희, 대장동 특혜 그리고 사법 리스크   193
  5. 왜 제왕적 대통령제라 하는가 - 폐해와 개헌 논의   206
  6. 천공, 건진법사, 명태균 - 샤머니즘(무당)과 정치   212
  7. 대통령 불소추 특권 - 기소되지 않을 권리   218
  8. 일사부재리의 원칙 - 두 번 죽이지 않는다   222
  9. 중앙선거관리위원회와 부정선거 논란   225
  10. 헌법 재판소 - 최후의 보루   229
  11. 법치주의 - 국가는 무엇의 지배를 받는가   233
  12. '대역죄인'의 범죄 - 내란죄   236
  13. 쿠데타 - 성공하면 혁명가, 실패하면 반란 수괴   241
  14. 시민 불복종 - 더 큰 가치를 위한 삐딱선   246
  15. 국민 저항권 - 어디까지 저항할 수 있나   251
  16. 우리는 왜 국가의 말을 따라야 하는가   255
  17. K-민주주의와 응원봉 그리고 촛불혁명   260
  18. 프로파간다와 선동   264
  19. 4·19 혁명과 대한민국 헌법   271

20. 5·18 민주화운동과 한강의 소설	275
21. 1987년 6월 민주항쟁 "탁 치니 억 하고 죽었다"	280
22. 권력 견제 - 삼권분립	284
23. 극우 포퓰리즘과 태극기 부대	288
24. 민주주의와 비선실세	292
25. 그놈의 특검, 특검	297
26. 검찰공화국과 검찰 개혁	301
27. 종북 세력과 레드 콤플렉스	305
28. 악의 평범성 - 깊이 생각하지 않은 죄	309
29. 공수처가 뭐라고	313
30. 영부인의 정치적 역사 - 보이지 않는 권력	317
31. 페미 논쟁	321
32. 탈진실 - 사실은 중요하지 않다?	325
33. 신자유주의 - 시장이라는 종교	328

에필로그   **333**
작가 인터뷰   **335**

프롤로그

대통령의 비상계엄 선포, 국회의 탄핵 소추. 그리고 광장의 함성에 이은 헌법재판소의 파면 결정….

2024년 12월 3일부터 2025년 상반기의 조기 대선까지, 뉴스는 스포츠 생중계처럼 속보를 쏟아냈다.

그러나 독자들은 오히려 혼란스러웠을 것 같다. 대한민국을 뒤흔든 격랑 속에서 우리는 무엇을 놓쳤을까? 우리가 본 것이 다일까?

단순히 시끄러웠던 한 편의 정치 드라마가 막을 내렸다고 생각하면 우리는 아무것도 배운 게 없다. 이 혼란스러운 풍경 속에 권력의 속성, 인간의 약함과 위대함, 그리고 우리가 사는 민주주의 사회의 실제 모습이 비춰지고 있다는 것을 기억하면 어떨까.

이 책 『탄핵이 뭐길래』는 각종 뉴스의 헤드라인 너머, 사건의 본질을 꿰뚫는 '진짜 지식'을 전달하고자 기획되었다. 뉴스의 선정적이고 흥미로운 지식은 따져보면 우리의 삶을 단단하게 만드는 진짜 지식이 아니기 때문이다.

가짜뉴스와 감정적 선동(프로파간다)을 구분하는 힘은 어디에서 올까? '날카로운 인문학적 렌즈'로 세상을 보되, 두 발은 현실을 단단히 딛고 있어야 한다.

이 책은 바로 그 힘, 즉 어떤 소란에도 흔들리지 않는 '비판적 지성'을 단련하는 방법을 '생활 인문학'의 언어로 풀어낸 결과다.

『탄핵이 뭐길래』는 탄핵 정국을 뜨겁게 달구었던 33가지 구체적인 논쟁과, 그 이면에 흐르는 10가지 핵심적인 인문학 개념(시민 저항권, 사회 계약, 악의 평범성, 탈진실, 프로파간다 등)을 '생각의 단위'로 풀어놓았다. 딱딱한 이론이나 교과서적인 설명은 지양했다. 스토리텔링과 다양한 사례를 통해 각 개념이 우리의 현실과 어떻게 맞닿아 있는지 보여주고자 노력했다. 이 개념들은 우리가 세상을 읽는 '인문학적 렌즈'이자 '성찰의 도구'로 힘을 발휘할 것이다.

이 책은 순서대로 읽을 필요가 없다. '독립된 모듈'로 구성되어 있기 때문에 독자들이 궁금한 논쟁이나 개념부터 자유롭게 펼쳐 읽으면 된다.

1부는 탄핵 그 자체를 다룬다. 보수, 진보 양쪽에서 '아름답다'고까지 평가받았던 실제 탄핵 판결문을 뜯어 보았다. 부록으로 첨부한 박근혜 전 대통령 탄핵 판결문을 함께 읽어 보면 이 시대의 '상식'에 대해 감을 잡을 수 있다.

2부는 탄핵이라는 수면 아래에 감춰진 본질적인 인문·철학을 역사적 스토리텔링으로 설명했다. 탄핵 찬·반 양쪽에서 서로를 비판하던 주장들은 알고 보면 깊은 역사적 뿌리에서 비롯되었다. 또 세계 어디에서나 비슷한 일들이 벌어지고 있다는 것도 우리의 시야를 넓히는 데에 도움이 된다. 탄핵 찬·반측 근거를 균형 있게 담으려고 노력했다.

3부는 2부에서 미처 다루지 못했던, 그러나 반드시 알아야 할 이 시대의 인문학적 화두를 모듈식으로 짧게 다루었다. 한 개의 주제가 워낙 묵직해서 각각을 책 한 권으로도 담기에도 모자라다. 때문에, 짧은 분량으로 핵심만 담아내려고 의도했다. 저명한 것들은 아무래도 재미가 덜하기 마련이기 때문에, 짧고 쉬운 콘텐츠 위주로 선별했다. 몇몇 주제는 중복되지만 문맥에 어긋나지 않는다면 그대로 두었다. 다양한 콘텐츠 중에는 내가 최근 만났던 두 석학과의 인터뷰도 포함되어 있다. 성균관대 언론대학원 학장, 방통위원장을 역임한 이효성 작가와의 진행했던 인터뷰는 내가 책을 설계하는 데에 도움이 되었다. 역사학자이자 포항공대 명예교수인 고정휴 작가도 내게 큰 자극이 되었다. 이분들과의 인터뷰는 작가들의 홈페이지에 무료로 공개되어 있으므로 참고할 만하다. (이효성.com, 고정휴.com)

책은 방대한 주제를 다루지만 부담 없이 하루 30분씩 읽어도 좋다. 버스에서, 자기 전에, 약속을 기다리면서 읽어도 부담이 없다. 독자가 그렇게 읽었으면 하는 바람으로 기획했다. 33가지 논쟁과 10가지 핵심 개념을 마음 가는 대로 따라가다 보면 전체가 하나의 완결된 이야기처럼 이어질 것이다.

쉽게 이해되는 자료를 찾고 이번 사태의 인문학적 역사와 원리를 탐구하는 과정에서, 혹여나 독자에게 정답을 강요하지 않으려고 노력했다. 내 지식이 훌륭해서 그것을 쓴 책이 아니다. 나 역시 탄핵이라는 역사적 사건 앞에서 공부하는 마음으로 책을 썼다. 자료가 정확한지 여러 번 확인하였으나 부족한 부분이 있다면 내 게으름 탓이다.

부디 이 독립된 개념들이 우리의 삶을 단단히 지탱할 살아 있는 인문학 원리가 되길 바란다. 그리하여 혼돈과 방황 속에서도 길을 잃지 않고, 우리 스스로가 더 독립적인 존재가 되길 바란다. 우리가 주변의 무지나 소란스러운 분위기에 휩쓸리지 않고 스스로 인생의 주인공이 되길 바란다. 그런 인생으로 거듭나는 데에 이 책이 작은 디딤돌이 되길 바란다.

1부
탄핵의 자격

첫 관문-탄핵의 절차는 정당했는가

본게임 전, 규칙부터 따져보자

우리가 어떤 중요한 대회에 참가하거나, 큰 시험을 치르거나, 혹은 중대한 계약을 맺을 때를 생각해보자. 본론으로 들어가기 전에 반드시 거치는 단계가 있다. 참가 자격은 되는지, 신청서는 제대로 작성했는지, 기본적인 규칙은 숙지했는지 등을 먼저 확인하는 것이다. 아무리 실력이 뛰어나도 첫 관문의 절차적 요건을 통과해야 한다.

대통령 탄핵심판이라는 절차 역시 마찬가지다. 헌법재판소는 국회가 제출한 탄핵소추안을 받으면, 곧바로 대통령의 행위가 헌법이나 법률을 위반했는지 따지지 않는다. 마치 경기 시작 전 규칙을 점검하듯 절차적 적법성부터 꼼꼼히 심사한다. 국회의 탄핵소추 과정 자체가 헌법과 법률이 정한 요건과 절차를 제대로 준수했는지 확인하는 것이다.

이 '첫 관문' 심사는 매우 중요하다. 탄핵이라는 제도가 단순히 정치적 반대파를 제거하는 수단으로 남용되는 것을 막고, 국가 중대사를 결정하는 과정의 공정성과 신뢰성을 확보하기 위한 최소한의 안전장치이기 때문이다. 이 단계에서 국회의 소추 절차에 중대한 흠결이 발견되면, 헌법재판소는 본안 내용에 대한 판단 없이 탄핵 심판 자체를 기각할 수도 있다.

이번 윤석열 대통령 탄핵 사건에서도 헌법재판소는 본안 심리에 앞서 다음과 같은 여섯 가지 핵심적인 절차적 쟁점들을 먼저 심리했다.

- 사법심사 대상성: 대통령의 계엄 선포 행위, 과연 법의 심판대에 올릴 수 있는 일인가?
- 법사위 조사 결여: 국회가 탄핵안 사전 조사를 건너뛴 것, 괜찮은가?
- 일사부재의 원칙 위배: 한번 무산된 탄핵안, 회기 바꿔 다시 내도 되는가?
- 심판 이익 흠결: 계엄이 금방 해제됐는데, 탄핵 심판 계속할 필요 있나?
- 소추사유 변경: 탄핵 이유(내란죄 → 헌법 위반), 중간에 바꿔도 괜찮나?
- 탄핵소추권 남용: 탄핵 추진 자체가 정치 공세라면 무조건 잘못인가?

헌법재판소는 이 여섯 가지 쟁점 모두가 적법 요건을 충족했다고 판단했다. 이 판단이 내려짐으로써 비로소 탄핵 심판은 첫 관문을 통과하여, 대통령의 행위가 실제로 헌법과 법률을 위반했는지를 본격적으로 따지는 '본안 심리' 단계로 나아갈 수 있었다.

1부에서는 바로 이 탄핵의 첫 관문, 즉 절차적 적법성과 관련된 여섯 가지 핵심 논점을 하나씩 살펴보려 한다. 이 여섯 가지 논점은 사회를 보는 눈을 넓혀주리라 확신한다. 우리 눈에 보이는 법이나 제도 같은 결과물은 인류의 역사와 사건을 바탕으로 한 어떠한 원칙들로 세워져 있기 때문이다. 그것을 이해하는 것은 인류의 역사를 통째로 들여다 보는 것과 같다.

    대통령 탄핵 결정문은 빠르게 훑고 넘어가거나 건너 뛰어도 좋다.

윤석열 대통령 탄핵 판결문 전문

지금부터 2024헌나8 대통령 윤석열 탄핵사건에 대한 선고를 시작하겠습니다.

먼저, 적법요건에 관하여 살펴보겠습니다.

① 이 사건 계엄 선포가 사법심사의 대상이 되는지에 관하여 보겠습니다.

고위공직자의 헌법 및 법률 위반으로부터 헌법질서를 수호하고자 하는 탄핵심판의 취지 등을 고려하면, 이 사건 계엄 선포가 고도의 정치적 결단을 요하는 행위라 하더라도 그 헌법 및 법률 위반 여부를 심사할 수 있습니다.

② 국회 법사위의 조사 없이 이 사건 탄핵소추안을 의결한 점에 대하여 보겠습니다.

헌법은 국회의 소추 절차를 입법에 맡기고 있고, 국회법은 법사위 조사 여부를 국회의 재량으로 규정하고 있습니다. 따라서 법사위의 조사가 없었다고 하여 탄핵소추 의결이 부적법하다고 볼 수 없습니다.

③ 이 사건 탄핵소추안의 의결이 일사부재의 원칙에 위반되는지 여부에 대하여 보겠습니다.

국회법은 부결된 안건을 같은 회기 중에 다시 발의할 수 없도록 규정하고 있습니다. 피청구인에 대한 1차 탄핵소추안이 제418회 정기회 회기에 투표 불성립되었지만, 이 사건 탄핵소추안은 제419회 임시회 회기 중에 발의되었으므로, 일사부재의 원칙에 위반되지 않습니다.

한편 이에 대해서는 다른 회기에도 탄핵소추안의 발의 횟수를 제한하는 입법이 필요하다는 재판관 정형식의 보충의견이 있습니다.

④ 이 사건 계엄이 단시간 안에 해제되었고, 이로 인한 피해가 발생하지 않았으므로 보호이익이 흠결되었는지 여부에 대하여 보겠습니다.

이 사건 계엄이 해제되었다고 하더라도 이 사건 계엄으로 인하여 이 사건 탄핵 사유는 이미 발생하였으므로 심판의 이익이 부정된다고 볼 수 없습니다.

⑤ 소추의결서에서 내란죄 등 형법 위반 행위로 구성하였던 것을 탄핵심판청구 이후에 헌법 위반 행위로 포섭하여 주장한 점에 대하여 보겠습니다.

기본적 사실관계는 동일하게 유지하면서 적용법조문을 철회.변경하는 것은 소추사유의 철회.변경에 해당하지 않으므로, 특별한 절차를 거치지 않더라도 허용됩니다.

피청구인은 소추사유에 내란죄 관련 부분이 없었다면 의결정족수를 충족하지 못하였을 것이라고도 주장하지만, 이는 가정적 주장에 불과하며 객관적으로 뒷받침할 근거도 없습니다.

⑥ 대통령의 지위를 탈취하기 위하여 탄핵소추권을 남용하였다는 주장에 대하여 보겠습니다.

이 사건 탄핵소추안의 의결 과정이 적법하고, 피소추자의 헌법 또는 법률 위반이 일정 수준 이상 소명되었으므로, 탄핵소추권이 남용되었다고 볼 수 없습니다.

그렇다면 이 사건 탄핵심판청구는 적법합니다.

한편 증거법칙과 관련하여, 탄핵심판절차에서 형사소송법상 전문법칙을 완화하여 적용할 수 있다는 재판관 이미선, 김형두의 보충의견과,

탄핵심판절차에서 앞으로는 전문법칙을 보다 엄격하게 적용할 필요가 있다는 재판관 김복형, 조한창의 보충의견이 있습니다.

다음으로 피청구인이 직무집행에 있어 헌법이나 법률을 위반하였는지, 피청구인의 법위반 행위가 피청구인을 파면할 만큼 중대한 것인지에 관하여 살펴보겠습니다.

우선 소추사유별로 살펴보겠습니다.

① 이 사건 계엄 선포에 관하여 보겠습니다.

헌법 및 계엄법에 따르면, 비상계엄 선포의 실체적 요건 중 하나는 '전시·사변 또는 이에 준하는 국가비상사태로 적과 교전 상태에 있거나 사회질서가 극도로 교란되어 행정 및 사법 기능의 수행이 현저히 곤란한 상황이 현실적으로 발생하여야 한다'는 것입니다.

피청구인은 야당이 다수의석을 차지한 국회의 이례적인 탄핵소추 추진, 일방적인 입법권 행사 및 예산 삭감 시도 등의 전횡으로 인하여 위와 같은 중대한 위기상황이 발생하였다고 주장합니다.

피청구인의 취임 후 이 사건 계엄 선포 전까지 국회는 행안부장관, 검사, 방통위 위원장, 감사원장 등에 대하여 총 22건의 탄핵소추안을 발의하였습니다. 이는 국회가 탄핵소추사유의 위헌·위법성에 대해 숙고하지 않은 채 법 위반의 의혹에만 근거하여 탄핵심판제도를 정부에 대한 정치적 압박수단으로 이용하였다는 우려를 낳았습니다.

그러나 이 사건 계엄 선포 당시에는 검사 1인 및 방통위 위원장에 대한 탄핵심판절차만이 진행 중이었습니다.

피청구인이 야당이 일방적으로 통과시켜 문제가 있다고 주장하는 법률안들은 피청구인이 재의를 요구하거나 공포를 보류하여 그 효력이 발생되지 않은 상태였습니다.

2025년도 예산안은 2024년 예산을 집행하고 있었던 이 사건 계엄 선포 당시 상황에 어떠한 영향을 미칠 수 없고, 위 예산안에 대하여 국회 예결특위의 의결이 있었을 뿐 본회의의 의결이 있었던 것도 아닙니다.

따라서 국회의 탄핵소추, 입법, 예산안 심의 등의 권한 행사가 이 사건 계엄 선포 당시 중대한 위기상황을 현실적으로 발생시켰다고 볼 수 없습니다.

국회의 권한 행사가 위법·부당하더라도, 헌법재판소의 탄핵심판, 피청구인의 법률안 재의요구 등 평상시 권력행사방법으로 대처할 수 있으므로, 국가긴급권의 행사를 정당화할 수 없습니다.

피청구인은 부정선거 의혹을 해소하기 위하여 이 사건 계엄을 선포하였다고도 주장합니다. 그러나 어떠한 의혹이 있다는 것만으로 중대한 위기상황이 현실적으로 발생하였다고 볼 수는 없습니다.

또한 중앙선관위는 제22대 국회의원 선거 전에 보안 취약점에 대하여 대부분 조치하였다고 발표하였으며, 사전.우편 투표함 보관장소 CCTV영상을 24시간 공개하고 개표과정에 수검표 제도를 도입하는 등의 대책을 마련하였다는 점에서도 피청구인의 주장은 타당하다고 볼 수 없습니다.

결국 피청구인이 주장하는 사정을 모두 고려하더라도, 피청구인의 판단을 객관적으로 정당화할 수 있을 정도의 위기상황이 이 사건 계엄 선포 당시 존재하였다고 볼 수 없습니다.

헌법과 계엄법은 비상계엄 선포의 실체적 요건으로, '병력으로써 군사상의 필요에 응하거나 공공의 안녕질서를 유지할 필요와 목적이 있을 것'을 요구하고 있습니다.

그런데 피청구인이 주장하는 국회의 권한 행사로 인한 국정마비 상태나 부정선거 의혹은 정치적.제도적.사법적 수단을 통하여 해결하여야 할 문제이지 병력을 동원하여 해결할 수 있는 것이 아닙니다.

피청구인은 이 사건 계엄이 야당의 전횡과 국정 위기상황을 국민에게 알리기 위한 '경고성 계엄' 또는 '호소형 계엄'이라고 주장하지만, 이는 계엄법이 정한 계엄 선포의 목적이 아닙니다.

또한 피청구인은 계엄 선포에 그치지 아니하고 군경을 동원하여 국회의 권한 행사를 방해하는 등의 헌법 및 법률 위반 행위로 나아갔으므로, 경고성 또는 호소형 계엄이라는 피청구인의 주장을 받아들일 수 없습니다.

그렇다면 이 사건 계엄 선포는 비상계엄 선포의 실체적 요건을 위반한 것입니다.

다음으로, 이 사건 계엄 선포가 절차적 요건을 준수하였는지에 관하여 보겠습니다.

계엄의 선포 및 계엄사령관의 임명은 국무회의의 심의를 거쳐야 합니다.

피청구인이 이 사건 계엄을 선포하기 직전에 국무총리 및 9명의 국무위원에게 계엄 선포의 취지를 간략히 설명한 사실은 인정됩니다.

그러나 피청구인은 계엄사령관 등 이 사건 계엄의 구체적인 내용을 설명하지 않았고 다른 구성원들에게 의견을 진술할 기회를 부여하지 않은 점 등을 고려하면 이 사건 계엄 선포에 관한 심의가 이루어졌다고 보기도 어렵습니다.

그 외에도, 피청구인은 국무총리와 관계 국무위원이 비상계엄 선포문에 부서하지 않았음에도 이 사건 계엄을 선포하였고, 그 시행일시, 시행지역 및 계엄사령관을 공고하지 않았으며, 지체 없이 국회에 통고하지도 않았으므로, 헌법 및 계엄법이 정한 비상계엄 선포의 절차적 요건을 위반하였습니다.

② 국회에 대한 군경 투입에 관하여 보겠습니다.

피청구인은 국방부장관에게 국회에 군대를 투입할 것을 지시하였습니다.

이에 군인들은 헬기 등을 이용하여 국회 경내로 진입하였고, 일부는 유리창을 깨고 본관 내부로 들어가기도 하였습니다.

피청구인은 육군특수전사령관 등에게 '의결정족수가 채워지지 않은 것 같으니, 문을 부수고 들어가서 안에 있는 인원들을 끄집어내라'는 등의 지시를 하였습니다.

　또한 피청구인은 경찰청장에게 계엄사령관을 통하여 이 사건 포고령의 내용을 알려주고, 직접 6차례 전화를 하기도 하였습니다. 이에 경찰청장은 국회 출입을 전면 차단하도록 하였습니다.

　이로 인하여 국회로 모이고 있던 국회의원들 중 일부는 담장을 넘어가야 했거나 아예 들어가지 못하였습니다.

　한편, 국방부장관은 필요시 체포할 목적으로 국군방첩사령관에게 국회의장, 각 정당 대표 등 14명의 위치를 확인하라고 지시하였습니다. 피청구인은 국가정보원 1차장에게 전화하여 국군방첩사령부를 지원하라고 하였고, 국군방첩사령관은 국가정보원 1차장에게 위 사람들에 대한 위치 확인을 요청하였습니다.

　이와 같이 피청구인은 군경을 투입하여 국회의원의 국회 출입을 통제하는 한편 이들을 끌어내라고 지시함으로써 국회의 권한 행사를 방해하였으므로, 국회에 계엄해제요구권을 부여한 헌법 조항을 위반하였고, 국회의원의 심의·표결권, 불체포특권을 침해하였습니다.

　또한 각 정당의 대표 등에 대한 위치 확인 시도에 관여함으로써 정당활동의 자유를 침해하였습니다.

　피청구인은 국회의 권한 행사를 막는 등 정치적 목적으로 병력을 투입함으로써, 국가 안전보장과 국토방위를 사명으로 하여 나라를 위해 봉사하여 온 군인들이 일반 시민들과 대치하도록 만들었습니다.

　이에 피청구인은 국군의 정치적 중립성을 침해하고 헌법에 따른 국군통수의무를 위반하였습니다.

③ 이 사건 포고령 발령에 관하여 보겠습니다.

피청구인은 이 사건 포고령을 통하여 국회, 지방의회, 정당의 활동을 금지함으로써 국회에 계엄해제요구권을 부여한 헌법 조항, 정당제도를 규정한 헌법 조항과 대의민주주의, 권력분립원칙 등을 위반하였습니다.

비상계엄하에서 기본권을 제한하기 위한 요건을 정한 헌법 및 계엄법 조항, 영장주의를 위반하여 국민의 정치적 기본권, 단체행동권, 직업의 자유 등을 침해하였습니다.

④ 중앙선관위에 대한 압수.수색에 관하여 보겠습니다.

피청구인은 국방부장관에게 병력을 동원하여 선관위의 전산시스템을 점검하라고 지시하였습니다. 이에 따라 중앙선관위 청사에 투입된 병력은 출입통제를 하면서 당직자들의 휴대전화를 압수하고 전산시스템을 촬영하였습니다.

이는 선관위에 대하여 영장 없이 압수.수색을 하도록 하여 영장주의를 위반한 것이자 선관위의 독립성을 침해한 것입니다.

⑤ 법조인에 대한 위치 확인 시도에 관하여 보겠습니다.

앞서 말씀드린 바와 같이, 피청구인은 필요시 체포할 목적으로 행해진 위치 확인 시도에 관여하였는데, 그 대상에는 퇴임한 지 얼마 되지 않은 전 대법원장 및 전 대법관도 포함되어 있었습니다.

이는 현직 법관들로 하여금 언제든지 행정부에 의한 체포 대상이 될 수 있다는 압력을 받게 하므로, 사법권의 독립을 침해한 것입니다.

지금까지 살펴본 피청구인의 법위반 행위가 피청구인을 파면할 만큼 중대한 것인지에 관하여 보겠습니다.

피청구인은 국회와의 대립 상황을 타개할 목적으로 이 사건 계엄을 선포한 후 군경을 투입시켜 국회의 헌법상 권한 행사를 방해함으로써 국민주권주의 및 민주주의를 부정하고, 병력을 투입시켜 중앙선관위를 압수.수색하도록 하는 등 헌법이 정한 통치구조를 무시하였으며, 이 사건 포고령을 발령함으로써 국민의 기본권을 광범위하게 침해하였습니다.

이러한 행위는 법치국가원리와 민주국가원리의 기본원칙들을 위반한 것으로서 그 자체로 헌법질서를 침해하고 민주공화정의 안정성에 심각한 위해를 끼쳤습니다.

한편 국회가 신속하게 비상계엄해제요구 결의를 할 수 있었던 것은 시민들의 저항과 군경의 소극적인 임무 수행 덕분이었으므로, 이는 피청구인의 법 위반에 대한 중대성 판단에 영향을 미치지 않습니다.

대통령의 권한은 어디까지나 헌법에 의하여 부여받은 것입니다. 피청구인은 가장 신중히 행사되어야 할 권한인 국가긴급권을 헌법에서 정한 한계를 벗어나 행사하여 대통령으로서의 권한 행사에 대한 불신을 초래하였습니다.

피청구인이 취임한 이래 야당이 주도하고 이례적으로 많은 탄핵소추로 인하여 여러 고위공직자의 권한행사가 탄핵심판 중 정지되었습니다.

2025년도 예산안에 관하여 헌정 사상 최초로 국회 예산결산특별위원회에서 증액 없이 감액에 대해서만 야당 단독으로 의결하였습니다.

피청구인이 수립한 주요 정책들은 야당의 반대로 시행될 수 없었고, 야당은 정부가 반대하는 법률안들을 일방적으로 통과시켜 피청구인의 재의 요구와 국회의 법률안 의결이 반복되기도 하였습니다.

그 과정에서 피청구인은 야당의 전횡으로 국정이 마비되고 국익이 현저히 저해되어 가고 있다고 인식하여 이를 어떻게든 타개하여야만 한다는 막중한 책임감을 느끼게 되었을 것으로 보입니다.

피청구인이 국회의 권한 행사가 권력 남용이라거나 국정마비를 초래하는 행위라고 판단한 것은 정치적으로 존중되어야 합니다.

그러나 피청구인과 국회 사이에 발생한 대립은 일방의 책임에 속한다고 보기 어렵고, 이는 민주주의 원리에 따라 해소되어야 할 정치의 문제입니다. 이에 관한 정치적 견해의 표명이나 공적 의사결정은 헌법상 보장되는 민주주의와 조화될 수 있는 범위에서 이루어져야 합니다.

국회는 소수의견을 존중하고 정부와의 관계에서 관용과 자제를 전제로 대화와 타협을 통하여 결론을 도출하도록 노력하였어야 합니다.

피청구인 역시 국민의 대표인 국회를 협치의 대상으로 존중하였어야 합니다.

그럼에도 불구하고 피청구인은 국회를 배제의 대상으로 삼았는데 이는 민주정치의 전제를 허무는 것으로 민주주의와 조화된다고 보기 어렵습니다.

피청구인은 국회의 권한 행사가 다수의 횡포라고 판단했더라도 헌법이 예정한 자구책을 통해 견제와 균형이 실현될 수 있도록 하였어야 합니다.

피청구인은 취임한 때로부터 약 2년 후에 치러진 국회의원선거에서 피청구인이 국정을 주도하도록 국민을 설득할 기회가 있었습니다. 그 결과가 피청구인의 의도에 부합하지 않더라도 야당을 지지한 국민의 의사를 배제하려는 시도를 하여서는 안 되었습니다.

그럼에도 불구하고 피청구인은 헌법과 법률을 위반하여 이 사건 계엄을 선포함으로써 국가긴급권 남용의 역사를 재현하여 국민을 충격에 빠트리고, 사회.경제.정치.외교 전 분야에 혼란을 야기하였습니다.

국민 모두의 대통령으로서 자신을 지지하는 국민을 초월하여 사회공동체를 통합시켜야 할 책무를 위반하였습니다.

군경을 동원하여 국회 등 헌법기관의 권한을 훼손하고 국민의 기본적 인권을 침해함으로써 헌법수호의 책무를 저버리고 민주공화국의 주권자인 대한국민의 신임을 중대하게 배반하였습니다.

결국 피청구인의 위헌.위법행위는 국민의 신임을 배반한 것으로 헌법수호의 관점에서 용납될 수 없는 중대한 법 위반행위에 해당합니다.

피청구인의 법 위반행위가 헌법질서에 미친 부정적 영향과 파급효과가 중대하므로, 피청구인을 파면함으로써 얻는 헌법 수호의 이익이 대통령 파면에 따르는 국가적 손실을 압도할 정도로 크다고 인정됩니다.

이에 재판관 전원의 일치된 의견으로 주문을 선고합니다.

탄핵 사건이므로 선고시각을 확인하겠습니다. 지금 시각은 오전 11시 22분입니다.

주문. 피청구인 대통령 윤석열을 파면한다.

이것으로 선고를 마칩니다.

논점 1: 사법심사 대상성

대통령의 '정치적 결정'에 법의 잣대를?

법률 요약

- 헌법재판소 결론: 대통령의 계엄 선포도 사법심사 대상이다.
- 핵심 근거: 탄핵심판은 고위공직자의 헌법·법률 위반을 통제하기 위한 핵심 장치다. 따라서 설령 '고도의 정치적 결단'이라 주장되더라도 그 행위가 헌법과 법률의 한계를 넘어서면 심판할 수 있다.
- 의의: 과거 권위주의 정권에서 종종 면죄부로 작용했던 '통치행위론'의 적용 범위를 크게 제한했다. 대통령의 국가긴급권 행사조차 법치주의의 원칙 아래 있음을 명확히 했다.

생활 속 법 이야기: 회사 대표의 결정은 항상 옳을까?

회사의 대표(CEO)가 회사의 명운을 건 중대한 결정을 내렸다고 가정해보자. 그는 "회사를 살리기 위한 불가피하고 전략적인 판단"이라고 주장한다. 하지만 그 결정 과정에서 회사 내부 규정이나 관련 법규를 어겼다는 의혹이 제기된다면 어떨까? 주주나 이사회는 "경영 판단의 문제"라는 CEO의 주장을 이유로 아무런 문제 제기도 할 수 없을까? 대부분의 현대 조직에서는 그렇지 않다. 아무리 중요한 결정이라도 정해진 규칙과 법의 테두리 안에서 이루어져야 하며, 그 범위를 벗어났다면 책임을 묻는 것이 당연하다.

국가 운영도 유사한 측면이 있다. 대통령이 국가 안보나 중대 위기 상황을 이유로 비상적인 조치를 취했을 때, 이를 단순히 "고도의 정치적 행위" 혹은 "통치 행위"라는 이름으로 법의 심판대 바깥에 두는 것이 타당한가? 이것이 바로 이번 탄핵 국면의 핵심 쟁점 중 하나였다. 그리고 여기에 대한 결론은 몇몇 한국사의 가슴 아픈 사건들을 통해 이미 결론이 났다. 그 사건에 대해서는 '5 · 18 민주화운동과 한강의 소설 등' 앞으로 여러 차례 언급될 것이다.

논쟁: 고도의 정치적 결단 vs. 헌법 수호가 우선이다

이번 탄핵심판 과정에서 대통령 측은 이렇게 주장했다. "대통령의 계엄 선포는 국가의 중대한 위기상황에 대한 고도의 정치적 결단으로서 법적 심판의 대상이 될 수 없다." 다시 말해, 국가 안보와 같은 중대하고 민감한 정치적 결정은 법원이 아니라 정치의 영역에서 다뤄야 한다는 논리다. 이를 법률 용어로는 '통치행위론'이라고 부른다.

반면 국회 측은 이렇게 주장했다. "아무리 중대한 정치적 결정이라도 헌법과 법률의 테두리를 벗어나서는 안 된다." 대통령이 국가긴급권을 행사하더라도 그 과정에서 민주주의 핵심 원리를 침해했다면 법적인 판단을 받아야 한다. 법 위에 존재하는 정치적 결정은 없다는 주장이다.

헌법재판소의 판단: 정치도 '법' 아래에 있다

헌법재판소는 국회의 입장을 지지했다. 헌재는 이번 결정에서 "대통령의 계엄 선포가 고도의 정치적 결단일지라도, 그것이 헌법과 법률이 정한 한계를 벗어나 국민의 기본권을 침해하거나 민주주의의 근본 원칙을 훼손했다면 법적으로 심사할 수 있다"고 명시했다.

헌재는 정치와 법 사이의 전통적인 경계선을 명확히 했다. 아무리 중대한 정치적 사안이라도 그 결정이 헌법이 설정한 틀을 벗어나면 법적 책임을 피할 수 없다는 것이다.

공부할 거리

12·12 군사반란 및 5·18 내란

전두환·노태우 등 신군부 세력의 12·12 군사반란 및 5·18 내란 사건에 대한 대법원 판결(96도3376)은 통치행위론의 한계를 명확히 설정한 중요한 판례이다. 대법원은 비상계엄의 선포나 확대 행위가 고도의 정치적·군사적 성격을 지니지만, 그것이 '국헌문란의 목적'을 달성하기 위해 행해진 경우에는 법원이 그 자체가 범죄행위에 해당하는지 여부를 심사할 수 있다고 판시했다. 즉, 헌법질서를 수호해야 할 국가긴급권 행사가 오히려 헌법질서를 파괴하려는 목적으로 이루어졌다면, 이는 통치행위라는 이름으로 보호받을 수 없다는 것이다. 이 역사적인 두 사건은 3부에서 보다 심층적으로 다루었다.

연합뉴스 기사 <12·12, 5·18 주요쟁점의 재판부 판단>, 1996-08-26

12·12 군사 반란과 5·18 민주화운동 유혈 진압 사건, 그리고 전두환·노태우 전 대통령 비자금 문제에 대한 재판 결과 기사. 재판부는 피고인들(전 전 대통령, 노 전 대통령 등)의 내란 및 반란 혐의 대부분을 유죄로 판단했다.

논점 2: 국회 법사위 조사에 대한 의심

큰일 치르는데 '사전 점검' 건너뛴다고?
- 국회 마음대로 vs. 절차 존중

법률 요약

- 헌법재판소 결론: 법제사법위원회(법사위) 조사를 생략해도 탄핵소추 의결은 적법하다.
- 핵심 근거: 헌법은 탄핵 절차를 국회 자율입법 영역에 맡기며, 국회법은 법사위 조사를 재량으로 규정해 의무화하지 않는다.
- 의의: 국회의 내부 절차 자율성과 탄핵 심판의 신속성을 인정한 결정이다. 다만 '날림 의결' 논란을 줄이기 위한 추가 입법 절차에 개선 과제는 남아 있다.

생활 속 법 이야기: 집 살 때 등기부등본은 왜 떼볼까?

우리가 집을 사거나 중요한 계약을 할 때를 생각해보자. 서류를 꼼꼼히 확인하고 전문가의 검토를 거치는 이유는 무엇인가?

큰 결정을 내리기 전에 사실관계를 명확히 하고, 법적인 문제는 없는지, 근저당처럼 숨겨진 위험은 없는지를 확인하기 위해서다. 이 모두가 혹시 모를 실수를 막고, 결정에 대한 확신과 정당성을 얻기 위한 과정이다.

대통령 탄핵이라는 국가적 중대사도 그렇다. 국회가 대통령을 탄핵하겠다고 나설 때는 그 이유가 타당한지, 제시된 근거들이 사실에 부합하는지를 따져봐야 한다. 바로 이 '사전 점검' 역할을 하는 곳이 국회 법제사법위원회(법사위)다. 법사위는 탄핵안에 담긴 법리적 쟁점과 사실관계를 미리 조사하고 검토함으로써, 감정이나 정치적 계산만으로 섣불리 탄핵이 추진되는 것을 막고, 결정의 무게감과 신뢰도를 높이는 역할을 해왔다.

논쟁: 선택 사항 vs. 필수 과정

이번 윤석열 대통령 탄핵 과정에서는 법사위의 조사가 생략되었다. 국회는 탄핵소추안을 발의한 뒤, 법사위를 통해 조사하지 않고 바로 본회의 표결에 부쳤다.

대통령 측 주장은 이랬다. "이것은 중대한 절차적 하자다. 국가 원수를 파면하는 엄청난 결정을 하면서, 최소한의 사실관계 확인과 법리 검토조차 건너뛴 것은 말이 안 된다. 이는 탄핵의 정당성을 훼손하는 '날림 의결'이자, 정치적 목적을 위해 절차를 무시한 행위다. 집을 사면서 등기부등본도 안 떼보는 격 아닌가?" 즉, 아무리 급해도 건너뛰어서는 안 되는 필수 과정을 생략했으므로 탄핵 자체가 무효라는 주장이다.

국회 측 반박은 이랬다. "국회법 어디에도 법사위 조사가 필수라는 말은 없다. 법 조항에는 '조사하게 할 수 있다'고 되어 있을 뿐, 이는 국회가 상황에 따라 판단할 사항이다. 탄핵 사유는 이미 언론 보도 등을 통해 충분히 알려졌고, 국회 다수당이 그 심각성을 인지하여 신속히 추진할 필요가 있었다. 법적으로 문제가 없다."

헌법재판소의 판단: 문제없으나 찝찝함

헌법재판소는 이 논쟁에 대해 국회의 손을 들어주었다. 헌재의 논리는 분명했다.

헌법은 탄핵 절차의 구체적인 방법과 절차에 대해 국회가 법률로 정하도록 맡기고 있다. 한편 현재 국회법은 법사위 조사를 국회의 의무가 아닌 선택(재량)으로 규정하고 있다. '해야 한다'가 아니라 '할 수 있다'는 것이다. 따라서 국회가 법사위 조사를 생략하기로 결정했더라도, 이는 국회법이 부여한 재량권의 행사 범위 안에 있다. 따라서 탄핵소추 절차 자체가 위법하다고 볼 수 없다는 것이다.

즉, 헌재는 법률에 명시된 '글자'에 충실하게 판단한 것이다. 법에 '반드시 거쳐야 한다'는 규정이 없는 이상, 국회가 그 절차를 생략했다고 해서 법을 어겼다고 말하기는 어렵다는 뜻이다.

법 너머의 질문: 속도인가, 신중함인가?

속도 vs 신중함

민주주의는 때로 더디고 답답해 보일 수 있다. 여러 의견을 듣고, 절차를 따지고, 신중하게 결정해야 하기 때문이다. 물론 위기

상황에서는 신속한 결단이 필요할 때도 있다. 하지만 대통령 탄핵처럼 돌이키기 어려운 중대한 결정에서, '신속'을 이유로 '신중함'을 담보하는 절차를 건너뛰는 것은 과연 바람직한가? 이는 효율성과 절차적 정당성 사이의 영원한 딜레마를 보여준다.

절차적 정당성과 신뢰

민주주의에서 결과만큼 중요한 것이 과정의 공정성이다. 설령 탄핵 사유가 명백하더라도, 그 결정에 이르는 과정이 투명하고 합리적이며 충분한 숙의를 거쳤다는 믿음을 주지 못한다면, 국민은 그 결과에 쉽게 동의하기 어렵다. 법사위 조사 생략은 '법적으로는 괜찮을지 몰라도, 뭔가 찜찜하다', '충분히 검토하지 않고 밀어붙인 것 같다'는 인상을 줄 수 있다. 상황에 따라 탄핵 결정 자체의 민주적 정당성에 흠집을 낼 수 있다는 말이다.

결국 헌법재판소는 법사위 조사 생략이 탄핵 절차를 무효로 만들 정도의 하자는 아니라고 선을 그었지만, 이 결정은 우리 사회에 중요한 숙제를 남겼다. 탄핵과 같이 국가의 운명에 큰 영향을 미치는 사안을 다룰 때 법적 최소 요건은 물론이고 국민적 신뢰와 동의를 어떻게 얻을 것인가? 현재의 국회법 규정이 과연 충분한가? 이러한 고민은 앞으로 국회 운영과 민주주의 제도 발전을 위해 계속 이어져야 할 것이다.

공부할 거리

**법제사법위원회
(법사위, Legislation and Judiciary Committee)**

국회 상임위원회 중 하나로, 법률안이나 탄핵안 등 법적 쟁점이 있는 안건을 본회의 상정 전에 전문적으로 심사하는 역할을 한다. 비유하자면 중요한 결정 전 '사전 점검' 또는 '법률 자문' 역할을 한다고 볼 수 있다. 국회에는 보통 17개에서 18개 정도의 상임위원회가 운영되는데, 그중에 가장 언급이 많이 되는 상임위다. 국회에서 통과되는 모든 법률안은 다른 상임위에서 만들어져도 최종적으로 법사위의 체계·자구 심사(법 조항이 서로 충돌하지 않는지, 표현이 명확한지 등을 최종 점검)를 거쳐야 본회의에 올라갈 수 있기 때문이다. 이 과정에서 다른 상임위의 결정을 뒤집거나 통과를 막는 등 '국회 의안의 최종 관문' 또는 '병목' 역할을 한다. 또한 법무부, 법원, 검찰, 감사원 등 사법 및 법치 시스템 전반을 소관으로 하고 있어 정치적으로 매우 민감하고 중요한 이슈들이 항상 다뤄지며 여야 간 갈등이 가장 첨예하게 드러나는 위원회로 꼽힌다. 그밖에는 기획재정위원회, 행정안전위원회 등이 있다.

<뉴스토마토> 기사 『(팩트체크)윤석열측 "헌재 위법" 주장만⋯헌법학자들 "절차상 위법 없다"』, 2025-03-04

헌법재판소를 공격하는 이들의 주된 주장은 "헌재의 탄핵심판 절차가 위법하다"이다. 헌법학자 100여명이 모인 '헌정회복을 위한 헌법학자회의'(헌법학자회의)는 틀린 주장이라며 하나하나 반박에 나섰다. 해당 기사는 이를 바탕으로 윤씨 측 주장에 대한 팩트체크를 시행했다.

논점 3: 일사부재의 원칙 위배 여부

한 번 무산된 탄핵안, 회기만 바꾸면 다시 낼 수 있나?
- 꼼수 vs. 합법

법률 요약

- 헌법재판소 결론: 국회가 회기를 달리하여 같은 탄핵안을 다시 발의한 것은 일사부재의 원칙에 위배되지 않는다.

- 핵심 근거: 국회법은 같은 회기 내에서만 동일한 안건의 재발의를 금지하고, 회기가 바뀌면 새로운 안건으로 간주하기 때문이다.

- 의의: 법적 절차상 문제는 없으나, 제도의 한계를 드러내어 정치적 남용의 가능성에 대한 논의가 남는다.

생활 속 법 이야기: 동아리 회의, 어제 부결된 안건 또 올리기?

어떤 모임이나 동아리에서 중요한 안건을 투표에 부쳤는데 부결되었다고 생각해보자. 그런데 다음 날 회의에서 누군가 어제와 똑같은 안건을 다시 제안한다면 어떨까? 아마 많은 사람이 "어제 이미 결론 난 사안인데 왜 또 꺼내느냐"며 시간 낭비라고 생각할 것이다. 비슷한 논의가 계속 반복되면 회의는 지지부진해지고 중요한 다른 결정들은 미뤄질 수밖에 없다.

국회 운영도 마찬가지 원리가 적용된다. 일사부재의(一事不再議) 원칙은 바로 이런 비효율과 혼란을 막기 위한 장치다. 국회법은 "같은 회기 중에 부결된 안건은 다시 발의할 수 없다"고 규정하여, 한번 결정된 사안(특히 부결)에 대해서는 해당 회기 동안에는 더 이상 논의하지 않도록 못 박은 것이다. 이는 국회 운영의 효율성을 높이고 결정의 안정성을 확보하려는 취지다.

논쟁: '꼼수'와 '제도 남용' 주장 vs. '합법적 절차' 반박

이번 탄핵 국면에서는 이 원칙이 정면으로 충돌했다. 1차 탄핵소추안이 사실상 표결 정족수 미달로 무산된 지 불과 몇 주 뒤, 국회는 임시회라는 새 회기를 열어 거의 동일한 사유로 2차 탄핵소추안을 발의해 가결시켰다.

대통령 측 주장은 이랬다. "이것은 명백한 편법이자 제도 남용이다. 1차 시도가 무산되자 회기 변경이라는 기술적 방법을 동원해 똑같은 안건을 다시 들이민 것은 일사부재의 원칙의 정신을 정면으로 위배한 정치 공세다. 다수 의석을 이용해 사실상 부결된 안건을 되살리려는 시도는 용납될 수 없다." 즉, 법의 허점을 이용한 '정치적 괴롭힘'이라는 비판이다.

국회 측 반박은 이랬다. "국회법 조문은 명백히 '같은 회기 중'

이라고 제한하고 있다. 이는 회기가 달라지면 이전 회기의 결정에 구속되지 않고 새로운 안건으로 발의할 수 있다는 의미다. 투표 불성립으로 안건이 통과되지 못했더라도, 회기가 종료되면 그 효력도 소멸한다. 법률과 확립된 관행에 따른 합법적 절차를 진행했을 뿐이다." 법이 허용한 범위 내에서의 권한 행사라는 주장이다.

헌법재판소의 판단: '같은 회기'라는 문구에 주목하다

헌재의 논리는 다음과 같았다. 일사부재의 원칙은 의사 진행의 효율성을 위한 중요한 원칙이지만, 현행 국회법은 그 적용 범위를 '같은 회기 중'으로 명확히 한정하고 있다. 이는 국회 운영의 기본 단위인 회기가 달라지면, 이전 회기에서 부결된 안건이라도 새로운 의사 절차를 통해 다시 발의하고 심의할 수 있다는 의미로 해석된다. 따라서 회기를 달리하여 탄핵소추안을 다시 발의한 행위 자체가 현행법상 일사부재의 원칙에 정면으로 위배된다고 보기는 어렵다.

다만 헌재는 이러한 법적 판단과는 별개로, 이로 인해 발생할 수 있는 문제점에 대한 우려를 간과하지 않았다.

결정문에 명시되지는 않았으나, 일부 재판관의 보충의견 등에서 제도 남용의 위험성이 지적되었다. 현행 제도 하에서는 다수당이 정치적 목적으로 회기를 짧게 끊어 가며 동일 안건을 반복 발의할 가능성이 있다는 점, 즉 이는 법 기술적으로는 합법일 수 있으나 정치적으로는 논란의 소지가 큰 행태가 나타날 수 있음을 시사한다.

법 너머의 질문: 규칙의 허점인가, 정치의 기술인가?

제도의 빈틈과 정치적 활용

법 조항의 문언적 해석(문자 그대로 해석하는 것)과 그 제도가 의도했던 본래 취지 사이에 간극이 발생할 때, 이를 활용하는 것은 정당한 정치 기술인가, 아니면 제도의 허점을 악용하는 것인가? 특히 탄핵과 같이 정치적으로 민감한 사안에서 이러한 문제는 더욱 첨예하게 드러난다.

절차적 합법성 vs. 정치적 정당성

법률 규정을 따랐다는 절차적 합법성만으로 모든 행위가 정당화될 수 있는가? 국민이 보기에 '꼼수'나 '무리수'로 비칠 수 있는 절차 진행이 정치적 신뢰나 민주적 정당성에 미치는 영향은 어떻게 평가해야 하는가?

결국 헌재는 현행법의 틀 안에서 국회의 손을 들어주었지만, 이는 동시에 우리 국회 운영 방식과 법 제도에 대한 성찰의 계기를 제공했다. '같은 회기'라는 기준이 과연 정치적 남용을 막기에 충분한지, 반복적인 소추를 제한하기 위한 별도의 입법적 보완이 필요한 것은 아닌지에 대한 사회적 논의가 필요함을 보여준다. 민주주의는 완결된 제도가 아니라, 현실 속에서 문제점을 발견하고 끊임없이 보완해 나가야 하는 과정임을 다시 한번 상기시킨다.

공부할 거리

JTBC 차이나는 클라스 11회 '헌법, 어디까지 아니?'

대한민국의 헌법에 대해 몰랐던 사실, 흥미로운 사실을 위주로 진행한 교양 프로그램이다. JTBC의 다시보기 또는 유튜브 등에서 다양한 편집 영상을 볼 수 있다.

일사부재의 원칙 (一事不再議 原則)

국회에서 한 번 부결된 안건은 같은 회기 중에 다시 발의하거나 심의하지 못한다는 원칙. 의사 진행의 효율성과 안정성을 위한 장치다. 3부에서 독립된 표제어로 더 자세하게 다루었다.

국회 회기 (Session)

국회가 공식적으로 활동하는 일정 기간으로, 국회 운영의 단위다. 회기가 바뀌면 이전 회기에서 논의되거나 결정된 사항의 효력은 원칙적으로 소멸한다. 윤석열 전 대통령에 대한 탄핵소추안 역시 한 차례 사실상 무산(표결 불성립 등)된 후, 임시회라는 다음 회기를 열어 거의 동일한 내용으로 다시 발의하고 통과시켜, 이 '회기 쪼개기'를 통한 재상정이 일사부재의 원칙의 정신에 맞는 것인지에 대한 격렬한 법적·정치적 논점이 되었다.

   대한민국 국회에는 두 종류의 회기가 있다. 하나는 매년 9월 1일에 정기적으로 열려 최장 100일까지 활동하는 '정기국회'이고, 다른 하나는 대통령이나 국회의원 4분의 1 이상의 요구가 있을 때 수시로 열리며 최장 30일까지 활동할 수 있는 '임시국회'다.

논점 4: 계엄이 금방 해제되었으니 탄핵이 불필요한가?

이미 끝난 일인데, 굳이 탄핵까지
vs 그런다고 잘못이 없어지나

법률 요약

- 헌법재판소 결론: 계엄이 단기간에 해제되었더라도, 그 선포 및 집행 과정에서 헌법 위반 행위가 있었다면 탄핵 심판을 진행할 필요성이 인정된다('심판의 이익' 존재).

- 핵심 근거: 탄핵 제도는 과거의 위헌·위법 행위에 대한 헌법적 책임을 묻는 절차다. 행위 자체의 위헌성이 중요하며, 사후에 행위가 종료되거나 피해가 경미하다는 이유만으로 심판의 필요성이 사라지지 않는다.

- 의의: 탄핵 심판의 본질이 '과거 행위에 대한 책임 규명'임을 명확히 했다. 권력 남용 시도 자체의 중대성을 강조하며, 이미 끝난 일이라는 주장을 배척하고 탄핵 심판의 문턱을 낮추지 않았다.

생활 속 법 이야기: 도둑이 실패하면 죄가 아닌가?

만약 누군가 우리 집에 침입하려고 창문을 부수다가 경보음이 울리자 황급히 도망쳤다고 생각해보자. 다행히 아무것도 훔쳐가지 못했고, 범인은 금방 사라졌다. 이런 경우, 우리는 "어차피 피해도 없고 이미 도망갔으니 그냥 없던 일로 하자"고 생각할까? 그렇지 않다. 비록 미수에 그쳤고 실제 피해가 없더라도, 주거 침입 시도 자체는 명백한 잘못이다. 따라서 법적인 조사가 필요한 행위다. 그 행위 자체가 우리 사회가 지키려는 안전과 평온이라는 가치를 위협했기 때문이다.

대통령의 계엄 선포와 해제 논란도 이와 비슷하게 볼 수 있다. 계엄이라는 비상조치가 선포되었다가 어떤 이유로든 금방 해제되었을 때, "짧게 끝났고 별다른 피해도 없었으니 이제 와서 문제 삼을 필요가 없다"고 주장하는 것은 타당하지 않을 수 있다.

논쟁: 이미 끝난 일 vs. 위헌 행위는 변하지 않았다

이번 탄핵 심판 과정에서 대통령 측은 이 점을 파고들었다. "두 시간짜리 계엄이 어디 있나?"라는 말이었다. "계엄은 매우 짧은 시간 안에 해제되었고, 실질적인 피해나 혼란은 발생하지 않았다. 사실상 해프닝 수준으로 마무리된 사안에 대해 탄핵 심판을 계속하는 것은 실익이 없다." 이는 법률적으로 '심판의 이익'이 없다는 주장과 맞닿아 있다. 이미 상황이 종료되었으므로, 굳이 헌법재판소가 나서서 판단할 필요가 없다는 논리다.

하지만 국회 측과 헌법재판소의 시각은 달랐다. 탄핵 심판은 단순히 현재 진행 중인 문제를 해결하는 절차가 아니라, 과거에 행해진 고위공직자의 행위가 헌법과 법률에 위배되었는지를 판단하여 그 헌법적 책임을 묻는 과정이라는 점을 강조했다. 설령 계엄이 단 하루, 아니 단 몇 시간 만에 끝났다고 하더라도 마찬가지다. 그 짧은 시간 동안 대통령의 행위가 헌법 질서를 훼손했다면 그 자체로 심판의 대상이 되어야 한다는 것이다. 행위의 '종료'가 행위의 '위헌성' 자체를 없애는 것은 아니라는 것이다.

헌법재판소의 판단: '시도' 자체의 위헌성을 따지다

헌법재판소는 탄핵 심판의 본질에 초점을 맞춰 이 논쟁을 정리했다. 헌재의 판단은 다음과 같았다. 탄핵 심판은 과거의 특정 행위 시점에 그 행위가 헌법이나 법률을 위반했는지를 따지는 것이다. 그 행위가 나중에 중단되었거나 결과적으로 큰 피해를 낳지 않았다는 사정은, 탄핵 사유의 '중대성'을 판단할 때 고려될 수는 있을지언정, 심판 자체의 필요성을 부정하는 근거가 될 수는 없다. 특히 대통령의 계엄 선포와 같은 국가긴급권 행사는 그 자체로 국민의 기본권을 제약하고 민주적 통치 질서에 중대한 영향을 미치는 행위다. 따라서 그 행사가 헌법적 한계를 벗어나 위헌적으로 이루어졌다면, 설령 그 기간이 짧았다고 하더라도 헌법 수호의 관점에서 그 책임을 묻는 것이 필수적이다. 헌재는 "헌법상의 한계를 벗어나는 행위가 시도된 사실 자체가 중요하다"고 판단하며, 위헌적 '시도' 역시 탄핵 심판의 대상이 될 수 있음을 분명히 했다.

공부할 거리

미수범 처벌의 원리

범죄를 시도했으나 완성하지 못한 '미수(未遂)' 행위를 처벌하는 것 자체는 대한민국 형법(제25조 등)을 포함하여 전 세계 대부분의 현대 형법 체계에서 인정하는 매우 중요하고 기본적인 법리다.

  왜 법은 성공하지도 못한 범죄 시도를 처벌할까? 단순히 '나쁜 마음을 먹었으니 벌을 받아야 한다'는 것 이상의 중요한 이유들이 있다. 첫째, 비록 원하는 결과(예: 재물 탈취, 살인)는 얻지 못했지만, 이미 범죄를 실행에 옮겼다는 사실 자체가 그 행위자의 위험성을 보여준다. 둘째, 실제 피해가 발생하지 않았더라도 그의 행동은 이미 법이 보호하려는 가치(예: 재산권, 생명권, 사회적 신뢰)를 침해하거나 심각하게 위협했다. 셋째, 만약 실패한 범죄 시도를 아무렇지 않게 넘어간다면, 사람들이 범죄를 더 쉽게 시도하게 만들어 결국 더 큰 사회적 위험을 초래할 수 있다. 따라서 미수범 처벌은 결과 발생 여부와 상관없이, 위험한 의도를 가지고 행동에 나선 것 자체에 책임을 묻고, 유사한 범죄 시도를 예방하여 사회 전체를 보호하려는 중요한 원리다.

과정 중심의 민주주의

민주주의는 단순히 좋은 결과만을 추구하는 시스템이 아니다. 그 결정에 이르는 과정의 정당성을 무엇보다 중요하게 여긴다. 이를 '과정 중심 민주주의' 또는 '절차적 민주주의(Procedural Democracy)'라고 부른다.

왜 과정이 중요할까? 첫째, 과정의 공정성이 결정의 정당성을 부여한다. 모두가 동의하고 참여할 수 있는 투명하고 공정한 절차를 통해 내려진 결정이라야, 설령 그 결과가 나에게 불리하더라도 사람들이 그 결정을 받아들이고 따를 가능성이 높아진다. 둘째, 과정은 소수자의 목소리를 보호하고 권력 남용을 막는 안전장치 역할을 한다. 다수결이 항상 옳은 것은 아니며, 소수의 의견을 경청하고 토론하는 과정 없이 일방적으로 밀어붙이는 결정은 다수의 횡포가 될 수 있다. 셋째, 과정은 예측 가능성을 높여 사회의 안정성을 유지한다. 정해진 규칙과 절차에 따라 국가가 운영될 때, 시민들은 자신의 미래를 예측하고 계획을 세울 수 있다. 대한민국 헌법 역시 이러한 과정 중심의 민주주의 원리를 곳곳에 담고 있다.

　탄핵 역시 결과 중심이 아닌 '과정 중심'의 판단이다. 계엄이 무산되었더라도, 그 과정에서 국회 침해, 시민권 제한, 선관위 압수수색 등이 시도되었다면, 그것만으로도 민주주의는 이미 위협받은 것이다. '결과가 좋았으니 문제없다'는 논리는 민주주의의 책임 원리와 맞지 않는다. 설령 대통령의 의도가 '국가 혼란 수습'이라는 좋은 것이었다 할지라도(이 또한 논란의 여지가 있지만), 그 목표를 달성하기 위한 수단과 과정이 반헌법적이라면 결코 정당화될 수 없다는 것이다..

심판의 이익 (Interest for Judgment/Review)

어떤 다툼이나 사건이 법정으로 갔을 때, 판사가 가장 먼저 던지는 질문 중 하나는 이것일 수 있다. "이 재판을 해서 과연 얻을 수 있는 실질적인 이익이 있습니까?" 만약 이미 문제가 해결되었거나, 재판 결과가 나와도 현실적으로 아무런 변화를 가져올 수 없다면, 법원은 굳이 그 사건을 심리하지 않고 각하(소송 요건 흠결로 본안 심리 없이 소송을 종료시키는 결정)할 수 있다. 이를 법률 용어로 '심판의 이익' 또는 '권리보호이익'이 없다고 표현한다. 법원은 한정된 자원으로 운영되기에, 실질적인 분쟁 해결에 도움이 되지 않는 사건까지 모두 다룰 수는 없기 때문이다.

　소송이나 심판을 통해 권리 구제나 법적 문제 해결을 받을 현실적인 필요성이나 이익. 이것이 없다고 판단되면 소송이나 심판이 각하될 수 있다. 탄핵이 시작될 때에도 일각에서는 이런 주장이 나왔다. "계엄은 이미 해제되었고, 실질적인 피해도 거의 없었다. 이미 끝난 일을 가지고 탄핵 심판을 계속하는 것이 무슨 의미가 있는가? 심판의 이익이 없다." 하지만 헌법재판소는 이러한 주장을 받아들이지 않고 탄핵 심판을 계속 진행하여 파면 결정을 내렸다. 왜 그랬을까? 헌법재판소는 대통령 탄핵 심판의 목적이 단순히 현재의 문제 상황을 해결하는 것을 넘어선다고 보았기 때문이다.

헌재의 입장은 이전 박근혜 대통령 탄핵 심판에서도 확인된 바 있다. 당시에도 이미 많은 의혹이 검찰 수사로 밝혀지고 대통령 직무가 정지된 상태였지만, 헌재는 탄핵 심판을 통해 대통령의 헌법 위반 행위를 최종적으로 확인하고 파면 결정을 내렸다. 이처럼 탄핵 심판에서의 '심판의 이익'은 단순한 사법적 효율성을 넘어, 헌법 질서의 유지와 국가 최고 지도자의 헌법적 책임이라는 중대한 가치와 연결되어 매우 폭넓게 인정되는 경향이 있다.

논점 5: 탄핵 소추 이유를 중간에 바꿨다

탄핵 이유를 왜 중간에 바꾸나
– 법적 꼼수 vs. 실체적 진실 추구

법률 요약

- 헌법재판소 결론: 탄핵소추의 기초가 되는 사실관계가 동일하다면, 그 사실에 적용하는 법률이 변경될 수 있다. 여전히 소추 절차는 유효하다.
- 핵심 근거: 탄핵 심판은 '어떤 행위를 했는가' 라는 '기본적 사실관계'를 중심으로 진행한다. 적용 법조 변경은 소추 사유를 근본적으로 바꾸거나 취소하는 것이 아니다.
- 의의: 탄핵 심판에서 '사실관계'의 중요성을 강조하고, 절차 진행 중 법률 적용의 유연성을 인정했다.

생활 속 법 이야기: 경찰 신고할 때 죄명을 정확히 알아야 하나?

어떤 사람이 길거리에서 강도를 당했다고 가정하자. 피해자가 경찰에 신고하면서 '강도'라고 했는데, 조사해 보니 범인이 흉기로 위협하지는 않았기 때문에 단순 절도였다고 치자. 이럴 때 피해자의 신고 자체가 잘못되었다고 할 수 있을까? 아니다. 경찰은 죄명이 아니라 구체적인 범행 사실을 기준으로 사건을 처리하기 때문이다. 즉, 피해자가 신고할 때 범죄명을 잘못 이야기했더라도, 실제 벌어진 사건의 실체가 분명하다면 수사나 처벌에 아무런 문제가 없다.

대통령 탄핵에서도 비슷한 문제가 발생했다. 처음 국회가 탄핵소추안을 낼 때는 대통령이 계엄을 선포하는 등 국가 긴급권을 남용한 행위가 형법상의 '내란죄'에 해당한다고 주장했다가, 이후 절차 중 '헌법 위반'으로 법적 근거를 수정했다.

논쟁: 죄목 바꾸기는 꼼수 vs. 사실관계가 중요하다

대통령 측은 이 변경에 강력히 반발했다. 처음 내란죄를 근거로 탄핵안이 발의됐는데 중간에 헌법 위반으로 법적 근거가 변경되면, 탄핵소추안의 본질이 바뀌는 것이 아니냐는 것이다. 특히 처음에 내란죄를 주장한 덕분에 의결 정족수를 확보한 것이라며, 법적 근거 변경은 절차적 정당성을 심각하게 훼손하는 꼼수라고 주장했다. 다시 말해, "법적 근거를 중간에 바꾸는 것은 탄핵소추 자체를 무효로 만든다"는 논리였다.

반면 국회는 처음부터 문제의 핵심이 대통령의 특정 행위(계엄 발동, 군경 투입)였으며, 이를 내란죄로 규정하든 헌법 위반으로 규정하든 실질적 행위는 동일하다고 맞섰다. 법적 근거 변경은 사건의 실체를 더 정확히 파악하기 위한 과정일 뿐, 탄핵 절차의 본질은 같다는 것이었다.

헌법재판소의 판단: 사실이 같으면, 이름표는 바뀔 수 있다

헌법재판소는 탄핵 심판의 핵심이 대통령이 실제로 한 '행위 자체'이지, 그 행위에 붙여진 법률적 '이름표'가 아니라고 못 박았다. 대통령이 계엄을 선포하고 군을 동원하려 했던 그 객관적 행위들이 동일하게 유지되는 한, 국회가 그 행위에 대한 법적 평가나 적용 법조를 다소 수정하는 것은 소추의 본질을 바꾸는 것이 아니라고 판단했다.

피청구인 대통령 측의 '만약 내란죄가 처음부터 빠졌다면 국회 의결정족수가 달라졌을 것'이라는 가정적 항변 역시, 이미 적법하게 이루어진 소추의 효력을 문제 삼을 만하지 못하다고 선을 그었다.

결국 헌재는, 탄핵 심판이 '어떤 죄명을 붙일 것인가'라는 법 기술적 논쟁에 매몰되어서는 안 되며, 헌법을 파괴하려는 '행위' 그 자체의 위헌성과 중대성을 정면으로 심판해야 한다는 원칙을 재확인했다. 이는 피상적인 형식 논리를 넘어, 실체적 진실과 헌법 수호라는 탄핵 제도의 본질을 꿰뚫은 판결르 기록된다.

공부할 거리

내란죄 (Sedition/Insurrection)

우리 형법 제87조는 내란죄를 "국토를 참절하거나 국헌을 문란할 목적으로 폭동한 자"를 처벌한다고 규정한다. 여기서 '국토 참절'은 우리나라 땅 일부를 떼어내려는 행위, '국헌 문란'은 헌법이나 국가기관의 기능을 불법적인 방법으로 마비시키거나 전복시키려는 행위를 의미한다. 그리고 '폭동'은 다수의 사람이 모여 폭행, 협박, 파괴 등의 폭력적인 행동을 하는 것을 말한다. 즉, 내란죄는 단순히 정부 정책에 반대하거나 시위를 하는 것을 넘어, 국가의 근본 질서 자체를 폭력적인 방법으로 무너뜨리려는 시도를 처벌하는 매우 중대한 범죄다. 그래서 법정형도 사형, 무기 또는 7년 이상의 징역이나 금고로 매우 높다. 5·16 군사정변(1961)이나 12·12 군사반란(1979)을 주도했던 인물들은 훗날 내란죄 등으로 처벌받았다. 반대로, 권위주의 정권 시절에는 민주화 운동을 탄압하기 위해 이 내란죄를 무리하게 적용하려 했던 사례(예: 김대중 내란음모 사건)도 있다. 이에 대해서는 3부에서 더 자세하게 다뤘다.

방어권 (Right to Defense)

"당신은 변호사를 선임할 권리가 있으며, 묵비권을 행사할 수 있습니다." 영화나 드라마에서 흔히 보는 이 장면은, 피의자나 피고인이 가지는 수많은 '방어권(Right to Defense)' 중 일부를 보여준다. 방어권이란, 국가기관(검찰, 경찰 등)에 의해 범죄 혐의를 받거나 탄핵 심판과 같은 불리한 절차에 놓인 사람이, 자신에게 불리한 주장이나 증거에 대해 효과적으로 반박하고 자신을 변호할 수 있는 모든 헌법적·법률적 권리를 통칭한다. 이는 억울한 처벌을 막고 공정한 재판(또는 심판)을 실현하기 위한 민주주의와 법치주의의 핵심적인 원리다. 아무리 흉악한 범죄자라도, 심지어 국가 원수라 할지라도, 자신을 방어할 기회는 공평하게 주어져야 한다는 것이다. 앞서 '소추사유 변경' 논쟁에서 대통령 측이 "혐의가 바뀌면 방어권이 침해된다"고 주장했던 것도 바로 이 때문이다..

논점 6: 탄핵소추권 남용

**여러 번 탄핵안을 내는 것은 정치적 압박인가,
정당한 견제인가?**

법률 요약

- 헌법재판소 결론: 국회가 탄핵안을 여러 차례 발의했다고 해서 그것이 곧 탄핵소추권의 남용은 아니다.
- 핵심 근거: 탄핵은 대통령 등 고위공직자의 중대한 헌법·법률 위반을 바로잡기 위한 제도이므로, 소추의 근거가 일정 수준 소명된다면 발의 횟수 자체만으로 남용이라고 보기 어렵다.
- 의의: 정치적 동기나 발의 횟수보다 실제 위헌·위법 행위의 실체적 근거가 중요하다는 점을 명확히 했다.

생활 속 법 이야기: 자주 신고한다고 해서 '악성 민원'인가?

한 마을에 심각한 소음 문제를 일으키는 공장이 있다고 가정해보자. 주민들이 불편을 겪으면서 공장을 여러 차례 신고했다. 공장 측에서는 억울하다며 호소했다. "똑같은 문제로 반복해서 신고하는 건 악성 민원이고, 공장 운영을 방해하는 심각한 '업무 방해 범죄'다."라 주장한다. 하지만 신고가 반복되었다고 해서 무조건 악성 민원으로 치부할 수 있을까? 핵심은 공장에서 실제로 소음 문제가 발생했는지, 주민들의 신고가 정당한지 여부다. 실제 문제가 반복적으로 발생했다면, 신고를 많이 했다고 해서 단순히 악성 민원으로 몰아갈 수 없다.

대통령 탄핵도 마찬가지 논리가 적용된다. 대통령 측은 국회가 여러 차례 탄핵안을 제출한 것이 정치적 목적을 위한 '탄핵소추권의 남용'이라고 주장했다. 반복된 탄핵 발의가 대통령의 국정 운영을 어렵게 만든다는 것이었다. 하지만 핵심은 횟수가 아니다. 대통령의 헌법·법률 위반 행위가 실제로 존재했는지 여부다.

논쟁: 정치적 압박을 위한 남발 vs. 정당한 헌법적 견제

대통령 측은 국회가 여러 번 탄핵안을 제출한 것 자체가 정치적 압박이며, 이는 탄핵 제도를 악용한 것이라 주장했다. 대통령의 국정 운영을 방해할 목적으로 탄핵안을 반복 발의한 것이고, 이런 행위는 헌법이 부여한 소추권을 남용하는 것이라고 주장했다. 대통령 측은 "정치적 계산으로 탄핵을 남발하는 것은 제도의 본래 목적을 훼손하는 행위"라고 강조했다.

반면 국회는 대통령의 위헌·위법 행위가 일정 수준 이상 소명되었다면 탄핵소추권을 행사하는 것은 정당한 헌법적 권한이라고 맞섰다. 횟수가 중요한 것이 아니라, 실체라는 것이었다.

헌법재판소의 판단: 근거가 확실하면 반복할 수도 있지!

헌법재판소는 국회의 손을 들어주었다. 헌재는 탄핵소추권 남용 문제에 대해 명확한 입장을 밝혔다. 결정문에서는 "헌법 또는 법률 위반이 일정 수준 이상 소명된 경우, 국회가 탄핵소추안을 여러 차례 제출했다는 이유만으로 곧바로 남용이라고 볼 수 없다"고 했다.

헌재는 탄핵제도의 목적을 강조하며, "고위공직자의 위헌적 행위가 실제 존재하고, 그것이 중대한 헌법질서 위반으로 확인된다면 국회가 탄핵소추권을 행사하는 것은 정당하다"고 판단했다. 중요한 것은 정치적 의도나 발의 횟수가 아니라, 탄핵사유가 실제로 존재하는지에 대한 사실관계의 근거라는 것이다.

공부할 거리

탄핵소추권 (Power of Impeachment)

만약 국민이 직접 뽑은 대통령이나 판사 같은 고위 공직자가 오히려 국민을 배신하고 헌법을 짓밟는다면 어떻게 해야 할까? 이런 고민 끝에 탄생한 것이 바로 국회가 행사하는 '탄핵소추권(Power of Impeachment)'이다. 이는 국민의 대표기관인 국회가, 대통령을 포함하여 헌법이나 법률이 정한 고위공직자가 그 직무를 수행하면서 헌법이나 법률을 중대하게 위반했을 때, "이 사람은 더 이상 공직을 맡을 자격이 없으니 심판해 주시오!"라고 헌법재판소에 공식적으로 문제를 제기할 수 있는 강력한 권한이다. 행정부나 사법부의 고위 공직자, 특히 대통령의 권력 남용을 견제하고 헌법을 수호하는 민주주의의 핵심적인 안전장치다.

2004년 노무현 대통령 탄핵 시도, 2019년 트럼프 탄핵 시도

당시 거대 야당이었던 한나라당과 새천년민주당은 노무현 대통령이 선거 중립 의무를 위반하고 국정을 혼란에 빠뜨렸다는 등의 이유로 탄핵소추안을 발의했다. 그리고 국회에서 가결되었다. 당시 다수의 국민 여론은 이를 대통령의 발언을 문제 삼은 과도한 정치 공세이자, 지지율이 낮은 대통령을 식물 대통령으로 만들려는 의도로 받아들이며 반발했다. 헌법재판소는 "법 위반 사실은 일부 인정되나 대통령을 파면할 만큼 중대한 법 위반으로 볼 수 없다"며 탄핵소추안을 기각했다. 이 사건은 탄핵이 정치적 공방의 도구로 사용될 때 국민적 저항에 직면할 수 있으며, 헌재가 그 '중대성' 요건을 엄격히 판단한다는 선례를 남겼다. 많은 전문가들이 이 사례를 탄핵권 남용 또는 정치적 탄핵 시도의 대표적 경우로 평가했다.

트럼프 대통령도 재임 중 두 차례나 하원에서 탄핵 소추되었다. 첫 번째는 우크라이나 대통령에게 정적에 대한 수사를 압박했다는 '권력 남용' 및 '의회 방해' 혐의였고, 두 번째는 1.6 의사당 난입 사태를 선동했다는 '내란 선동' 혐의였다. 그러나 두 번 모두 상원에서 부결되었다. 재판이 열린 상원에서는 공화당이 다수당이었고, 대부분의 공화당 상원의원들은 "대통령의 행동이 일부 부적절했을지는 몰라도 탄핵 사유가 될 만큼 심각한 범죄는 아니다"라거나 "민주당의 정파적인 정치 공세일 뿐"이라고 생각하며 반대했기 때문이다. 두 건 모두 3분의 2 득표에 실패하면서 부결되었다.

의결정족수 (Quorum for Decision)

민주주의 사회에서 어떤 의사를 결정할 때, 특히 국회처럼 중요한 기관에서 법안이나 안건을 통과시킬 때는 '얼마나 많은 사람이 찬성해야 하는가?'라는 문제가 매우 중요하다. 바로 이 '결정을 내리는 데 필요한 최소한의 찬성자 수'를 '의결정족수(Quorum for Decision)'라고 부른다. 대통령 탄핵소추안처럼 한 나라의 운명을 좌우할 수 있고, 국민이 직접 선출한 국가 원수의 거취를 결정하는 매우 중대한 사안에 대해서는 훨씬 더 높은 기준, 즉 더 무거운 '의결정족수'가 요구된다. 대한민국 헌법은 대통령에 대한 탄핵소추는 국회 재적의원(전체 국회의원) 과반수의 발의가 있어야 하고, 국회 재적의원 3분의 2 이상이라는 압도적인 다수의 찬성이 있어야만 가결될 수 있도록 규정하고 있다.

다시 읽기: 박근혜 대통령 탄핵 판결문 전문

지금까지의 논점을 갖고, 2016년에 있었던 박근혜 대통령 탄핵 판결문을 읽어보자. 놀랍도록 많은 부분이 닮아 있다.

박근혜 대통령 탄핵 판결문 전문

지금부터 2016헌나1 대통령 박근혜 탄핵사건에 대한 선고를 시작하겠습니다. 선고에 앞서 이 사건의 진행경과에 관하여 말씀드리겠습니다. 저희 재판관들은 지난 90여 일 등안 이 사건을 공정하고 신속하게 해결하기 위하여 온 힘을 다하여 왔습니다. 지금까지 대한민국 국민들께서도 저희 재판부와 마찬가지로 많은 번민과 고뇌의 시간을 보내셨으리라 생각합니다. 저희 재판관들은 이 사건이 재판소에 접수된 지난 해 12. 9. 이후 오늘까지 휴일을 제외한 60여 일 간 매일 재판관 평의를 진행하였습니다. 재판과정 중 이루어진 모든 진행 및 결정에 재판관 전원의 논의를 거치지 않은 사항은 없습니다. 저희는 그 간 세 차례의 준비기일과 열일곱 차례에 걸친 변론기일을 열었습니다. 그 과정에서 청구인측 증거인 갑 제174호증에 이르는 서증과 열두 명의 증인, 5건의 문서송부촉탁결정 및 1건의 사실조회결정, 피청구인측 증거인 을 제60호증에 이르는 서증과 열일곱 명의 증인(안종범 중복하면 17

명), 6건의 문서송부촉탁결정 및 68건의 사실조회결정을 통한 증거조사를 하였으며 소추위원과 양쪽 대리인들의 변론을 경청하였습니다. 증거조사된 자료는 48,000여 쪽에 달하며, 당사자 이외의 분들이 제출한 탄원서 등의 자료들도 40박스의 분량에 이릅니다. 대한민국 국민 모두 아시다시피, 헌법은 대통령을 포함한 모든 국가기관의 존립근거이고, 국민은 그러한 헌법을 만들어 내는 힘의 원천입니다. 재판부는 이 점을 깊이 인식하면서, 역사의 법정 앞에 서게 된 당사자의 심정으로 이 선고에 임하고자 합니다. 저희 재판부는 국민들로부터 부여받은 권한에 따라 이루어지는 오늘의 이 선고가 더 이상의 국론분열과 혼란을 종식시키고, 화합과 치유의 길로 나아가는 밑거름이 되기를 바랍니다. 또한, 어떤 경우에도 법치주의는 흔들려서는 안 될 우리 모두가 함께 지켜 가야 할 가치라고 생각합니다.

지금부터 선고를 시작하겠습니다. 먼저, 이 사건 탄핵소추안의 가결절차와 관련하여 흠결이 있는지 살펴보겠습니다. 소추의결서에 기재된 소추사실이 구체적으로 특정되지 아니하였다는 점에 대하여 보겠습니다.
헌법상 탄핵소추사유는, 공무원이 그 직무집행에서 헌법이나 법률을 위배한 사실이고 여기서 법률은 형사법에 한정되지 않습니다. 그리고 탄핵결정은 대상자를 공직으로부터 파면하는 것이지 형사상 책임을 묻는 것은 아닙니다. 따라서 피청구인이 방어권을 행사할 수 있고 심판대상을 확정할 수 있을 정도로 사실관계를 기재하면 됩니다. 이 사건 소추의결서의 헌법 위배행위 부분이 분명하게 유형별로 구분되지 않은 측면이 없지 않지만, 법률 위배행위 부분과 종합하여 보면 소추사유를 특정할 수 있습니다.

다음으로, 이 사건 탄핵소추안을 의결할 당시 국회 법사위의 조사도 없이 공소장과 신문기사 정도만 증거로 제시되었다는 점에 대하여 보겠습니다. 국회의 의사절차의 자율권은 권력분립의 원칙상 존중되어야 합니다. 국회법에 의하더라도 탄핵소추발의시 사유조사 여부는 국회의 재량으로 규정하고 있으므로 그 의결이 헌법이나 법률을 위배한 것이라고 볼 수 없습니다.

다음 이 사건 소추의결이 아무런 토론 없이 진행되었다는 점에 관하여 보겠습니다. 의결 당시 상황을 살펴보면, 토론 없이 표결이 이루어진 것은 사실이나, 국회법상 반드시 토론을 거쳐야 한다는 규정은 없고 미리 찬성 또는 반대의 뜻을 국회의장에게 통지하고 토론할 수는 있습니다. 그런데 당시 토론을 희망한 의원은 한 사람도 없었으며, 국회의장이 토론을 희망하는데 못하게 한 사실도 없었습니다.

탄핵사유는 개별 사유별로 의결절차를 거쳐야 함에도 여러 개 탄핵사유 전체에 대하여 일괄하여 의결한 것은 위법하다는 점에 관하여 보겠습니다. 소추사유가 여러 개 있을 경우 사유별로 표결할 것인지, 여러 사유를 하나의 소추안으로 표결할 것인지는 소추안을 발의하는 국회의원의 자유로운 의사에 달린 것이고, 표결방법에 관한 어떠한 명문규정도 없습니다.

8인 재판관에 의한 선고가 9인으로 구성된 재판부로부터 공정한 재판을 받을 권리를 침해하였다는 점에 관하여 살펴보겠습니다. 헌법재판소는 헌법상 아홉 명의 재판관으로 구성되어 있습니다. 그런데 현실적으로 재판관의 공무상 출장이나 질병 또는 재판관 퇴임 이후 후임재판관 임명까지 사이의 공백 등 여러 가지 사유로 일부 재판관이 재판에 관여할 수 없는 경우는 발생할 수밖에 없습니다. 헌법과 법률에서는 이러한 경우에 대비한 규정을 마련해 놓고 있습니다.

탄핵의 결정을 할 때에는 재판관 6인 이상의 찬성이 있어야 하고, 재판관 7인 이상의 출석으로 사건을 심리한다고 규정하고 있습니다. 아홉 명의 재판관이 모두 참석한 상태에서 재판을 할 수 있을 때까지 기다려야 한다는 주장은, 현재와 같이 대통령 권한대행이 헌법재판소장을 임명할 수 있는지 논란이 되고 있는 상황에서는 결국 심리를 하지 말라는 주장으로서, 탄핵소추로 인한 대통령의 권한정지상태라는 헌정위기 상황을 그대로 방치하는 결과가 됩니다. 여덟 명의 재판관으로 이 사건을 심리하여 결정하는 데 헌법과 법률상 아무런 문제가 없는 이상 헌법재판소로서는 헌정위기 상황을 계속해서 방치할 수는 없습니다. 그렇다면 국회의 탄핵소추가결 절차에 헌법이나 법률을 위배한 위법이 없으며, 다른 적법요건에 어떠한 흠결도 없습니다.

이제 탄핵사유에 관하여 살펴보겠습니다. 우선 탄핵사유별로 피청구인의 직무집행에 있어 헌법이나 법률을 위배하였는지 살펴보겠습니다.

공무원 임면권을 남용하여 직업공무원제도의 본질을 침해하였다는 점에 관하여 보겠습니다. 문화체육관광부 노 국장과 진 과장이 피청구인의 지시에 따라 문책성 인사를 당하고, 노 국장은 결국 명예퇴직하였으며, 장관이던 유진룡은 면직되었고, 대통령비

서실장 김기춘이 문화체육관광부 제1차관에게 지시하여 1급 공무원 여섯 명으로부터 사직서를 제출받아 그 중 세 명의 사직서가 수리된 사실은 인정됩니다. 그러나 이 사건에 나타난 증거를 종합하더라도, 피청구인이 노 국장과 진 과장이 최서원의 사익 추구에 방해가 되었기 때문에 인사를 하였다고 인정하기에는 부족하고, 유진룡이 면직된 이유나 김기춘이 여섯 명의 1급 공무원으로부터 사직서를 제출받도록 한 이유 역시 분명하지 아니합니다.

언론의 자유를 침해하였다는 점에 관하여 보겠습니다. 청구인은 피청구인이 압력을 행사하여 세계일보 사장을 해임하였다고 주장하고 있습니다. 세계일보가 청와대 민정수석비서관실에서 작성한 정윤회 문건을 보도한 사실과 피청구인이 이러한 보도에 대하여 청와대 문건의 외부유출은 국기문란 행위이고 검찰이 철저하게 수사해서 진실을 밝혀야 한다고 하며 문건 유출을 비난한 사실은 인정됩니다. 그러나 이 사건에 나타난 모든 증거를 종합하더라도 세계일보에 구체적으로 누가 압력을 행사하였는지 분명하지 않고 피청구인이 관여하였다고 인정할 만한 증거는 없습니다.

다음 세월호사건에 관한 생명권 보호의무와 직책성실의무 위반의 점에 관하여 보겠습니다. 2014. 4. 16. 세월호가 침몰하여 304명이 희생되는 참사가 발생하였습니다. 당시 피청구인은 관저에 머물러 있었습니다. 헌법은 국가는 개인이 가지는 불가침의 기본적 인권을 확인하고 이를 보장할 의무를 진다고 규정하고 있습니다. 세월호 침몰사건은 모든 국민들에게 큰 충격과 고통을 안겨준 참사라는 점에서 어떠한 말로도 희생자들을 위로하기에는 부족할 것입니다. 피청구인은 국가가 국민의 생명과 신체의 안전 보호의무를 충실하게 이행할 수 있도록 권한을 행사하고 직책을 수행하여야 하는 의무를 부담합니다. 그러나 국민의 생명이 위협받는 재난상황이 발생하였다고 하여 피청구인이 직접 구조 활동에 참여하여야 하는 등 구체적이고 특정한 행위의무까지 바로 발생한다고 보기는 어렵습니다. 또한, 피청구인은 헌법상 대통령으로서의 직책을 성실히 수행할 의무를 부담하고 있습니다. 그런데 성실의 개념은 상대적이고 추상적이어서 성실한 직책수행의무와 같은 추상적 의무규정의 위반을 이유로 탄핵소추를 하는 것은 어려운 점이 있습니다. 헌법재판소는 이미, 대통령의 성실한 직책수행의무는 규범적으로 그 이행이 관철될 수 없으므로 원칙적으로 사법적 판단의 대상이 될 수 없어, 정치적 무능력이나 정책결정상의 잘못 등 직책수행의 성실성 여부는 그 자체로는 소추사유가 될 수 없다고 하였습니다. 세월호 사고는 참혹하기 그지 없으나, 세월호 참사 당일 피청구인이 직책을 성실히 수행하였는지 여부는 탄핵심판절차의 판단대상이 되지 아니한다고 할 것입니다.

  지금부터는 피청구인의 최서원에 대한 국정개입 허용과 권한남용에 관하여 살펴보겠습니다. 피청구인에게 보고되는 서류는 대부분 부속비서관 정호성이 피청구인에게 전달하였는데, 정호성은 2013년 1월경부터 2016년 4월경까지 각종 인사자료, 국무회의 자료, 대통령 해외순방일정과 미국 국무부장관 접견자료 등 공무상 비밀을 담고 있는 문건을 최서원에게 전달하였습니다. 최서원은 그 문건을 보고 이에 관한 의견을 주거나 내용을 수정하기도 하였고, 피청구인의 일정을 조정하는 등 직무활동에 관여하기도 하였습니다. 또한, 최서원은 공직 후보자를 추천하기도 하였는데,

그 중 일부는 최서원의 이권 추구를 도왔습니다. 피청구인은 최서원으로부터 케이디코퍼레이션이라는 자동차 부품회사의 대기업 납품을 부탁받고 안종범을 시켜 현대자동차그룹에 거래를 부탁하였습니다. 피청구인은 안종범에게 문화와 체육 관련 재단법인을 설립하라는 지시를 하여, 대기업들로부터 486억 원을 출연받아 재단법인 미르, 288억 원을 출연받아 재단법인 케이스포츠를 설립하게 하였습니다. 그러나 두 재단법인의 임직원 임면, 사업 추진, 자금 집행, 업무 지시 등 운영에 관한 의사결정은 피청구인과 최서원이 하였고, 재단법인에 출연한 기업들은 전혀 관여하지 못했습니다. 최서원은 미르가 설립되기 직전에 광고회사인 플레이그라운드를 설립하여 운영했습니다. 최서원은 자신이 추천한 임원을 통해 미르를 장악하고 자신의 회사인 플레이그라운드와 용역계약을 체결하도록 하여 이익을 취하였습니다. 그리고 최서원의 요청에 따라, 피청구인은 안종범을 통해 케이티에 특정인 2명을 채용하게 한 뒤 광고 관련 업무를 담당하도록 요구하였습니다. 그 뒤 플레이그라운드는 케이티의 광고대행사로 선정되어 케이티로부터 68억여 원에 이르는 광고를 수주했습니다. 또 안종범은 피청구인 지시로 현대자동차그룹에 플레이그라운드 소개자료를 전달했고, 현대와 기아자동차는 신생 광고회사인 플레이그라운드에 9억여 원에 달하는 광고를 발주했습니다. 한편, 최서원은 케이스포츠 설립 하루 전에 더블루케이를 설립하여 운영했습니다. 최서원은 노승일과 박헌영을 케이스포츠의 직원으로 채용하여 더블루케이와 업무협약을 체결하도록 했습니다. 피청구인은 안종범을 통하여 그랜드코리아레저와 포스코가 스포츠팀을 창단하도록 하고 더블루케이가 스포츠팀의 소속 선수 에이전트나 운영을 맡기도록 하였습니다. 최서원은 문화체육관광부 제2차관 김종을 통해 지역 스포츠클럽 전면 개편에 대한 문화체육관광부 내부 문건을 전달받아, 케이스포츠가 이에 관여하여 더블루케이가 이득을 취할 방안을 마련했습니다. 또 피청구인은 롯데그룹 회장을 독대하여 5대 거점 체육인재 육성 사업과 관련해 하남시에 체육시설을 건립하려고 하니 자금을 지원해 달라고 요구하여 롯데는 케이스포츠에 70억 원을 송금했습니다.

다음으로 피청구인의 이러한 행위가 헌법과 법률에 위배되는지를 보겠습니다. 헌법은 공무원을 '국민 전체에 대한 봉사자'로 규정하여 공무원의 공익실현의무를 천명하고 있고, 이 의무는 국가공무원법과 공직자윤리법 등을 통해 구체화되고 있습니다. 피청구인의 행위는 최서원의 이익을 위해 대통령의 지위와 권한을 남용한 것으로서 공정한 직무수행이라고 할 수 없으며, 헌법, 국가공무원법, 공직자윤리법 등을 위배한 것입니다. 또한, 재단법인 미르와 케이스포츠의 설립, 최서원의 이권 개입에 직, 간접적으로 도움을 준 피청구인의 행위는 기업의 재산권을 침해하였을 뿐만 아니라, 기업경영의 자유를 침해한 것입니다. 그리고 피청구인의 지시 또는 방치에 따라 직무상 비밀에 해당하는 많은 문건이 최서원에게 유출된 점은 국가공무원법의 비밀엄수의무를 위배한 것입니다.

지금까지 살펴본 피청구인의 법위반 행위가 피청구인을 파면할 만큼 중대한 것인지에 관하여 보겠습니다. 대통령은 헌법과 법률에 따라 권한을 행사하여야 함은 물론, 공무 수행은 투명하게 공개하여 국민의 평가를 받아야 합니다. 그런데 피청구인은 최서원의 국정개입사실을 철저히 숨겼고, 그에 관한 의혹이 제기될 때마다 이를 부인하며 오히려 의혹 제기를 비난하였습니다. 이로 인해 국회 등 헌법기관에 의한 견제나 언론에 의한 감시 장치가 제대로 작동될 수 없었습니다. 또한, 피청구인은 미르와 케이스포츠 설립, 플레이그라운드와 더블루케이 및 케이디코퍼레이션 지원 등과 같은 최서원의 사익 추구에 관여하고 지원하였습니다. 피청구인의 헌법과 법률 위배행위는 재임기간 전반에 걸쳐 지속적으로 이루어졌고, 국회와 언론의 지적에도 불구하고 오히려 사실을 은폐하고 관련자를 단속해 왔습니다. 그 결과 피청구인의 지시에 따른 안종범, 김종, 정호성 등이 부패범죄 혐의로 구속 기소되는 중대한 사태에 이르렀습니다. 이러한 피청구인의 위헌·위법행위는 대의민주제 원리와 법치주의 정신을 훼손한 것입니다. 한편, 피청구인은 대국민 담화에서 진상 규명에 최대한 협조하겠다고 하였으나 정작 검찰과 특별검사의 조사에 응하지 않았고, 청와대에 대한 압수수색도 거부하였습니다. 이 사건 소추사유와 관련한 피청구인의 일련의 언행을 보면, 법 위배행위가 반복되지 않도록 할 헌법수호의지가 드러나지 않습니다.

 결국 피청구인의 위헌·위법행위는 국민의 신임을 배반한 것으로 헌법수호의 관점에서 용납될 수 없는 중대한 법 위배행위라고 보아야 합니다. 피청구인의 법 위배행위가 헌법질서에 미치는 부정적 영향과 파급효과가 중대하므로, 피청구인을 파면함으로써 얻는 헌법 수호의 이익이 압도적으로 크다고 할 것입니다.

 이에 재판관 전원의 일치된 의견으로 주문을 선고합니다.

피청구인 대통령 박근혜를 파면한다.

  이 결정에는 재판관 김이수, 이진성, 안창호의 보충의견이 있습니다. 이 결정에는 세월호 참사 관련하여 피청구인은 생명권 보호의무를 위반하지는 않았지만, 헌법상 성실한 직책수행의무 및 국가공무원법상 성실의무를 위반하였고, 다만 그러한 사유만으로는 파면 사유를 구성하기 어렵다는 재판관 김이수, 재판관 이진성의 보충의견이 있습니다.
  [생략](그 취지는 피청구인의 생명권 보호의무 위반을 인정하지 못하는 것은 법정의견과 같고, 피청구인이 헌법상 대통령의 성실한 직책수행의무 및 국가공무원법상 성실의무를 위반하였으나 이 사유만으로는 파면 사유를 구성하기 어렵지만, 미래의 대통령들이 국가위기 상황에서 직무를 불성실하게 수행하여도 무방하다는 그릇된 인식이 우리의 유산으로 남겨져 수많은 국민의 생명과 안전이 상실되는 불행한 일이 반복되어서는 안 되겠기에 피청구인의 성실한 직책수행의무 위반을 지적한다는 내용입니다.)
  또한, 이 사건 탄핵심판은 보수와 진보라는 이념의 문제가 아니라 헌법질서를 수호하는 문제로 정치적 폐습을 청산하기 위하여 파면결정을 할 수 밖에 없다는 재판관 안창호의 보충의견이 있습니다.
  이것으로 선고를 마칩니다. (11시22분 마침)

적법 요건이 빚어낸 탄핵의 문턱

지금까지 우리는 국회의 탄핵소추 절차가 제대로 되었는지에 대한 여섯 가지 쟁점을 살펴보았다. 이는 본 게임에 들어가기 전, 경기장의 규칙과 선수 자격을 확인하는 과정과 같다. 헌법재판소가 이 절차적 쟁점들을 어떻게 판단했는지 다시 한번 정리하면 다음과 같다.

첫째, 사법심사 대상성 문제. 대통령의 계엄 선포와 같은 행위가 '고도의 정치 행위'라는 이유로 법의 심판대 바깥에 있을 수 있는가? 헌재는 그럴 수 없다고 답했다. 헌법 수호라는 탄핵 제도의 본질상, 대통령의 그 어떤 행위도 헌법과 법률의 테두리를 벗어나면 심판 대상이 된다는 점을 명확히 했다. 법 앞에는 성역이 없음을 선언한 것이다.

둘째, 국회 법사위 조사 생략 논란. 탄핵안에 대한 국회 법사위의 사전 조사가 생략된 것은 절차적 하자가 아닌가? 헌재는 국회법상 법사위 조사가 '의무'가 아닌 '재량' 사항임을 들어, 이를 생략했다는 사실만으로 탄핵소추 절차가 위법하게 되는 것은 아니라고 판단했다. 국회의 절차적 자율성을 인정한 결정이었다.

셋째, 일사부재의 원칙 위배 주장. 한번 무산된 탄핵안을 회기만 바꿔 다시 발의하는 것은 원칙 위반 아닌가? 헌재는 국회법이 '같은 회기 중' 재발의만 금지한다는 문언에 주목했다. 회기가 달라지면 법적으로 새로운 안건으로 취급할 수 있으므로, 위반이 아니라고 보았다. 다만, 제도적 허점과 남용 가능성에 대한 우려는 남겼다.

넷째, 심판 이익 흠결 문제. 계엄이 금방 해제되었으니 '이미 끝난 일' 아닌가? 헌재는 탄핵 심판이 과거 행위의 위헌성을 따지는 것임을 분명히 했다. 행위가 종료되었거나 피해가 경미하다는 사정만으로 위헌 행위 자체에 대한 심판의 필요성이 사라지지는 않는다고 판단했다. 책임은 시간으로 덜어지지 않는다는 의미다.

다섯째, 소추사유 변경 논란. 탄핵 이유를 내란죄에서 헌법 위반으로 바꾼 것은 문제가 아닌가? 헌재는 '기본적 사실관계'가 동일하다면, 그 사실에 대한 법적 평가나 적용 법조를 변경하는 것은 허용될 수 있다고 보았다. 중요한 것은 '무엇을 했는가'이지, 그것에 붙는 법률적 이름표가 아니라는 취지다.

마지막으로, 탄핵소추권 남용 주장. 반복적인 탄핵 추진은 정치 공세이자 권한 남용 아닌가? 헌재는 절차가 적법하고 탄핵 사유가 일정 수준 소명된다면, 정치적 동기나 발의 횟수만으로 남용이라 단정할 수 없다고 선을 그었다. 동기보다는 절차와 근거라는 객관적 기준을 중시했다.

이 여섯 가지 쟁점에 대한 헌법재판소의 판단은 모두 "탄핵소추 절차는 적법하다"였다. 국회의 탄핵소추는 헌법재판소가 본안 심리를 진행하기 위한 최소한의 절차적 문턱을 넘었다는 의미다. 탄핵이라는 국가적 중대사는 반드시 법이 정한 절차적 궤도를 따라야 하며, 이번 사건의 경우 그 궤도를 이탈하지 않았음을 헌재가 확인한 것이다.

이로써 탄핵 심판은 본격적인 내용 심리, 즉 대통령의 행위가 실제로 헌법과 법률을 중대하게 위반하여 파면 사유에 해당하는지를 따지는 단계로 나아갈 수 있는 정당성을 확보했다.

1부를 이제는 이 절차적 논쟁들 너머에 있는 더 깊고 근본적인 질문들 – 개인과 사회 권력 이양은 어떻게 시작되었나, 시민은 저항할 수 있는가, 이 복잡한 역동성은 과연 무엇이 다스리는가 와 같은 거대한 인문학적 질문들과 마주할 준비를 마쳤다.

2부에서는 이러한 질문들을 본격적으로 다룰 예정이다. 그러나 교과서처럼 지루하지는 않다. 각각의 그 연관성은 지금 이 시대 대한민국에서 벌어졌던 탄핵과 그 과정에서 논쟁에서 바로바로 찾아볼 수 있다. 그것이 이 책의 묘미다.

2부

10개의 논쟁과 인문학 질문

질문들 - 탄핵에 숨겨진 본질을 묻다

우리는 이제 막 첫 관문을 통과했다. 탄핵을 위한 절차가 적절했는가? 그렇다.

헌법재판소는 국회의 소추 과정에는 문제가 없다고 판단했다. 이로써 심판은 본게임으로 넘어갔다. 탄핵의 실체적 이유를 따지는 단계다. 단순히 경기 규칙을 확인하는 것을 넘어, 이제 경기 내용 자체를 분석할 차례다.

2부에서는 이 거대한 충돌의 이면에 숨겨진 핵심 쟁점들을 10개의 주제(모듈)로 쪼개고 하나씩 살펴볼 예정이다. 2024년 12월부터 대한민국을 뒤흔든 윤석열 대통령 탄핵 사태는 단순한 정치적 사건이 아니다. 그 안에는 법, 권력, 시민 사회, 그리고 국가 운영의 기본 원칙에 대한 사회적 질문들이 담겨 있다. 그리고 조금 더 들여다 보면 인간이 나온다. 인간의 본성, 욕망 그리고 그것이 공동체에서 어떤 역학으로 움직이는지에 대한 방식이다. 우리는 그런 것들을 철학이라고 부른다. 인류 문명 이래 철학의 방식은 흐름이 있었다. 그것이 사건으로 나타났고 역사로 남아 있다.

인간, 철학, 역사…. 지금의 시스템은 겉으로는 제도로 보이지만, 그 안에는 새로운 사상과 역사적 사건이 결합되어 있다. 우리는 그것을 인문학이라고 부른다. 그리고 탄핵을 둘러싼 각각의 쟁점은 인문학적인 뿌리를 갖고 있다.

싸우는 양쪽 모두 '시민 저항권'을 부르짖는다. 그 둘 모두 '광장으로 나와' 자신들이 진정한 '민주주의'라고 소리친다. 우리는 시민 저항권의 뿌리를 알았을 때에 비로소 그들을 이해할 수 있다.

권력과 언론의 첨예한 대립을 보여준 '표현의 자유 침해' 문제와 '언론 자유와 정부 검열' 논란도 들여다볼 예정이다. 대한민국 정치의 오랜 숙제인 '국회와 행정부의 충돌' 및 '국회의 입법 폭주와 대통령의 거부권' 그리고 그 정점에서 제기된 '대통령의 권력 남용과 사익 추구' 의혹도 분석할 예정이다. 나아가 탄핵 절차 자체의 정당성을 묻는 '탄핵인가 쿠데타인가'라는 도발적 질문도, 대한민국 민주주의의 트라우마를 소환하는 '계엄령과 긴급명령권'의 위험성도 들여다 볼 것이다. 최종 심판인 '사법부 독립'에 대한 첨예한 시선, 그리고 이 모든 논쟁에서 서로를 반헌법적이라며 끊임없이 충돌하는 '헌법은 누구의 편인가'라는 해석 전쟁까지… 이 10가지 주제가 바로 탄핵이라는 거울에 비친 우리 시대의 민낯이다.

이 10개의 주제는 따라가다 보면 마치 복잡하게 얽힌 실타래를 풀어가는 느낌이 들 것이다. 각 주제는 광장의 생생한 목소리를 담는가 하면, 때로는 법정의 냉철한 목소리를 중계할 것이다. 그러나 생활 인문학이라는 이 책의 의도를 구현하기 위해, 역사적 사례와 철학적 성찰을 놓치지 않을 것이다.

독자들은 이 과정을 통해 헌법 조문이나 사회과학 이론 뒤에 숨겨진 실제 작동 원리를 파악하고, 권력, 법, 시민의 권리와 같은 핵심 개념들이 우리의 삶과 역사 속에서 어떻게 구체적인 의미를 갖게 되는지 입체적으로 이해하게 될 것이다.

이것은 단순한 법률 해설서나 정치 비평이 아니다. 우리 시대를 관통하는 핵심 질문들을 '생활 인문학'의 시선으로 풀어내려는 시도다. 딱딱한 법률 용어나 추상적인 정치 이론이 아니라, 광장의 함성, 언론사의 고민, 시민들의 인터뷰 속에서 살아 숨 쉬는 사회 원리들을 발견하고자 한다.

1. "헌법에 저항하라?" - 시민저항권의 진실

광장에 울려 퍼진, 서로에 대한 저항의 목소리

한낮의 햇살이 따가운 토요일, 광화문 앞 도로는 인파로 가득 찼다. 같은 시각, 불과 500미터 떨어진 다른 집회장에는 다른 색깔의 깃발들이 펄럭였다. 몇 시간 후 윤석열 대통령 탄핵안이 국회에서 가결되자, 동시에 광장으로 나온 시민들은 저마다 "우리가 진짜 민심이다"라는 구호를 외친다. 한쪽은 대통령을 몰아내야 한다며 촛불을 들었고, 다른 한쪽은 이것이 의회가 벌인 '탄핵 사기극'이기에 국민이 저항해야 한다고 주장한다. 서로가 서로를 반헌법적이라고 한다. 서로가 서로에게 민주질서를 파괴한다고 소리를 지르고 있다.

현장에서 만난 30대 회사원 김수현(가명) 씨는 "박근혜 때도 촛불혁명이 막았어요. 이번에도 권력이 헌법을 무시하면 우리가 막아야죠. 제 주변에선 다들 그래요. 그게 진정한 시민 저항권이에요."라고 말했다. 반면 광장 건너편에서 60대 자영업자 한영식(가명) 씨는 "의회가 다수 힘을 믿고 대통령을 제거하려 든 것 아닌가요. 이건 민주주의가 아니라 폭주예요. 지금까지 일어난 일을 봐요, 내 주변에선 다들 국회가 미쳤다고 해요. 그럴 때일수록 애국하는 국민이 일어나 막는 것이 진정한 저항권이예요."라고 목소리를 높였다. 두 무리 모두가 같은 말을 외치고 있다. 시민 저항권.

왜 다시 '시민 저항권'이 부상했나

양쪽은 시민 저항권에 대해 이렇게 정의한다. 부당한 권력에 맞서는 국민의 권리. 그러나 '부당함'을 어떻게 판단하느냐에 따라, 저항권은 의도되지 않은 방향으로 쓰일 수 있다. 한 쪽의 논리는 국회가 합법적 절차로 탄핵을 추진했으니, 대통령이 위헌 행위를 저질렀다면 당연히 저항해야 한다는 말이다. 다른 쪽의 논리도 비슷하다. 의회가 정치적 계산으로 대통령을 몰아내려는 것이라면, 국민이 저항권을 발동해서 막아야 한다는 논리다.

시민 저항권이라는 말은 헌법 어디에도 없다. 애초에 시민 저항권이란 어디서 왔는가?

뿌리와 진화: 사회계약론에서 광장까지

상상해보자. 법도 정부도 없는 원시적인 '자연 상태'를 말이다. 어떤 철학자(홉스)는 그곳을 '만인의 만인에 대한 투쟁'이 벌어지는, 공포와 폭력만이 지배하는 곳으로 그렸다. 또 다른 철학자(로크)는 '자연 상태'를 내 권리가 침해당해도 호소할 곳 없고 분쟁을 해결할 공정한 심판관이 없어 늘 불안한 상태라고 생각했다. 이유야 어찌 됐든 사람들은 깨달았다. "이대로는 살 수 없다. 좀 더 안전하고 질서 있는 삶이 필요하다. 우리 각자의 권리 일부를 공동체에 맡기고, 그 힘으로 우리 모두를 지킬 수 있는 공동의 권력을 만들자." 이것이 사회계약론의 출발점이다.

18세기까지 군주의 권력은 신성불가침이라 여겨졌다. 교과서에서 배운 '왕권신수설'은 왕의 권력은 신에서 왔다는 말이었으니까. 17~18세기 존 로크와 장 자크 루소가 '사회계약론'을 주장했다. 왕의 권력마저도 국민에게 왔다는 혁명적인 생각이었다.

이들은 "통치자가 국민의 신탁을 배반하면, 국민은 복종할 의무가 없다"고 단언했다. 그런 사상이 현실에서 폭발한 사건이 프랑스 혁명(1789)이다. 혁명 정부(국민공회)는 재판에서 루이 16세에게 사형을 판결했다. 외세와 공모하여 혁명을 배신했다는 죄목 등이었다. '왕' 루이 16세는 파리의 혁명 광장(현재 콩코드 광장)에 설치된 단두대에서 수많은 시민이 지켜보는 가운데 목이 잘려 처형되었다.

이 사건은 "왕의 목도 자를 수 있다"는 것을 보여줌으로써, '주권은 왕이 아닌 국민에게 있다'는 민주주의의 핵심 원리를 전 세계에 매우 충격적이고 극적으로 각인시킨 상징적인 순간이었다.

한발 더 나아간 사람도 있었다. 흔히 월든 호수에 살았던 샌님으로 기억하는 헨리 데이비드 소로우다. 그는 19세기 중반 '시민불복종(Civil Disobedience)'이란 글을 통해 이렇게 주장했다. "양심상 받아들일 수 없는 정부의 결정에 대해 개인이 거부하는 것은 오히려 윤리적 책무다." 소로우의 사상은 미국의 노예제도 반대부터 간디 · 킹 목사의 비폭력 저항 운동까지 영향을 미쳤다.

이렇듯 시민 저항권은 '위헌적 권력 폭주에 대한 평화적 방어'

라는 사상적 뼈대를 지니고 출발했다. 그런데 지금 한국 광장에서 벌어지는 풍경은 사뭇 달라 보인다. 동상이몽처럼, 찬성파·반대파가 똑같이 "저항권"을 외치며 서로를 '불의한 집단'이라 규정한다. 그렇다면 이 저항의 실체는 어디서 어떻게 구분해야 할까?

큰 물음, 짧은 답

Q 둘 다 '저항권'을 외치면, 누가 옳은지 어떻게 판별하나?

A 중요한 건 '헌법과 민주적 절차를 깡그리 무시하는 권력'이 존재하는가 하는 사실 여부다. 탄핵 찬성파는 '대통령이 위헌행위를 했다'고 말하고, 반대파는 '국회가 적법 절차를 어긴 탄핵'이라고 주장한다. 결국 헌법재판소가 최종 판단했지만, 폭력 없이 평화적으로 목소리를 내는 과정은 헌법상 표현·결사의 자유로 인정된다. 헌법과 절차를 무시한 폭력적 행동은 합리적 저항권이라고 볼 수 없다. 다만 표현의 자유라 하더라도 그 논리가 타당한지는 사회적 공감대를 얻어야 할 것이다. 혐오를 조장하고 가짜 뉴스를 근거로 삼는다면 공감대를 얻기 힘들다.

Q 정말 평화적 시위라면 다 저항권이 될 수 있나?

A 이론상으론 가능하다. 미국 사례처럼, 트럼프 행정부 정책에 반대하는 '여성행진'이나 이민정책 항의 시위는 합법적 범위 안에 있으면 저항권으로 볼 수 있다. 하지만 의사당 난입 사태처럼 폭력이나

불법이 개입되면 '저항권'이 아닌 범죄가 된다.

Q 대통령은 국민이 직접 뽑은 건데, 탄핵이든 저항이든 너무 자주 일어나면 민주주의가 혼란스러운 것 아닌가?

A 다수의 선택이 곧 '절대적 면죄부'가 되는 건 아니다. 대통령 임기가 남아 있어도, 헌법 위반이 심각하다면 탄핵이 가능하고, 국민이 이를 지지하거나 반대하는 저항 행동을 할 수도 있다. 민주주의는 이런 대립과 토론을 통해 스스로를 점검·보완하는 체제다. 물론, 탄핵이 남발되거나 저항권이 무차별적으로 주장되면 체제가 불안정해지는 부작용이 클 것이다.

결론: 칼의 양날, 어디로 기울 것인가

누군가 "저항권은 민주주의의 마지막 보루"라 했다. 동시에, 남용된 저항권은 나라를 무한 갈등에 빠뜨릴 위험 요소가 되기도 한다. 2025년 윤석열 탄핵 소용돌이 한복판에서, 시민들은 또 한 번 광장에 나왔다. '누가 정말로 헌법을 배신했는지'를 놓고 다투었다. 이 불편하고 귀찮은 싸움이야말로 사실은 사회가 합의를 만들어가는 귀한 과정이자 사회적 자산이 된다. 우리 사회는 아직 해결해야 할 과제가 많다. 그만큼 싸움은 계속될 것이다.

공부할 거리

사회계약론 (Social Contract Theory)

오랫동안 왕들은 '신의 뜻'을 내세워 백성을 다스렸다. 그런데 17~18세기, 로크나 루소 같은 사상가들이 전혀 다른 이야기를 펼쳐냈다. "국가나 정부는 하늘이 정한 게 아니라, 우리, 즉 국민 개개인이 더 나은 삶을 위해 서로 약속하고 세운 것이다." 이 생각은 거대한 질문을 던졌다. 만약 정부가 그 약속, 즉 '계약'을 깨고 국민의 권리를 짓밟는다면? 답은 분명했다. 계약 위반이므로, 국민은 복종할 의무가 없고 저항할 권리를 갖는다는 것이다. '권력은 국민으로부터 나온다'는 이 혁명적 이야기는 현대 민주주의의 문을 열었다. 3부에서 더 자세하게 다룬다.

프랑스 혁명 (French Revolution, 1789)

1789년 여름, 파리의 공기는 분노로 뜨거웠다. 극소수 특권층은 사치를 누렸지만, 대다수 시민은 굶주림과 불평등에 시달렸다. '자유롭고 평등한 사회'를 향한 열망은 마침내 행동으로 폭발했다. 시민들은 왕권의 상징 바스티유 감옥을 무너뜨렸고, "인간은 태어날 때부터 자유롭고 평등한 권리를 갖는다"는 '인권 선언'을 세상에 내놓았다. 혁명은 순식간에 전 유럽을 뒤흔들었다. 물론 그 과정은 순탄치 않았다. 공포정치의 광풍이 불고 수많은 사람이 피를 흘렸다. 하지만 프랑스 혁명은 결국 시민의 힘으로 낡은 질서를 무너뜨리고 새로운 시대를 열 수 있음을 역사의 시작점이 되었다. 프랑스 혁명의 외침이었던 '자유, 평등, 박애'는 국경을 넘어 퍼져나갔다. '인간과 시민의 권리 선언'에 담긴 '모든 주권은 국민에게 있다'는 원칙은 이후 라틴 아메리카의 독립 운동에서부터 20세기 민주화 운동에 이르기까지, 압제에 맞서는 이들에게 강력한 영감과 정당성을 부여했다. 그 피묻은 시작에도 불구하고, 혁명은 '보통 사람'도 역사의 주인공이 될 수 있다는 가능성을 전 세계에 각인시켰다.

영화 『레 미제라블』(2012)은 혁명 이후 시대를 배경으로 하지만 프랑스 혁명의 극적인 정신을 느끼게 해준다.

소로우의 '시민 불복종'(1849)

미국 정부가 벌이는 전쟁과 노예 제도에 깊은 회의를 느낀 사상가 헨리 데이비드 소로우는 홀로 숲으로 들어갔다. 그리고 그는 행동했다. "부당한 법에 세금을 내 양심을 더럽힐 수 없다"며 납세를 거부했다. 결국 하룻밤 감옥에 갇혔다. 그의 저항 방식은 거창하지 않았지만, 그가 남긴 글 『시민 불복종』은 강력한 메시지를 던졌다. "법보다 중요한 것은 개인의 양심이며, 불의에 침묵하지 않고 평화적으로 '아니오'라고 말하는 것이 진정한 시민의 의무다." 이 생각은 시대를 넘어 간디와 마틴 루서 킹 주니어에게 가닿아, 세상을 바꾼 비폭력 저항 운동의 중요한 철학적 무기가 되었다.

시민 불복종의 정신을 더 깊이 느끼려면, 소로우의 짧은 에세이 『시민 불복종』 원문을 읽어보는 것을 추천한다. 마틴 루서 킹 주니어 목사의 삶을 다룬 영화 『셀마』(2014)나 그의 유명한 연설 영상("I Have a Dream" 등)도 감동적인 스토리다.

2. "바이든 날리면" 언론의 자유와 정부의 검열

국민의 눈과 귀를 막아라?

2022년 9월, 미국 뉴욕의 한 국제행사장. 글로벌펀드 제7차 재정공약회의에 참석한 윤석열 당시 대통령은 조 바이든 미국 대통령과 짧은 환담을 마치고 돌아서며 참모들에게 무언가를 말했다. 그 순간, 아직 꺼지지 않았던 방송사 카메라의 마이크는 그 목소리를 놓치지 않았다. "국회에서 이 새끼들이 승인 안 해주면 바이든은 쪽팔려서 어떡하나?" 이 몇 초간의 영상은 곧 대한민국을 뒤흔들었다. 대통령의 거친 표현, 동맹국 정상의 실명 언급, 그리고 그 내용의 민감성까지. YTN의 영상이었지만 MBC가 이 장면에 자막을 입혀 보도했다. 대한민국은 전례 없는 '외교 참사' 논란과 함께 대통령의 언어, 그리고 언론 보도의 경계를 둘러싼 격렬한 소용돌이 속으로 빠져들었다.

대통령실은 즉각 "바이든이 아니라 '날리면'으로 발음했고, 미국 의회가 아닌 대한민국 국회(야당)를 향한 발언이었다"고 해명에 나섰다. 하지만 이 해명은 오히려 '청력 테스트냐', '듣기 평가

하자'라는 신조어까지 만들어내며 논란에 기름을 부었다. 음성 전문가들이 동원되고, 정치권과 언론, 심지어 일반 시민들까지 나서서 대통령의 입 모양과 발음을 분석하는 진풍경이 벌어졌다.

대통령실은 MBC의 보도가 "동맹 관계를 이간질하는 악의적이고 왜곡된 보도"이며 "국익을 심각하게 훼손했다"고 비난했다. 그리고 2022년 11월, 동남아 순방을 앞두고 MBC 기자단 전체를 대통령 전용기 탑승에서 배제하는 조치를 단행했다. 대통령실은 이를 "국익을 위한 취재 편의 제공의 선별적 조치"라고 설명했지만, 언론계와 야당은 "명백한 언론 탄압이자 보복 조치"라며 강력히 반발했다. 이 사건은 정부가 국익이라는 개념으로 비판적 언론에 재갈을 물리려 한다는 비판과 함께, 언론의 자유가 어디까지 보장되어야 하는지에 대한 근본적인 질문을 던졌다.

이러한 질문에 대한 윤석열 정부의 대응 방식은, 이후 국정 운영 전반에 걸쳐 소통 부재(불통 대통령)와 권위주의적 태도라는 비판을 낳았다. 이는 결과적으로 대통령에 대한 국민적 신뢰를 잠식하며 탄핵 정국의 중요한 배경 중 하나가 되었다.

왜 이런 일이 반복되는가? 검열의 역사와 민주주의

언론의 자유를 향한 인류의 투쟁은 피와 잉크로 얼룩진 길고 험난한 역사였다. 절대 왕정 시대, 왕의 말은 곧 법이었고, 감히 그 권위에 도전하는 목소리는 허용되지 않았다. 17세기 영국 시인 존 밀턴은 서슬 퍼런 검열에 맞서 『아레오파기티카』(1644)라는 책을 통해 외쳤다.

"진리는 스스로 방어할 힘이 있다. 자유로운 토론이야말로 진리에 이르는 유일한 길이다!"

그의 외침은 계몽주의 사상가들에게 깊은 영감을 주었고, 마침내 미국 독립 혁명의 지도자들은 수정헌법 제1조(1791)에 "의회는 언론·출판의 자유를 제한하는 어떠한 법률도 만들 수 없다"고 명시하며, 언론의 자유를 민주주의를 떠받치는 가장 중요한 기둥 중 하나로 세웠다. '펜은 칼보다 강하다'는 믿음. 자유로운 언론이 권력을 감시하고 시민에게 진실을 알릴 때 비로소 민주주의가 건강하게 작동한다. 당시의 투쟁을 거친 덕에 이제 언론의 자유는 현대 사회의 '상식'이 되었다.

그러나 그 '상식'은 한국 현대사에서 통하지 않았다. 너무나 자주, 그리고 처참하게 짓밟혔다. 박정희·전두환으로 이어지는 군사독재 시절, 언론은 정권의 충실한 나팔수가 되었다. 중앙정보부(안기부)에서 내려오는 보도지침 한 장이 신문 편집국 전체를 통제했고, 정권에 비판적인 기사를 쓴 기자들은 해고되거나 남산 지하실로 끌려가 모진 고문을 당했다. 신문 1면에는 연일 대통령 동정 기사만이 가득했고다. TV 뉴스는 '땡전뉴스'(밤 9시 시보가 "땡"하고 울리자마자 "전두환 대통령은 오늘…"로 시작한다고 해서 붙여진 별명)로 조롱받았다. 언론 자유를 향한 시민들의 이러한 목마름과 분노는, 1987년 6월 민주항쟁의 중요한 동력이 되었다.

큰 물음, 짧은 답

Q 정부가 언론사를 '가짜뉴스 생산'이라 지목해 취재 거부하면, 검열로 봐야 하나?

A 실질적인 검열 효과를 낳을 수 있다. 정부나 공공기관이 특정 언론을 정당한 이유 없이 공적인 취재 경로에서 배제하면, 해당 언론은 핵심 정보 접근이 어려워져 국민의 알 권리가 제한된다. 법적 '사전 검열'은 아니더라도, '핵심 정보 접근 차단을 통한 간접 통제'이자 '보복성 조치'로 해석될 여지가 크다. 많은 언론 학자들은 이를 넓은 의미의 검열 또는 언론 탄압으로 본다. 탄핵 찬성파는 이런 행위 자체가 탄핵 사유가 될 수 있다고 주장한다.

Q 검열과 단순 규제는 어떻게 구분하나?

A '규제'는 명예훼손, 허위사실 유포 등 명백한 불법에 대해 법적 근거로 책임을 묻거나, 공익상 법률로 표현을 제한하는 것이다. 반면, '검열'은 권력이 정치적 의도로 자의적으로 표현물 내용을 통제한다. 시민의 알 권리를 구조적으로 침해하는 것이다. 이 구분의 핵심은 "표현 제한의 목적, 내용, 절차의 정당성, 그리고 독립된 심사기구의 존재 여부"이다. 투명한 법적 절차와 독립된 판단 없이 권력이 일방적으로 내용을 통제하려 한다면 검열에 가깝다.

Q 박근혜 때 '정윤회 문건' 보도를 압박했지만, 탄핵사유로 직접 포함 안 됐는데?

A 맞다. 국정농단이 워낙 결정적이어서 헌재가 블랙리스트 / 언론 압박 사례를 보조적 근거로만 인용했다. 그러나 헌재 결정문에서도 "대통령이 언론을 부당하게 압박한 정황은 민주주의 정신에 반한다"고 지적했다.

Q 정부도 국정 운영에 불리한 허위정보를 막을 권리가 있지 않나?

A 정부는 명백한 허위·왜곡 정보에 대해 해명하고 사실을 바로잡을 책임과 권리가 있다. 문제는 그 경계 설정이다. 정부가 사실 정정을 넘어, 불편한 비판이나 다른 관점의 해석까지 '가짜뉴스'나 '국익 훼손'으로 몰아 보도를 막으려 한다면, 정당한 대응이 아닌 검열로 변질될 수 있다. 탄핵 찬성파는 윤석열 정부가 그 위험한 경계를 넘었다고 주장했고, 반대파는 그 정도 증거는 부족하다고 맞섰다.

Q 요즘은 신문, 방송보다 SNS나 인터넷 포털의 영향력이 더 큰데, 이런 온라인 플랫폼을 통해 보도를 차단하는 행위도 검열인가?

A 그렇다. 현대 사회에서 검열은 오프라인 언론만을 대상으로 하지 않는다. 정부가 인터넷 서비스 제공자(ISP)나 포털 사업자와 '협력'해 특정 웹사이트 접속을 막거나, 검색 결과를 조작하거나, SNS 게시물을 대량 삭제·차단하도록 압력을 행사한다면, 이는 매우 효과적인 '디지털 검열(Digital Censorship)'이다. 윤석열 대통령이 SNS

정보 확산 우려를 이유로 강경책을 썼다면, 이는 새로운 검열 논란 및 탄핵 사유로 이어질 수 있었다.

Q 사법부가 '검열인지 아닌지'를 판단할 때, 기준은 뭔가?

A 사법부는 통상 "권력의 해당 조치가 정당한 공익 목적에 부합하는가, 목적 달성 수단이 필요 최소한인가, 그로 인해 침해되는 표현의 자유가 공익보다 더 큰가" 등을 종합적으로 따진다(과잉금지원칙 또는 비례원칙). 특정 언론사 기자의 전용기 탑승 배제가 과거 오보에 대한 정당한 징계인지, 비판적 보도 전체를 막으려는 체계적 '압박'인지 그 의도와 결과를 중요하게 본다.

결론: 숨길수록 드러나는 게 진실이다.

'바이든-날리면' 논란과 그로 인해 촉발된 대통령 전용기 탑승 배제 사태는, 한국 사회에 언론 자유의 중요성과 그것이 얼마나 쉽게 위협받을 수 있는지를 다시 한번 각인시켰다. 권력은 본능적으로 자신에게 유리한 이야기만 들리기를 원하고, 언론은 그 권력의 어두운 구석까지 거침없이 파헤쳐야 하는 숙명적인 긴장 관계에 놓여있다. 이 위태로운 줄타기 속에서 언론은 때로는 오보의 비판과 법적 책임에 직면하기도 하고, 때로는 권력의 직간접적인 압력과 회유에 시달리기도 한다.

윤석열 대통령 탄핵 사태는, 바로 이 권력과 언론의 건강한 긴장 관계가 무너지고 불신이 극에 달했을 때 어떤 파국으로 이어질 수 있는지를 극명하게 보여주었다. 대통령의 말 한마디에서 시작된 갈등은 언론에 대한 차별적 조치로 이어졌고, 이는 정부의 소통 방식과 투명성에 대한 국민적 의구심을 증폭시켰다. 이러한 불신과 소통 부재는 결국 대통령이 비상계엄이라는 극단적인 수단을 고려하게 된 배경 중 하나가 되었을 것이다.

결국 자유롭고 다양한 목소리가 살아 숨 쉬며 권력을 감시하고 견제하는 언론 환경 없이는 건강한 민주주의도, 투명한 사회도 불가능하다. 시민들은 넘쳐나는 정보 속에서 진실을 가려내는 비판적 안목(미디어 리터러시)을 길러야 하고, 언론은 끊임없는 자기 성찰과 함께 외부의 어떤 압력에도 굴하지 않고 권력 감시라는 본연의 역할을 포기하지 않아야 한다. 그것이 바로 '날리는' 말 한마디가 국정을 뒤흔드는 혼란을 넘어, 진실이 존중받고 시민의 알 권리가 온전히 보장되며, 궁극적으로 대통령 탄핵과 같은 비극적인 헌정 위기가 반복되지 않는 사회로 나아가는, 어렵지만 포기할 수 없는 길이기 때문이다.

공부할 거리

박근혜 정부의 문화계 블랙리스트

2014~2016년 청와대는 '지원 배제 대상' 9,473명 경단을 문화체육관광부·한국문화예술위원회 등에 배포해 보조금·해외진출·공연장을 차단했다. 이 리스트는 세월호 정부 대응, 한일 위안부 협상, 노동·민주화운동 등 현 정부에 비판적 입장을 밝힌 예술인을 중심으로 작성됐다. 서울고법(2018)·대법원(2020)에서 김기춘 전 비서실장과 조윤선 전 문체부 장관은 '직권남용' 유죄가 확정됐다.

『아레오파기티카(Areopagitica)』, 존 밀턴(John Milton), 1644

외우기도 힘든 이름인 이 책 이름을 기억해두면 좋다. 지금으로부터 약 400년 전인 17세기 영국, 의회가 모든 출판물에 대한 사전 허가제를 도입하여 사실상의 검열을 강화하려 하자, 위대한 시인이자 사상가였던 존 밀턴은 이에 격렬하게 반대하며 이 불멸의 산문을 써냈다. '아레오파기티카'는 고대 아테네의 언덕 이름이자, 자유로운 토론과 공개적인 재판이 열렸던 민주주의의 상징적 장소를 뜻한다. 밀턴은 이 제목을 통해, 검열이라는 '입막음' 대신 자유롭고 공개적인 토론이야말로 진실을 발견하고 사회를 발전시키는 유일한 길이라고 역설했다. 그는 "진실과 거짓이 자유롭게 맞붙어 논쟁하도록 내버려 두라. 두려워할 필요가 없다. 진실은 스스로를 방어할 충분한 힘을 가지고 있다"고 외쳤다. 심지어 오류가 있거나 해롭다고 여겨지는 책이라 할지라도, 그것을 금지하기보다는 자유로운 토론과 이성적인 반박을 통해 극복하는 것이 더 바람직하다는 그의 주장은, 억압적인 왕정시대에 발표된 표현의 자유에 대한 가장 강력하고 시대를 앞서간 옹호였다. 현대 언론 자유 원칙과 사상 검증 반대의 중요한 사상적 뿌리로 평가받는다.

국경없는기자회(RSF) '언론자유 지수'

매년 프랑스 파리에 본부를 둔 국제 언론 감시 단체 '국경없는기자회'가 발표하는 국가별 언론 자유 순위다. 각국 정부의 정책, 법률 환경, 언론인에 대한 위협 등을 종합적으로 평가하여 지수화한다. 이 지수는 특정 국가의 민주주의 수준과 언론 환경을 가늠하는 중요한 참고 자료로 활용된다.

윤석열 정부 출범 직전인 2022년 발표(2021년 평가) 지수에서 43위였던 한국의 순위는, 2023년(2022년 평가) 47위로 하락했고, 2024년에는 62위로 크게 떨어졌다.

RSF는 이러한 추락의 배경으로 정부의 비판 언론에 대한 적대적 태도, 특정 언론사 취재 제한(예: MBC 전용기 탑승 배제), 그리고 2024년 말 비상계엄 포고령에 담겼던 노골적인 언론 통제 시도 등을 지적할 것이다.

언론자유 지수는 보수 vs. 진보에 따라 결정되나?

국제적 평가 기관(국경없는기자회 등)의 시각에서는 실제로 보수 정권(이명박·박근혜·윤석열)이 언론을 강하게 통제하거나 언론 환경을 위축시켰다고 본다. 이명박 정부 시절에는 공영방송 사장 인사에 대한 직접적 개입이 많았고, 박근혜 정부 때는 조직적이고 노골적인 언론 압박(블랙리스트 등)이 있었다. 윤석열 정부의 경우 특정 언론사 출입 제한 등 실질적인 통제가 나타나며 평가가 하락했다.

반대로 진보 정권(노무현·문재인) 때는 언론 통제를 의도적으로 축소하거나 공영방송 독립성 회복 등으로 상대적으로 언론 환경이 자유로워졌다고 평가되었다. 실제 현상론의 근거는 객관적 보고서와 실증 자료, 사건 기록 등에서 명백히 드러난다.

"진보 정권에서 언론 자유가 상승했다"는 주장은 착시 현상(Perception

Bias)의 가능성이 있다. 진보 정권도 언론과 갈등 관계를 겪었다. 예컨대, 노무현 대통령 시절 언론과의 극렬한 긴장 관계("기자실 통폐합" 논란 등), 문재인 정부 때 '가짜뉴스' 논란과 관련된 언론 규제 논쟁은 진보 정부 역시 언론을 압박한 사례다. 그럼에도 진보 정권 시기 언론 자유 지수가 상승한 이유는 보수 정권의 통제가 워낙 강력했기 때문에 상대적으로 덜한 개입을 "자유의 회복"으로 평가하는 착시일 수 있다는 말이다. 예컨대, 박근혜 정부가 너무 심한 통제를 가했기에 문재인 정부의 소극적 개입도 자유롭게 느껴졌을 가능성이 있다.

이는 상대적 평가의 문제다. 언론자유지수는 절대 평가보다는 상대 평가 성격이 있다. 특정 시기 정부의 통제가 극단적으로 심했다면, 그 다음 정부의 미약한 변화조차도 언론 환경이 크게 개선된 것으로 비춰질 수 있다. 반대로 전 정권이 상대적으로 언론에 관대한 정책을 취했다면 다음 정권의 약간의 개입도 "심각한 후퇴"로 인식될 수 있다.

보수 정권에서는 "심각한 악화"가 부각되고, 진보 정권에서는 "자유의 확대"로 보이는 일종의 프레이밍 효과(Framing Effect)가 나타난다. 실제 수치가 존재하더라도, 수치를 해석하는 방식이 주관적이거나 특정 정치적 시각에 따라 달라질 수 있는 여지를 만든다.

3. 대통령을 파면시키는 힘 - 사법부

자신을 임명한 사람을 파면할 수 있을까

헌법재판소 앞에서 열렸던 탄핵 찬반 집회. 흥미로운 점이 있다. 참가자들이 탄핵 찬성·반대 두 진영으로 극심하게 갈려 있는데, 하는 말이 같다는 점이다. "반헌법적인 행동을 엄벌하기 위해, 제대로 된 판결을 해라." 서로가 서로에게 반헌법적이라고 하고, 사법부는 자신의 입장을 대변하도록 '제대로' 판결하라고 한다.

찬성 세력에 속한 30대 직장인 김아란(가명) 씨는 "박근혜 때처럼 대통령이 법원을 좌지우지한다면, 이 나라에 희망이 있겠는가? 헌재가 의연하게 판결해야 한다"고 말한다. 반대 측 60대 박호진(가명) 씨는 "사법부도 정치권 눈치 보는 이상, 윤 대통령이 불리한 재판을 받지 않을까 걱정된다"고 토로한다. 서로 다른 이유로 똑같이 "재판부가 흔들리지 말라"고 외치는 광경이, 탄핵 소용돌이 속 '사법부 독립'의 복잡함을 보여준다.

대통령 탄핵 소용돌이 속, 법원은 어디로?

탄핵 찬성파는 "박근혜 국정농단 당시 8:0 만장일치로 탄핵을 인용한 헌재처럼, 정치적 압박에도 흔들리지 말고 공정한 결정을 내려야 한다"고 주장한다. 반면 탄핵 반대파는 "사법부가 야당이 장악한 국회·정치권의 눈치를 보며 대통령에게 불리한 판결을 내릴 수 있다. 이미 판결이 정치화됐다"고 비판했다.

사법부 독립은 헌법이 보장하는 핵심 원리다. 법원과 헌재가 행정부·입법부로부터 자유로워야 권력 남용을 막고 기본권을 지킬 수 있다. 미국 '마버리 대 매디슨 Marbury v. Madison' 판결 덕분에 사법부가 위헌적 권력을 무효화하는 전통이 확립되었다. 한국도 1987년 민주화 이후 헌법재판소를 통해 이를 제도화했다.

말이 쉽지 사법부가 정치로부터 완벽하게 독립적이긴 힘들다. 재판관 임명권이 대통령과 국회의 몫이고, 법원 예산·인사도 정치권 영향권 안에 있기 때문이다. 박근혜 시절 '양승태 사법농단' 의혹이 터졌을 때 국민들은 충격에 빠졌다. 대법원이 행정부와 딜을 할 수 있다는 사실 자체가 충격이었다.

되돌아 보면 윤 대통령 탄핵 논쟁에서도 사법부 특히 헌재가 중립적인지에 대한 의심은 계속되었다. 헌법재판소가 파면에 대한 판결을 하자, 이번에는 구속되었던 윤석열 전 대통령이 석방 등 특혜에 대한 의심이 계속 이어졌다. 사법부가 어떤 판단을 하던 '독립성이 훼손되었다'는 논쟁은 영원히 끊이지 않을 것이다.

큰 물음, 짧은 답

Q 대통령이 헌법재판관·대법관을 임명하는데, 독립이 가능할까?
A 대통령이 임명권을 행사하나, 국회 동의나 인사청문 등 견제 장치가 작동한다. 재판관은 임기와 신분이 보장된다. 임명 후에는 대통령의 의사와 무관하게 독립적으로 판단해야 한다는 것이 헌법 정신이다.

Q 사법부가 행정부 편이면, 무슨 브레이크도 안 먹히지 않나?
A 그렇기에 사법부 독립이 무엇보다 중요하다. 사법부가 독립성을 잃고 행정부에 종속되면, 권력 분립 원칙은 무너지고 권력 남용을 막을 길이 사라진다. 탄핵 심판이나 위헌법률심판 제도 자체가 사법부의 독립을 전제로 작동한다. 사법부 독립이 훼손될 경우, 권력 남용 방치는 현실화될 수 있으며, 이것이 독립을 위한 제도 보완이 계속 논의되는 이유다.

Q 대통령이 심은 나무가 대통령에게 도끼를 들었다? 임명권자의 영향력은 어디까지인가?
A 재판관 개인의 정치적 성향이나 임명 배경을 넘어, 때로는 헌법과 법률이라는 '보이지 않는 손'이 더 강력하게 작용한다. 대통령의 행위가 헌법의 기본 원칙을 너무나 명백히 훼손했다고 판단될 때, 재

판관은 개인적 관계나 정치적 고려보다 헌법 수호자로서의 책무를 우선할 수밖에 없다. 혹은, 그만큼 파면 사유가 누구도 부정하기 힘든 압도적인 무게를 가졌다는 의미일 수도 있다. '자기 사람'이라는 기대가 헌법의 준엄함 앞에서는 무력해질 수 있음을 보여준다.

결론: 법봉은 민주주의의 마지막 보루

헌법학자들은 사법부를 "민주주의의 마지막 수호벽"이라고 부른다. 대통령과 국회가 충돌해도, 법이 살아 있다면 심판이 가능하기 때문이다. 그러나 이 마지막 보루가 정치권력의 입김에 굴복하거나, 스스로 정치판에 뛰어든다면, 탄핵을 비롯한 모든 재판의 공정성은 무너진다.

광장에선 각자 원하는 결과를 주장하며 "사법부는 흔들리지 말라"고 외쳤지만, 아이러니하게도 양쪽 모두 판결이 '정치적 판단'이 되는 것을 두려워 했다. 이는 사법부 독립의 아이러니다. 독립을 지키면 누군가는 정치적 편향이라 비난하고, 독립을 못 지키면 헌법 체제가 무너진다.

공부할 거리

사법부 독립의 투쟁 역사

왜 법관은 정치적 외압에서 자유로워야 하는가? 18세기 사상가 몽테스키외는 그의 저서 『법의 정신』에서, 존 로크는 『정부론』의 '권력 분립론'에서 사법부의 독립이 시민의 자유를 보장하는 핵심 원칙임을 강조했다. 이들의 주장은 단순히 철학적 이론에 머물지 않았다. 프랑스 혁명 전후 유럽의 혼란기와 이후 독재 정권 시대를 거치며, 행정부와 의회는 사법부를 통제하여 자신들의 정치적 목적에 맞게 판결을 조정하려는 시도를 반복했다. 결국 사법부의 독립성은 이러한 정치적 압력과 끊임없이 싸우며 쟁취해낸 역사적 성과이며, 현대 민주주의를 유지하는 근본적인 방어 장치로 자리 잡았다.

양승태 '사법농단' (2018)

2018년 양승태 전 대법원장 시절, 대법원 법원행정처가 상고법원 설치 등 사법부의 숙원 사업을 이루기 위해 청와대(박근혜 정부)와 특정 재판의 방향을 논의하거나 거래하려 했다는, 이른바 '재판 거래' 의혹이 대법원 자체 조사를 통해 수면 위로 떠올랐다. 일제 강제동원 피해자 소송, KTX 승무원 사건 등 민감한 재판들이 그 대상이었다는 정황은 국민들에게 엄청난 충격을 안겼다. 이는 사법부의 독립성과 재판의 공정성이라는, 민주주의 최후의 보루가 내부에서부터 훼손될 수 있다는 끔찍한 현실을 드러낸 사건이었다. 그러나 2024년 1월, 1심 재판부는 양 전 대법원장에게 적용된 47개 혐의 모두에 대해 무죄를 선고했다. 재판부는 "사법행정권자가 재판에 개입할 권한이 없어 직권남용죄가 성립하지 않는다"고 판단했다. 검찰은 즉시 항소했고, 2025년 5월 현재 2심이 진행 중이다.

마버리 대 매디슨 판결 – 사법부 독립의 중요한 계기 (1803)

1801년, 임기 종료 직전의 존 애덤스 미국 대통령은 연방주의자들을 다수 판사로 임명했다. 이 중 윌리엄 마버리의 치안판사 임명장은 새 대통령 토머스 제퍼슨 취임 후에도 전달되지 않았다. 제퍼슨 행정부의 국무장관 제임스 매디슨이 전달을 거부하자, 마버리는 임명장 교부를 강제하는 직무집행영장을 연방대법원에 청구했다.

연방대법원장 존 마셜은 1803년 판결에서, 마버리가 임명장을 받을 법적 권리가 있고 매디슨의 거부는 위법이라고 먼저 판단했다. 그러나 대법원이 이 사건에서 직접 영장을 발부할 수는 없다고 결정했다. 마버리가 소송 근거로 삼은 '사법부법 1789년'의 관련 조항이, 헌법 제3조가 규정한 대법원의 제1심 관할권을 의회가 법률로 부당하게 확대한 것이므로 위헌이라고 본 것이다.

이 판결로 미국 연방대법원은 역사상 처음으로 의회가 제정한 법률을 위헌으로 선언하고 그 효력을 부인했다. 이는 사법부가 법률의 위헌 여부를 최종적으로 심사하는 '위헌법률심사권(Judicial Review)'을 확립한 결정적인 계기가 되었다. 헌법이 국가 최고법이며, 사법부가 그 헌법을 해석하고 수호할 궁극적인 책임을 진다는 원칙이 세워졌다.

비록 마버리는 임명장을 받지 못했지만, '마버리 대 매디슨' 판결은 연방대법원을 행정부 및 입법부와 대등한 독립적 기관으로 위상을 정립시켰다. 이 판결은 미국 헌정 질서에서 권력 분립과 법치 주의 원칙을 강화했으며, 이후 전 세계 많은 국가의 헌법재판기관에 의한 위헌 심사 제도의 중요한 역사적 선례가 되었다.

4. 국회의 입법 폭주 vs 대통령의 끈질긴 거부권

탄핵이 끝나도 끝나지 않는 싸움

"국회는 입법으로 말하고, 대통령은 거부권으로 답한다." 2024년, 대한민국 정치는 이 한 문장으로 요약될 만큼 극한 대립으로 치닫고 있었다.

한편에선 "윤 대통령이 국회를 무시하고 거부권만 남발하니 탄핵해야 한다", 다른 한편은 "거대 야당이 다수 의석으로 모든 법안을 밀어붙이니, 국가가 돌아가지 않는다. 대통령이 방어하는 건 당연하다"고 외친다.

20대 대학생 김혜민 씨(찬성파)는 "국회는 국민의 대표다. 대통령이 거부권만 휘두르면 결국 민주주의 훼손이다. 이런 식이라면 탄핵이 불가피하다"고 말한다. 반대 진영 한상욱 씨(50대, 직장인)는 "거대 야당이 의회 독재 식으로 법안을 쏟아내면, 대통령은 당연히 막아야 한다. 이런 갈등이 왜 탄핵 사유냐"고 반문한다.

민주 공화국에서 법을 만드는 권한이 입법권이다. 이 권한은 국민을 대표하는 기관인 국회에 주어진다(헌법 제40조). 국회는 사회의 다양한 요구와 변화를 반영하여 법률을 제정하고 개정함으로써 국가 운영의 틀을 마련한다. 탄핵 찬성 측에서는 바로 이 점, 즉 국회가 국민의 직접적인 의사를 대변하는 최고 기관이라는 점을 강조하며, 국회의 입법 활동은 존중받아야 한다고 주장한다.

하지만 국회가 만든 법률이 항상 완벽하거나 모두에게 이로운 것은 아니다. 다수당의 힘에 의해 소수의 의견이 무시되거나, 충분한 숙의 없이 졸속으로 처리될 위험도 존재한다.

탄핵 반대 측에서는 바로 이 지점을 파고들며, 거대 야당이 장악한 국회가 민의를 내세워 실제로는 '입법 폭주'를 하고 있다고 비판한다. 이를 견제하기 위해 헌법은 행정부 수반인 대통령에게 거부권, 정확히는 "법률안 재의요구권"을 부여한다(헌법 제53조). 대통령은 국회가 의결하여 보낸 법률안에 이의가 있을 때, 국회로 돌려보낼 수 있다. 다시 심의하라는 것이다. 이는 대통령이 입법 과정에 제동을 걸 수 있는 강력한 헌법적 권한이다.

탄핵 반대 측은 이 거부권이야말로 다수 의회의 독주를 막고 헌법 가치를 수호하기 위한 대통령의 정당한 책무라고 강조하는 반면, 찬성 측은 윤석열 대통령의 '끈질긴' 거부권 행사가 이 권한의 본래 취지를 넘어 국회를 무력화하고 행정부의 독주를 강화하려는 남용이라고 비판한다.

국회가 대통령의 거부권을 다시 거부할 수 있다. 거부권을 무력화하려면, 재적의원 과반수 출석과 출석의원 3분의 2 이상의 찬성이라는 매우 높은 문턱을 넘어야 한다. 이처럼 입법권과 거부권은 서로를 통제하며 힘의 균형을 이루도록 설계된, 헌법상 견제와 균형 원리의 핵심 요소다.

왜 이런 일이 반복되는가?
한국 정치의 고질병인가, 필연인가?

대통령과 국회의 갈등은 한국 정치사에서 낯선 풍경이 아니다. 특히 대통령 소속 정당이 국회 다수 의석을 확보하지 못한 여소야대(與小野大) 국면에서는 그 갈등이 더욱 격화되는 경향을 보였다.

과거의 사례들을 보면 이렇다. 이승만 정부 시절엔 국회와 정부의 충돌이 잦았다. 박정희 유신 체제 하에서는 대통령의 권한이 비정상적으로 강했다. 국회의 견제 기능은 사실상 마비되었다. 민주화 이후에도 노태우, 김영삼 정부 등의 여소야대 시기에는 주요 법안 처리나 예산안 심의를 둘러싸고 극한 대치가 반복되었다. 노무현 대통령은 재임 중 6건의 거부권을 행사했는데, 당시에도 여야 간 상당한 정치적 긴장이 있었다. 문재인 대통령 역시 임기 말 검찰 수사권 조정 관련 법안(이른바 '검수완박' 법안) 등 민감한 사안에 대해 국회와의 관계가 순탄치만은 않았다.

윤석열 정부만의 특징도 있었다. 이전 정부들과 비교할 때, 윤석열 정부는 출범 초기부터 거대 야당과의 극심한 대립 구도 속에서 헌정사상 유례없이 빈번하게 거부권을 행사했다. 2025년 4월까지 이미 20건 이상의 법안에 대해 거부권을 행사한 것으로 알려지며, 이는 역대 정부 중 가장 높은 수치다. 특히 야당이 추진한 '쌍특검법'(김건희 여사 관련 의혹 및 대장동 50억 클럽 의혹 특검법으로 국민의힘은 표결에 불참하거나 반대 입장을 표명했다), 양곡관리법 개정안, 방송3법(공영방송 지배구조 관련) 등 여야 간 정치적 합의가 어려운 법안들이 주된 대상이 되었다.

이러한 빈번한 거부권 행사는 미국 등 다른 대통령제 국가와 비교되기도 한다. 미국 대통령들도 종종 거부권을 활용하지만, 양국의 정치 문화와 제도의 차이가 있다. 미국 의회는 정당 규율이 상대적으로 약하고 의원 개개인의 소신 투표가 존중받는 경향이 있어, 대통령이 의회와 타협하거나 개별 의원을 설득할 여지가 더 크다. 반면, 한국은 강한 정당 규율을 가졌다. 개별 국회의원은 당이 정한 의견, 이른 바 '당론'을 거스르기 어렵다. 때문에 한번 의견이 갈리면 여야가 첨예하게 대립하는 경우가 많다. 거부권 행사가 곧바로 '정치 전쟁'으로 비화될 가능성이 높다.

현대적 의의: 제도의 한계인가, 정치의 실패인가?

윤석열 대통령 탄핵 정국에서 벌어진 국회와 정부의 극한 대립, 그리고 대통령의 끈질긴 거부권 행사는 한국 민주주의와 헌정 체제에 여러 중요한 질문을 던진다.

거부권, 약인가 독인가?

대통령 거부권은 분명 입법부의 독주를 막는 중요한 견제 장치다. 하지만 여소야대 국면에서 대통령이 이를 지나치게 끈질기게, 그리고 광범위하게 사용하면 국회는 무력감에 빠지고 국정은 교착 상태에 놓인다. 2025년 현재 시점에서, 한국의 대통령 거부권 제도가 현재의 정치 현실에 적합한지, 혹은 남용을 막기 위한 보완책(예: 거부권 행사 요건 강화, 재의결 요건 완화 등)이 필요한지에 대한 논의가 활발하다.

'제왕적 대통령제'의 그늘

빈번하고 끈질긴 거부권 행사와 극심한 여야 대립은 한국 대통령에게 과도한 권한이 집중된 '제왕적 대통령제'의 문제점을 다시 한번 부각시킨다. 권력 분산과 협치를 제도적으로 강화하기 위한 개헌 논의(대통령 4년 중임제, 이원집정부제, 의회 권한 강화 등)가 탄핵 정국 이후 힘을 얻고 있다. '제왕적 대통령제'에 대해서는 이어지는 주제인 '6. 대통령의 권한 남용'에서 조금 더 자세하게 다루었다.

양극화 심화

입법 폭주와 거부권의 악순환은 정치적 타협과 대화의 공간을 축소시키고, 지지층 결집을 위한 극단적 대결 정치만 남긴다. 이는 사회 전체의 양극화를 심화시키고, 정치에 대한 국민적 불신을 키우는 악순환으로 이어진다. 결국 이 문제는 단순히 어느 한 쪽의 잘못이라기보다는, 제도의 설계와 정치 문화가 복합적으로 작용한 결과일 수 있다.

큰 물음, 짧은 답

Q 대통령이 거부권을 끈질기게 행사하는 것 자체가 탄핵 사유가 될 수 있는가?

A 거부권 행사 횟수 자체가 직접적인 탄핵 사유가 되기는 어렵다. 거부권은 헌법상 대통령의 고유 권한이기 때문이다. 다만, 특정 법안(예: 본인이나 측근 관련 비리 의혹을 규명하기 위한 특검법)에 대한 거부권 행사가 사법 방해 목적 등 위헌적 의도를 가진 것으로 판단되거나, 거부권 남용으로 국회의 입법 기능을 본질적으로 침해하여 헌법 질서를 파괴하는 수준에 이르렀다고 인정될 경우에는 '중대한 법률 위반'으로 탄핵 사유가 될 가능성이 제기될 수 있다. 거부권에 대한 '끈질김'이 합리적 범위를 넘었는지 여부가 쟁점이 된다.

Q 국회가 다수결로 법안을 통과시켰는데 대통령이 계속 거부하면 민의에 반하는 것 아닌가?

A 민주주의는 단순히 다수결 원칙만으로 작동하지 않는다. 소수 의견 존중과 권력 상호 견제 역시 중요한 원리다. 대통령 거부권은 이러한 견제 장치 중 하나로, 다수 의석을 가진 입법부의 독주를 막는 역할을 한다. 따라서 거부권 행사 자체가 곧바로 민의에 반한다고 단정하기는 어렵다. 문제는 그 행사가 합리적 이유 없이 끈질기게 반복되거나 남용될 때 발생한다.

Q 미국 대통령도 거부권을 많이 행사하는데, 왜 유독 한국에서 정치적 갈등이 더 심각해 보이는가?

A 여러 요인이 복합적으로 작용한다. 첫째, 한국은 미국에 비해 정당정치가 발달하여 여야 간 대립 구도가 선명하고, 의원들이 당론을 따르는 경향이 강하다. 둘째, 한국의 '제왕적 대통령제' 논란처럼, 대통령에게 집중된 권한에 대한 문제의식이 크다. 셋째, 정치 문화적으로 타협보다는 극한 대립을 선호하는 경향도 원인으로 지목된다. 특히 여소야대 상황에서는 이러한 갈등이 더욱 증폭되기 쉽고, 거부권 행사가 반복될 가능성이 커진다.

Q 국회와 행정부의 이런 극한 대립을 해결할 근본적인 방법은 없는가?

A 단기적으로는 정치 지도자들의 대화와 타협 노력이 중요하지만, 근본적인 해결을 위해서는 제도 개선 논의가 필요하다. 대통령과 국회 간의 권력 분점 방식을 바꾸는 개헌(예: 이원집정부제 도입, 대통령 4년 중임제 등), 국회의 권한 강화(예산 심의권 실질화 등), 협치를 촉진하는 선거제도 개편 등이 거론된다. 하지만 어떤 제도 개편이든 정부, 각 정당의 입장 차이로 인해 사회적 합의를 이루기가 쉽지 않다.

결론: 부딪히는 게 당연하다지만….

국회와 대통령의 갈등은 권력 분립의 자연스러운 모습일 수 있다. 그러나 서로를 파트너가 아닌 적으로 규정하고, 헌법이 부여한 권한을 극한까지 밀어붙이며 '전쟁'을 벌이는 것은 민주주의 시스템 자체를 위협한다. 윤석열 대통령 탄핵을 둘러싼 '입법 폭주' 대 '끈질긴 거부권' 논쟁은, 한국 정치가 건강한 견제를 넘어 위험한 마비 상태로 빠져들 수 있음을 보여준 생생한 경고였다.

헌법은 어느 한 기관의 일방적 독주를 허용하지 않는다. 국회는 다수결의 원칙 속에서도 소수 의견을 존중하고 숙의를 거쳐야 한다. 대통령은 거부권이라는 강력한 무기를 신중하게 사용하며 국회와의 대화와 타협을 모색해야 할 책무가 있다. 바로 이 지점이 파면의 주요 원인이었음을 기억해야 한다. 이 균형이 깨졌을 때, 헌법은 탄핵이라는 비상 제동 장치를 마련해 두었다.

공부할 거리

대통령 거부권 (법률안 재의요구권)

헌법 제53조는 대통령의 거부권, 즉 법률안에 대한 재의요구권을 규정한다. 대통령은 국회에서 의결된 법률안에 이의가 있을 경우, 공포하지 않고 15일 이내에 국회에 재의를 요구할 수 있다. 국회가 이를 다시 의결하려면 재적의원 과반수(현재 300명 중 151명 이상) 출석과 출석의원 3분의 2 이상(200명 이상)의 찬성이 필요하다. 이러한 요건을 충족하면 해당 법률안은 대통령의 거부권에도 불구하고 확정된다. 이 제도는 입법부에 대한 행정부의 강력한 견제 수단이지만, 남용될 경우 국회와의 갈등을 격화시키고 국정 마비를 초래할 수 있다.

이원집정부제 (Semi-Presidentialism)

대통령제와 내각제의 요소를 결합한 정부 형태로, 대통령과 총리가 권력을 분담한다. 대통령은 국가원수로서 외교·국방 등 주요 분야를 담당하고, 총리는 내각을 이끌며 입법부에 책임을 진다. 프랑스, 핀란드, 포르투갈 등이 이 제도를 채택하고 있다.

 이 제도는 대통령과 총리 간 권한 분배가 명확하지 않거나 정치적 균형이 깨질 경우, 권력 충돌이나 정책 혼선을 초래할 수 있다. 특히 대통령과 총리가 다른 정당 출신일 때, '동거정부(cohabitation)' 상황이 발생하여 정치적 긴장이 높아질 수 있다.

노무현 대통령 탄핵(2004)과 역풍

국회가 탄핵을 의결했으나, "입법부 과잉행위"라는 국민 여론이 크게 일어 총선에서 탄핵 소추 세력이 큰 타격을 입었다. 헌재도 기각 판결. "대통령·

국회 충돌은 궁극적으로 국민이 심판한다"는 상징적 사건.

　2004년 봄, 대한민국 국회는 현직 대통령 노무현에 대한 탄핵소추안을 가결했다. 당시 거대 야당이었던 한나라당과 새천년민주당이 주도한 탄핵은 대통령이 선거법상 중립 의무를 위반했다는 등의 이유였다. 그러나 국회의 결정과 달리, 국민 여론은 싸늘했다. 많은 시민이 이를 '개혁 성향 대통령에 대한 기득권 세력의 정치 공세' 또는 '입법부의 과잉 행위'로 받아들였고, 전국적으로 탄핵 반대 촛불 시위가 거세게 일어났다. 대통령 직무가 정지된 상태에서 치러진 제17대 국회의원 총선거에서는 탄핵을 주도했던 야당들이 오히려 참패하고, 노무현 대통령을 지지하는 열린우리당이 과반 의석을 차지하는 '역풍'이 불었다. 결국 헌법재판소는 "법 위반 사실은 인정되나 대통령을 파면할 만큼 중대한 법 위반은 아니다"라며 탄핵소추안을 기각했다. 이 사건은 국회가 대통령과 극한 대립 끝에 탄핵이라는 칼을 뽑아 들더라도, 그 정당성이 국민적 공감대를 얻지 못하면 오히려 혹독한 정치적 심판을 받을 수 있음을 보여준 상징적인 사례로 남았다.

5. 광장으로 나온 민주주의

촛불과 태극기, 광장에서 부딪히는 두 개의 민주주의

 2024년 12월, 차가운 아스팔트 위로 다시 사람들이 모여들었다. 서울 광화문 광장과 국회 앞 도로는 두 개의 거대한 물결로 나뉘었다. 한쪽에서는 촛불이 밤을 밝혔고, 다른 한쪽에서는 태극기와 형형색색의 응원봉이 그에 맞섰다. 윤석열 대통령의 비상계엄 선포와 국회의 탄핵소추라는 헌정사적 격랑 속에서, 시민들은 또다시 광장으로 나와 자신들의 목소리를 터뜨렸다.
 촛불을 든 대학생 이지은(가명) 씨의 목소리는 떨렸지만 단호했다. "2016년, 부모님 손잡고 나왔던 그 광장을 잊을 수 없어요. 우리가 촛불로 대통령을 바꾸고 민주주의를 지켰다고 믿었는데… 또다시 대통령이 헌법을 무시하는 걸 보고만 있을 순 없었습니다. 이건 국민에 대한 배신이에요." 반대편, 태극기와 함께 응원봉을 흔들던 50대 자영업자 박철민(가명) 씨는 분노를 감추지 않았다. "거대 야당이 의회 권력을 이용해 멀쩡한 대통령을 끌어내리려는 것 아닙니까? 선거로 뽑은 대통령을 이렇게 쉽게 탄핵하는 게 민주주의입니까? 이건 나라를 지키려는 애국 시민들의 절규입니다!"

서로 다른 구호, 상반된 주장. 그러나 그들의 발길이 향한 곳은 같았다. 광장. 그곳은 언제부터 우리에게 이토록 익숙한 민주주의의 무대가 되었을까?

왜 '광장 민주주의'가 다시 등장했나?

광장 민주주의(Plaza Democracy). 이는 선거를 통해 선출된 대의기구가 제 기능을 못 하거나 국민의 뜻을 제대로 반영하지 못한다고 느낄 때, 시민들이 직접 광장이나 거리로 나와 집단적인 의사를 표현하고 정치적 영향력을 행사하려는 직접 민주주의의 한 형태다. 의회 안에서 해결되지 않는 갈등, 소통 부재의 정치, 혹은 권력의 심각한 남용 앞에서, 광장은 때로 주권자인 국민이 직접 목소리를 내는 최후의 공간이자 가장 강력한 압력 수단이 되어왔다. 2024년 겨울, 국회와 대통령의 극한 대립과 비상계엄이라는 초유의 사태는 바로 이 광장 민주주의를 다시 한번 한국 정치의 중심으로 불러냈다.

박근혜 탄핵 트라우마

2016과 2017년 촛불집회의 위력은 "수백만이 광장에 모이면, 정치 권력이 휘청거린다"는 사실을 대한민국에 각인시켰다. 국회가 탄핵안을 의결했지만, 실제로 "헌재 결정에 부담을 덜어 준 건 촛불 민심"이라는 평가가 많았다.

이번 윤석열 탄핵국면에서도, 찬성파는 "다시 한 번 거리에서

민의를 압도적으로 드러내겠다. 그래서 헌재가 인용 결정을 내릴 수 있게 해야 한다"고 믿었다. 반면 반대파는 "태극기집회처럼 우리도 대규모 시위로 맞서야 한다. 박근혜 땐 한쪽에만 '민심'이 몰렸지만, 이번엔 다르다"고 말했다. 박근혜 탄핵 당시 태극기 세력의 '패배'가 이번엔 '재도전' 형태로 귀환하고 있다는 시각도 있다.

"국회만 믿기 힘들다"는 불신감

윤석열 탄핵안이 국회에서 통과됐지만, 많은 시민은 "과연 국회가 잘했다"거나 "정말로 국민 다수 의사를 대변했느냐"에 의구심을 표한다. 일부에서는 거대 야당이 숫자를 앞세워 탄핵을 '정치공학'으로 몰고 갔다는 비판이 존재한다.

이때 광장이 직접 민주주의의 '보완책' 역할을 한다. 탄핵 찬성파 시위대는 국회가 제대로 판단했음을 "민심"으로 확인시키고, 반대 시위대는 "민심은 국회 다수와 다르다"는 걸 거리에서 증명하려 한다. 즉, "대의민주주의에 대한 의심과 회의"가 곧바로 '광장에 모이는 동력'으로 작동하는 것이다.

헌재 결정에 대한 영향력 행사

박근혜 탄핵 사례처럼, 헌법재판소 재판관들도 국민 여론을 전혀 무시하기 어렵다. 수백만이 거리에서 "파면하라"를 외치면, 결정을 내리는 데 정치적 부담이 덜어진다는 해석이 있다. 반대 또한 마찬가지다.

윤 대통령 탄핵 찬성 세력은 "광장에서 대규모 촛불을 다시 들면 헌재가 과감한 인용에 힘을 얻을 것"이라 전망하고, 반대 측은

"서로 규모 대결을 하며 헌재를 압박해야 한다. 거대 야당이 탄핵을 날치기로 처리해도, 국민이 받아들이지 않는다는 걸 보여줘야 한다"고 맞섰다.

'분열' 위험성 증가

광장 민주주의가 커질수록, 찬·반 진영의 충돌도 치열해진다. 하나의 광장에서 양 세력이 동시에 시위를 열면 물리적 충돌 위험도 높다. "민주주의가 거리에서 완성된다"는 낭만적 구호 뒤에 숨어 있는, "갈등 극단화"라는 그늘을 간과할 수 없다. 2016년 촛불과는 다르게, 이번엔 찬성과 반대가 팽팽히 맞섰다. "광장 대 광장"이라는 이중의 거리 투쟁이 벌어질 수 있다는 점이 특징이다.

한편, 일부 헌법학자들은 이런 상황을 두고 "민주주의 활력"이라고 한다. 반면 일부는 이 상황이 "민주주의 위기"라고 상반된 평가를 내놓는다. 활력이라 보는 입장은 "제도밖 광장에서 민심이 증폭되는 게 건강한 정치의 발전"이라 말하고, 위기론자들은 "진영 갈등만 키우는 셈이고, 결국은 제도가 무력화될 수도 있다"고 우려한다.

왜 이런 일이 반복되는가?
'거리 정치'의 유산과 딜레마

광장 민주주의는 '대의정치'로 대표되는 간접 민주제에서, 이 단점을 뛰어넘는 보완·대안으로 등장했다. "투표 날 하루가 아니라, 필요할 때마다 직접 광장에 모여 정치를 바꾼다"는 것이다. 한국에선 특히 군사정권과 맞선 4·19 혁명, 1987년 6월항쟁 등을 통해 이 개념이 현실적으로 검증되었을 뿐더러 한국 민주주의의 독특한 유산이 된 셈이다.

역사적 맥락

4·19 혁명(1960). 학생들이 거리에서 부정선거에 항의하면서 이승만 정권이 붕괴했다. 대의제도(당시 국회)가 국민 의사를 제대로 반영하지 못했을 때, 광장이 역할을 대신했다.

1987년 6월항쟁. 전두환 독재에 맞서 시민들이 거리로 쏟아져 나와 직선제 개헌을 쟁취했다. "민주주의는 광장에 있다"는 신념이 현실을 바꾼 한국사의 중요한 경험이었다.

2008년 광우병 촛불, 2016년 박근혜 탄핵. 인터넷·SNS가 결합한 대규모 평화 시위가 정부 정책·대통령 운명을 뒤집어버린 계기가 됐다. 시민들은 "광장이 곧 직접 정치의 장"이라는 원칙을 피부로 체감했다.

위 내용들은 3부의 표제어와 설명에서 더 충분히 다루었다.

큰 물음, 짧은 답

Q 광장에 모인 사람들 말이 다 '국민의 뜻'인가? 진짜 국민 마음은 어떻게 아나?

A 광장의 함성, 분명 강력한 메시지다. 하지만 그게 곧 '국민 전부'의 생각이라고 단정지을 수 없다. 진짜 국민 마음은 역시 투표함 열어

봐야 알 수 있다. 그래서 선거가 민주주의의 기본이다. 물론, 선거 말고도 광장이 "이건 아니다!" 하고 경고등을 켤 때도 있다. 다만, 그 목소리가 얼마나 많은 사람의 공감을 얻는지, 또 그 주장이 정말 옳은지는 냉정하게 따져봐야 한다. 목소리 크다고 다 맞는 건 아니지 않은가.

Q 국회의원 뽑아놨는데, 왜 자꾸 광장에 모이나? 그게 좋은 건가?

A 우리가 국회의원을 뽑고 대통령을 뽑는 이유는 "우리 대신 일 좀 잘해달라"는 것이다. 이게 대의 민주주의다. 그런데 그 양반들이 영 시원찮거나, 엉뚱한 길로 가거나, 아예 우리 말을 안 듣는다고 느껴질 때, "이보시오들, 정신 안 차립니까!" 하고 직접 보여주러 나가는 게 광장 정치다. 2016년 촛불이 딱 그랬다. 일종의 '국민 직접 AS'랄까. 하지만 이것도 너무 잦거나 과격해지면 곤란하다. 국회가 마비되거나, 소수 목소리가 너무 커지거나, 다 같이 머리 맞대고 차분히 이야기할 시간이 사라질 수 있다. 결국 국회와 광장, 둘 다 제 역할을 하면서 서로 건강하게 긴장하는 게 중요하다.

Q 평화 시위는 괜찮다면서, 어디까지가 평화고 어디부터 불법인가?

A 내 생각 외치고, 여럿이 모여 한목소리 내는 것. 그것은 헌법이 지켜주는 소중한 권리다. 하지만 내 권리가 남의 권리를 짓밟거나, 다 같이 지키기로 한 약속(법)을 깨뜨리면서까지 주장할 수는 없는 노릇이다. 길 막고 차 부수고, 경찰과 몸싸움 벌이는 건 평화가 아니다. 헌법재판소도 분명히 선을 긋는다. "여러분, 목소리를 내십시오. 최

대한 존중합니다. 그런데, 폭력은 안 됩니다. 남에게 피해 주는 것도 안 됩니다. 그건 선 넘는 겁니다." 2025년 윤석열 대통령 파면 때도 마찬가지였다. 계엄령 자체가 문제라고 했지, 시민들이 평화롭게 저항한 걸 탓하지 않았다. 오히려 "이 정도면 국민들이 들고일어날 만했다"고 고개를 끄덕인 셈이다.

결론: 길 위의 민주주의, 약일까 독일까?

광장은 때로는 잠자던 민주주의를 깨우는 자명종이 되고, 때로는 억압받는 이들의 마지막 절규가 터져 나오는 해방구가 된다. 2016년의 촛불이 부패한 권력을 끌어내리고 민주주의의 자정 능력을 보여주었다면, 2024년의 광장은 그보다 더 복잡하고 분열된 한국 사회의 민낯을 드러냈다. 한쪽에서는 헌법 수호를 외치고, 다른 한쪽에서는 정치 공작을 규탄했다.

분명한 것은, 광장의 에너지는 그 자체로 선하거나 악하지 않다는 점이다. 그것은 민주주의를 한 단계 성숙시키는 동력이 될 수도 있고, 반대로 극단적인 갈등과 혼란을 야기하는 위험한 불씨가 될 수도 있다. 중요한 것은 광장의 목소리가 법치주의의 테두리 안에서, 비폭력적인 방식으로, 그리고 다양한 의견에 대한 존중과 함께 표출되는 것이다. 그리고 그 목소리에 제도 정치가 귀 기울이고 책임 있게 응답할 때, 광장은 비로소 대의민주주의의 한계를 보완하고 민주주의를 더욱 풍요롭게 만드는 건강한 공간이 될 수 있을 것이다.

공부할 거리

광장 민주주의 (Street Democracy)

정치가 국회나 법원 같은 공식 기구가 아니라 광장이나 거리에서 직접 이루어지는 현상을 말한다. 한국에서는 민주화 이전부터 시민들이 권력에 저항하거나 정치적 변화를 요구할 때 거리로 나와 민주주의를 실천해왔다. 대표적인 사례가 1960년 4·19 혁명, 1987년 6월 민주항쟁, 2016년 박근혜 탄핵 촛불집회 등이다. 광장 민주주의는 시민들이 정치에 직접 참여하는 긍정적인 측면이 있지만, 동시에 군중이 과격해지거나 선동될 위험성도 존재한다.

촛불집회의 원형인 1987년 6월 민주항쟁의 현장은 '6월 민주항쟁', '이한열 열사' 키워드로 유튜브를 검색하면 당시 실제 영상을 볼 수 있다. 또한 강준만 교수의 『한국 현대사 산책』과 같은 교양서는 민주화 운동의 흐름을 쉽고 간결하게 설명해 준다.

4·19, 6월항쟁, 그리고 촛불: 한국의 직접 민주주의 계보

한국 현대사는 교실이나 의회만이 아니라 거리에서도 만들어졌다. 1960년 4·19 혁명 때는 학생들이 주축이 되어 부정선거에 항의하며 이승만 정권을 무너뜨렸다. 1987년 6월 항쟁은 전두환 군부 독재에 맞서 '넥타이 부대'까지 거리로 나와 대통령 직선제 개헌을 쟁취했다. 그리고 2016년 촛불집회는 수백만 시민의 평화 시위가 대통령 탄핵이라는 헌정사적 사건을 이끌어냈다. 이처럼 한국의 광장은 때로는 대의민주주의의 부족함을 채우고, 시민이 직접 역사의 물줄기를 바꾼 중요한 정치 공간이었다.

4·19 혁명 등에 대한 조금 더 자세한 내용은 3부에서 표제어로 다루었다.

6. 대통령의 권력 남용 그리고 사익 추구

"내 한 몸 바치겠다"던 약속… 그 뒤에 숨은 얼굴

2022년 5월, 대한민국 제20대 대통령 취임식 단상에 선 윤석열 대통령은 "국민만 바라보고 국민의 뜻을 따르겠다"고 엄숙히 선서했다. 많은 국민들은 검찰총장 출신 대통령이 '공정과 상식'을 바로 세우고, 권력의 사유화라는 오랜 병폐를 끊어낼 것이라 기대했다. 그러나 불과 2년여 뒤, 그는 헌정사상 두 번째로 파면되는 대통령이라는 불명예를 안았다. 그 과정에서 끊임없이 제기되었던 의혹의 핵심에는 권력 남용과 사익 추구라는, 민주주의의 가장 위험한 혐의가 자리하고 있었다.

"대통령이 되면 월급도 다 기부하고, 사저도 안 들어가고, 오직 나라와 국민만 생각할 줄 알았죠. 그런데 돌아보면, 대통령이라는 자리가 마치 개인 회사를 운영하는 것처럼 느껴질 때가 많았어요." 서울에서 작은 식당을 운영하는 50대 김영희(가명) 씨의 목소리에는 깊은 실망감이 묻어났다. 반면, 대통령의 오랜 지지자라고 밝힌 60대 퇴직 공무원 이강현(가명) 씨는 이렇게 항변했다. "대통령이 나라를 위해 얼마나 애썼는지 알아야 합니다. 주변 사람 문제까지 일일이 대통령 책임으로 몰아가는 건 너무 가혹해요. 일부 흠결이 있었다고 해도, 그게 어떻게 탄핵 사유가 됩니까?"

국민이 선출한 대통령에게 막강한 권한을 위임하는 이유는, 그 권한을 오직 국가와 국민 전체의 이익을 위해 공정하고 투명하게 사용하리라는 믿음 때문이다. 하지만 그 믿음이 깨지고, 권력이 특정 개인이나 집단의 사사로운 이익을 위해 남용될 때, 민주주의는 뿌리부터 흔들린다. 윤석열 전 대통령의 탄핵 사태는 바로 이 '권력 남용과 사익 추구'라는 문제가 어떻게 한 나라의 시스템을 위협하고 국민적 분노를 촉발하는지를 생생하게 보여준, 우리 시대의 아픈 기록이다.

왜 대통령의 사익 추구는 반복되는가?

권력 남용(Abuse of Power). 공직자가 법이 준 권한을 부당하게 쓰거나 그 범위를 넘어서 다른 사람의 권리를 해치거나 나라에 손해를 끼치는 짓이다. 사익 추구(Pursuit of Private Interest)는 높은 자리를 이용해 자기 자신이나 가족, 친구 같은 특정인의 배를 불리는 행위다. 이 둘은 종종 바늘과 실처럼 붙어 다니며, 민주주의와 법치주의를 좀먹는 부패의 핵심 고리가 된다.

대통령이라는 자리는 그 어떤 자리보다 힘이 세다. 사람을 뽑고 자르는 권한, 나라 살림을 주무르는 권한. 나라의 방향을 정하는 권한, 심지어 검찰이나 경찰 같은 사정기관에 영향을 미칠 수 있는 힘까지. 이 막강한 힘이 나라 전체를 위한 공적인 목표가 아니라, 개인적인 욕심이나 '우리 편' 챙기기와 만날 때, 권력은 괴물로 변질될 수 있다.

뿌리와 진화: 절대 권력의 그림자와 민주주의의 투쟁

인류가 국가라는 이름으로 권력을 조직한 이래, 그 힘을 사사로이 쓰려는 유혹은 역사의 수레바퀴처럼 반복되어 왔다. 로마 황제들의 끝없는 탐욕과 폭정, 중세 유럽 영주들의 무자비한 백성 착취, 절대 군주들의 사치스러운 국고 탕진은 모두 고삐 풀린 권력이 어떻게 부패하고 공동체를 파괴하는지 보여주는 역사의 생생한 경고장이다. 이러한 쓰라린 경험 속에서 인류는 권력을 한 손에 쥐여주지 않고 나누어 서로 감시하게 하며(삼권분립), 모든 권력 행사는 반드시 법의 엄격한 통제 아래 투명하게 이루어져야 한다는(법치주의) 원칙을 피와 땀으로 어렵게 세워 올렸다. 신생 독립국 미국의 건국 지도자들이 대통령제를 설계하며 가장 고심했던 지점 역시, 어떻게 하면 과거 유럽의 왕처럼 군림하는 '제왕적 대통령'의 출현을 막고 공화국의 이상을 지켜낼 것인가 하는 문제였다.

한국 현대사에서 대통령의 권력 남용과 사익 추구 논란은 비극적으로 되풀이되었다. 이승만 정권의 부정 축재와 만연했던 정치 자금 스캔들, 박정희 정권의 유신 독재 아래 자행된 인권 유린과 측근들의 부정부패, 그리고 전두환·노태우 정권의 천문학적인 비자금 조성 사건들은, 제왕처럼 군림했던 대통령 권력이 어떻게 국민의 삶을 짓밟고 역사를 퇴행시켰는지 보여주는 잊을 수 없는 기억이다. 1987년 민주화 이후에도, 역대 대통령들은 임기 말이면 어김없이 터져 나오는 친인척 비리나 측근들의 국정 농단 의혹으로 얼룩졌고, 이는 정치에 대한 국민적 냉소와 불신을 깊게 만드는 고질적인 원인이 되었다.

사유화된 권력의 교과서: 박근혜-최서원 국정농단

권력 사유화의 위험성을 가장 극명하게 보여준 사례는 박근혜 대통령 탄핵으로 이어진 이른바 '최서원(최순실) 국정농단' 사건이다. 당시 헌법재판소 결정문에 적시된 사실관계는 권력이 어떻게 사유화될 수 있는지 생생하게 드러낸다. (2016헌나1 결정문 참고)

비선 실세의 국정 개입: 대통령은 공식 참모 조직이 아닌, 아무런 공적 직함도 없는 민간인 최서원에게 각종 인사 자료, 국무회의 자료, 외교 기밀 문건 등을 유출했다. 최서원은 이를 보고 의견을 제시하거나 수정하고, 공직 후보자를 추천했으며, 그중 일부는 실제로 임명되어 최서원의 사익 추구를 도왔다. 이는 국가 시스템을 사적 관계망 아래 둔 대표적인 사례다.

대통령 권한을 이용한 사익 추구 지원: 대통령은 최서원의 부탁을 받고 청와대 경제수석(안종범)을 통해 대기업(현대자동차)에 특정 중소기업(KD코퍼레이션)과의 거래를 알선했다. 또한, 최서원이 실질적으로 운영하는 회사(플레이그라운드, 더블루케이)가 이익을 얻을 수 있도록, 재단(미르, K스포츠) 설립 자금을 대기업들로부터 출연받게 하고, 특정 기업(KT, 포스코, 롯데 등)에 압력을 행사하여 이들 회사와 계약하거나 채용, 자금 지원 등을 하도록 지시했다. 이는 대통령의 지위와 권한을 명백히 사적 이익을 위해 남용한 행위다.

은폐와 부인: 이러한 국정 개입과 사익 추구 사실을 대통령은 철저히 숨겼고, 의혹이 제기될 때마다 부인하며 오히려 의혹 제기를 비난했다. 이는 헌법기관(국회)이나 언론에 의한 감시와 견제 시스템 자체를 무력화시키는 결과를 낳았다.

헌법재판소는 이러한 박근혜 대통령의 행위가 "국민 전체에 대한 봉사자"로서의 공익 실현 의무(헌법 제7조), 공정한 직무 수행 의무(국가공무원법 등), 기업의 재산권과 경영의 자유(헌법 제23조, 제119조), 공무원의 비밀 엄수 의무(국가공무원법 제60조) 등을 정면으로 위배했으며, 이는 "국민의 신임을 배반한 행위로서 헌법 수호의 관점에서 용납될 수 없는 중대한 법 위배 행위"라고 판단하여 파면 결정을 내렸다.

박근혜 대통령의 사례는 권력 사유화가 단순히 개인적 일탈이 아니라, 어떻게 국가 시스템 전체를 왜곡하고 민주주의의 근간을 흔들 수 있는지를 보여주는 뼈아픈 교훈이다. 윤석열 대통령 탄핵 국면에서도, 비록 표면적인 쟁점은 다를 수 있지만, 시민들이 권력 행사의 '진정한 목적'이 무엇인지 끊임없이 의심하고 감시하는 이유는 바로 이러한 과거의 경험 때문이다.

해외 사례: 권력의 유혹은 국경을 가리지 않는다

대통령의 권력 남용과 사익 추구 논란은 비단 한국만의 문제는 아니다. 미국에서는 도널드 트럼프 전 대통령이 자신의 사업체와 대통령 직무 사이의 이해충돌 문제, 가족들을 백악관 요직에 임명한 것에 대한 비판, 그리고 러시아 스캔들 수사 방해 의혹 등으로 임기 내내 논란에 휩싸였다. 그의 첫 번째 탄핵 소추 사유 중

하나도 우크라이나 대통령에게 정적에 대한 수사를 압박했다는 '권력 남용'이었다. 버락 오바마 전 대통령 역시 행정명령 사용 범위나 정보기관의 감시 활동 등을 두고 권한을 과도하게 행사한다는 비판에 직면하기도 했다. 이는 대통령제 국가에서 행정부 수반에게 집중된 권한이 언제든 남용될 수 있는 위험성을 내포하고 있으며, 이를 견제하기 위한 제도적 장치와 시민사회의 감시가 얼마나 중요한지를 보여준다.

큰 물음, 짧은 답

Q   대통령이 좋은 뜻으로 한 일인데, 어쩌다 보니 가족이나 친구가 덕을 봤다면 그것도 사익 추구인가?

A   애매한 문제다. 대통령 본인은 "나라 잘되라고 한 일"이라는데, 결과적으로 자기 식구들 배만 불렸다면 국민들이 곱게 보겠나. 법적으로 따지기도 복잡하지만, 중요한 건 과정이 투명했냐, 다른 사람도 똑같은 기회를 가졌냐 하는 거다. 대통령쯤 되면 오해 살 일 자체를 만들면 안 되는 것 아닌가. '좋은 뜻'만으로는 모든 게 용서되진 않는다.

Q   노무현, 이명박, 박근혜 등도 주변 측근이 비리에 연루됐다.

A   측근 비리만으로는 탄핵 정족수를 충족하기 어렵다. 중요한 건 "대통령 본인이 적극 개입하거나 묵인"했느냐 여부다. 이명박 'BBK'

논란처럼 직접 연루가 확실치 않으면 정치적 비난은 받을지라도, 헌재 단계의 탄핵 인용으론 이어지지 않았다.

Q 권력 남용, 사익 추구, 이거 완전히 뿌리 뽑을 방법은 없나?
A 안타깝지만 완벽한 방법은 없다. 권력 있는 곳에 유혹은 늘 따라다니니까. 그래도 최대한 막아볼 방법은 있다. 첫째, 법과 제도를 촘촘하게 만드는 거다. 이해충돌 막는 법, 공직자 재산 공개 같은 거 더 확실하게 하고, 감사원이나 공수처, 특검 같은 감시꾼들이 눈 부릅뜨고 지켜봐야 한다. 둘째, 국회랑 언론이 제대로 파헤치고 따져 물어야 한다. 마지막으로 제일 중요한 건, 우리 시민들이 "저거 이상한데?" 하고 계속 관심 갖고 목소리 내는 거다. 주인이 눈을 떠야 머슴이 함부로 못 하는 법이다.

결론: 권력은 '위임'된 것이지 '소유'된 것이 아니다

대통령에게 주어진 권력은 국민으로부터 잠시 빌린 칼과 같다. 그 칼은 국가를 지키고 국민의 삶을 더 낫게 만드는 데 사용되어야 한다. 그러나 그 칼날이 국민이 아닌 특정 개인이나 집단의 사사로운 이익을 향하거나, 헌법과 법률이라는 칼집을 벗어나 제멋대로 휘둘러질 때, 그것은 민주주의의 심장을 겨누는 흉기가 된다.

윤석열 전 대통령의 탄핵 사태는, 권력 남용과 사익 추구라는 유혹이 얼마나 집요하게 최고 권력자를 따라다니는지, 그리고 그것이 한 나라의 시스템과 국민의 신뢰를 얼마나 깊이 파괴할 수 있는지를 고통스럽게 보여주었다. "내 한 몸 바치겠다"던 취임식

날의 약속은, 결국 "국민의 신임을 배반했다"는 헌법재판소의 준엄한 판결로 귀결되었다. 이 비극적인 역사는 우리에게 끊임없이 묻고 있다. 우리는 권력이라는 위험한 칼을 어떻게 길들이고 통제할 것인가? 그리고 그 칼을 쥔 사람에게 어떤 윤리와 책임을 요구할 것인가? 그 답을 찾아가는 여정은 여전히 현재 진행형이다.

공부할 거리

제왕적 대통령제 (Imperial Presidency)

한국 대통령 권력이 '제왕적'이라는 비판은 다른 나라와 비교할 때 더 뚜렷해진다. 미국 대통령 역시 강력하지만, 의회의 예산 통제권('power of the purse')이 막강하고 연방제 특성상 중앙 권력이 상대적으로 분산되어 있다. 영국·독일 등 의원내각제에서는 총리가 의회에 책임을 지고 불신임될 수 있어, 임기가 보장된 한국 대통령보다 권력 집중도가 구조적으로 낮다. 유독 한국에서 대통령에게 인사·예산·행정입법(시행령)·거부권 등 권한이 과도하게 집중되면서, 권력 분립 원칙이 약화되고 승자독식의 극한 대립, 권력 남용과 측근 비리가 반복된다는 지적이 끊이지 않았다.

2025년 5월 기준으로 본격화되고 있는 개헌 논의 역시 이 '제왕적' 구조를 바꾸는 데 초점이 맞춰진다. 주요 쟁점은 대통령 임기를 4년 중임제로 바꿔 책임성을 높이자는 안, 외교·안보는 대통령이 맡고 내치는 국회가 선출하는 총리가 책임지는 이원집정부제(분권형 대통령제) 도입, 또는 국회의 권한 자체를 강화(예산 심의권 실질화, 감사원 독립성 강화, 인사청문 기능 강화 등)하여 대통령에 대한 견제와 균형을 실질화하자는 방안 등이다.

직권남용 (Abuse of Authority)

공무원이 자신의 일반적인 직무 권한을 벗어나거나 형식적으로는 권한 내에 속하더라도 그 목적이나 방식이 부당하게 이루어져, 타인에게 의무 없는 일을 하게 하거나 권리 행사를 방해하는 행위를 처벌하는 형법상 개념이다 (형법 제123조). 권력 남용과 사익 추구 의혹이 불거질 때 법적인 책임을 묻는 주요 근거 조항 중 하나다. 적용 범위와 기준에 대한 법적 논쟁이 많다.

워터게이트 사건 (Watergate Scandal, 1972-1974)

미국 정치 역사상 최악의 스캔들 중 하나로, 닉슨 대통령의 재선을 돕던 사람들이 상대 당인 민주당 전국위원회 본부가 있던 워터게이트 호텔에 불법 침입하여 도청 장치를 설치하려다 발각되면서 시작되었다. 처음에는 단순 강도 사건으로 치부되었으나, 워싱턴 포스트 기자들의 끈질긴 추적과 의회 청문회를 통해 백악관이 조직적으로 개입한 불법 도청, 정치 공작, 그리고 이를 은폐하려는 시도들이 드러났다. 특히 대통령 집무실의 대화 내용이 담긴 비밀 녹음테이프가 결정적 증거가 되었다. 결국 탄핵 위기에 몰린 닉슨 대통령은 1974년 스스로 물러났다. 워터게이트는 대통령이 국가 권력을 남용하여 정적을 불법 사찰하고 사법 절차를 방해한, 권력 사유화와 공적 신뢰 배신의 상징적인 사건으로 기록되었다. 영화『모든 대통령의 사람들 (All the President's Men, 1976)』이나 관련 다큐멘터리를 시청하면 사건의 긴박한 전개 과정을 생생하게 느낄 수 있다.

이명박 BBK 사건

2007년 대통령 선거를 뜨겁게 달군 의혹이다. 유력 후보였던 이명박 전 대통령이 과거 BBK라는 투자회사의 실소유주였으며, 주가 조작과 횡령 등 금융 사기 사건에 연루되었다는 주장이 제기되었다. 핵심 쟁점은 이 전 대통령이 회사의 실제 주인이었는지, 그리고 불법 행위를 알았거나 가담했는지 여부였다. 그의 동업자 김경준 씨는 이 전 대통령이 실소유주라며 계약서를 공개했고, 선거 직전 특별검사팀이 수사에 착수했다. 당시 특검은 시간 부족 등을 이유로 이 전 대통령의 직접적인 혐의는 없다고 발표했으나, 논란은 수그러들지 않았다. 이후 이 전 대통령 퇴임 후, BBK 투자금 회수와 관련된 DAS의 자금 횡령 및 뇌물 수수 혐의 등으로 다시 수사가 진행되어 이 전 대통령은 2018년 구속 기소되었고, 2020년 대법원에서 횡령과 뇌물 등 혐의로 징역 17년의 중형이 최종 확정되었다 (이후 2022년 특별사면됨). 이 사건은 초기 의혹 제기부터 오랜 시간이 걸린 최종 법적 판단까지 이어지며, 정치 지도자의 숨겨진 재산과 금융 문제, 권력과 돈의 유착 가능성에 대한 국민적 불신을 키웠고 공직자의 청렴성 논쟁을 남긴 대표적 사례다.

---

7. 탄핵인가 쿠데타인가

광장에 흩뿌려진 서로 다른 '탄핵' 현수막

2025년 초봄, 주말 저녁의 서울 광화문 광장. 차가운 공기 속에서도 열기는 식지 않는다. 도로를 사이에 두고 시민들이 두 진영으로 나뉘어 섰다. 한편에서는 촛불 그림자가 아른거리고, 다른 한편에서는 태극기가 바람에 나부낀다. 윤석열 대통령 탄핵안이 국회를 통과한 이후, 이 광경은 주말마다 반복되는 풍경이 되었다. 손수 만든 피켓에는 상반된 구호가 적혀 있다. "탄핵은 국민의 명령! 헌법 수호!" 맞은편에서는 "날치기 탄핵 원천 무효! 의회 쿠데타 중단하라!"는 글씨가 선명하다. 양측 모두 '민주주의'를 외치지만, 그 내용은 전혀 다르다.

탄핵 인용을 촉구하는 쪽에 선 한 시민은 이렇게 말한다. "대통령이 계엄을 시도하고 헌법을 중대하게 위반했다면, 국민의 대표인 국회가 헌법 절차에 따라 탄핵하는 것이 당연하다. 박근혜 전 대통령 때 이미 경험하지 않았나." 반면, 탄핵 무효를 외치는 진영의 다른 시민은 반박한다. "국민이 직접 뽑은 대통령이다. 명백한 증거도 없이 거대 야당이 수적 우위만 믿고 몰아붙이는 것은 의회를 이용한 쿠데타나 다름없다. 국회 결정이 국민 전체의 뜻이라고 어떻게 확신하는가." 탄핵이라는 하나의 법적 절차를 두고, '헌법 수호'와 '쿠데타'라는 정반대의 프레임이 충돌하며 광장을 달구고 있다.

왜 '쿠데타'라는 말까지 나오나?

이 극단적인 용어의 충돌을 이해하려면, 탄핵(Impeachment)과 쿠데타(Coup d'état)라는 두 개념의 본질적인 차이를 명확히 인식하는 것이 우선이다.

탄핵은 헌법이 스스로를 보호하기 위해 마련한 제도적 장치다. 대한민국 헌법 제65조는 이렇게 규정한다. 대통령을 포함한 특정 고위 공직자가 그 직무 집행에 있어 헌법이나 법률을 중대하게 위배했을 때, 국회가 소추를 의결하고 헌법재판소가 그 심판을 통해 해당 공직자를 파면할 수 있다. 탄핵은 엄연히 헌법에 근거한 합법적인 절차이며, 헌법 질서 안에서 작동하는 권력 통제 메커니즘이다. 물론 그 과정은 치열한 정치적 공방을 동반하지만, 최종 결정은 헌법과 법률 해석에 따른 사법적 판단의 형태를 띤다.

쿠데타는 정반대의 성격을 갖는다. 이는 헌법과 법률 절차를 완전히 무시하고, 주로 군사력과 같은 물리력을 동원하여 불법적으로 정권을 탈취하는 행위다. 쿠데타는 기존의 헌법 질서를 폭력적으로 중단시키고 파괴하는 것을 목적으로 한다. 따라서 쿠데타는 헌법 밖에서 헌정 질서 자체를 폭력으로 무너뜨리는 명백한 불법 행위다.

 탄핵은 헌법에 따른 합법적 절차이고, 쿠데타는 헌법을 파괴하는 불법적 폭력이다. 이 명백한 차이에도 불구하고, 정치의 영역에서는 종종 탄핵이 '쿠데타'로 비난받곤 한다. 그 이유는 무엇일까?

왜 이런 일이 반복되는가? 대한민국의 역사적 트라우마

 한국 현대사는 실제 두 번의 뼈아픈 쿠데타를 경험했다. 5·16 군사정변(1961)과 12·12 군사반란(1979)이다. 군부 세력이 총칼로 합법 정부를 무너뜨린 이 사건들은 '쿠데타'라는 단어에 깊은 부정적 인식을 심었다. 탄핵 반대 세력이 '의회 쿠데타'라는 프레임을 사용하는 것은, 이러한 역사적 트라우마를 자극하여 탄핵 절차의 정당성을 원천적으로 훼손하고, 지지층에게 위기감을 불어넣으려는 정치적 수사 전략의 일환일 수 있다. 합법적 절차를 불법적인 권력 찬탈과 등치시켜, 탄핵 추진 세력에게 '반헌법적 집단'이라는 낙인을 찍으려는 시도인 것이다.

 과거 탄핵 사례에서도 유사한 프레임 전쟁이 있었다. 2004년 노무현 대통령 탄핵 사건이다. 탄핵을 추진한 야당은 법적 절차를 내세웠지만 상당수 국민은 이를 '정치적 탄핵', 더 나아가 '의회의 쿠데타 기도'로 인식하며 강하게 반발했다. 헌법재판소는 탄핵을 기각했다. 법적 정당성은 부정되었지만, 당시의 야당에 대한 '쿠데타' 프레임은 이후 정치 지형에 큰 영향을 미쳤다. 반면, 2017년 박근혜 대통령 탄핵은 국정농단이라는 구체적이고 중대한 사유와 압도적 국민 여론, 그리고 헌법재판소의 최종 인용 결정이 결합되면서 '합법적 헌법 수호 절차'라는 인식이 우세했다. 당시에도 '쿠데타'라는 주장이 일부 있었으나 큰 호응을 얻지는 못했다.

이처럼 탄핵을 둘러싼 '쿠데타' 논쟁은 법률적 정의의 문제를 넘어, 정치적 해석과 프레임 경쟁의 양상을 띤다.

해외 사례 – '의회 쿠데타'라 불린 라틴아메리카 탄핵들

탄핵은 원칙적으로 민주주의의 최후 수단이고 따라서 신중할 필요가 있다. 그런데 라틴아메리카에서는 민주적 절차로 가장한 의회의 권력투쟁 수단으로 악용된 사례가 적지 않다. 대표적으로 파라과이와 브라질의 사례가 있다.

먼저 2012년 파라과이에서는 대통령 페르난도 루고가 탄핵당했다. 표면적인 이유는 농민과 경찰의 충돌 과정에서 발생한 치안 책임 문제였지만, 그 탄핵 절차는 충격적일 만큼 빠르게 진행됐다. 야당이 주도한 의회는 논의부터 최종 결정까지 불과 닷새 만에 대통령을 몰아냈다. 시민들과 국제사회는 이를 사실상 '의회 쿠데타'로 비판했다. 루고 대통령은 저항했지만 결국 권좌에서 물러났다. 부통령이었던 페데리코 프랑코가 그 자리를 이어받았지만 국제사회는 탄핵을 인정하지 않았다. 파라과이는 한동안 외교적 고립을 겪어야 했다.

비슷한 일이 2016년 브라질에서도 발생했다. 지우마 호세프 대통령은 정부 재정 적자를 숨기기 위해 예산을 조작했다는 혐의로 야당이 주도한 탄핵안의 표적이 되었다. 호세프는 강력히 반발하며 "이것은 민주주의를 가장한 현대적 쿠데타(Coup d'état moderno)"라고 주장했다. 그의 탄핵을 둘러싸고 브라질 전역에서 대규모 시위와 찬반 갈등이 벌어졌다. 결국 호세프는 의회의 탄핵 절차에 따라 자리에서 축출됐고, 부통령 미셰우 테메르가 대통령직을 승계했다. 이후 브라질 사회는 심각한 정치적·사회적 분열을 겪었으며, 테메르 대통령 역시 부패 논란에 휩싸이며 정치적 혼란이 지속됐다.

윤석열 탄핵과 '의회 쿠데타' 프레임

이번 윤석열 대통령 탄핵 과정에서도 '의회 쿠데타'라는 주장은 탄핵 반대 진영의 핵심 방어 논리 중 하나였다.

탄핵 반대 측 주장은 이러했다. "거대 야당이 총선 이후 정권 탈취만을 목표로, 계엄 선포라는 극단적 상황을 빌미 삼아 정치적으로 탄핵을 강행했다. 이는 명백한 증거나 법리적 검토보다는 수적 우위를 앞세운 것으로, 선거를 통해 국민이 부여한 대통령의 정당성을 훼손하는 행위다. 절차적 외피를 둘렀을 뿐, 본질은 의회 다수파가 행정부를 무력으로 전복시키려는 시도와 다름없다."

탄핵 찬성 측은 이렇게 반박한다. "탄핵은 헌법 제65조에 보장된 국회의 고유 권한이자 책무다. 대통령이 내란에 준하는 계엄령을 불법적으로 선포하고 실행하려 한 것은 민주주의와 헌법 질서에 대한 정면 도전이며, 그 어떤 이유로도 정당화될 수 없는 중대한 위법 행위다. 국회는 헌법 수호를 위해 적법한 절차에 따라 소추를 의결했고, 독립된 헌법재판소가 심리하여 파면을 결정했다. 이는 헌정 질서 내의 자정 작용이지, 결코 쿠데타일 수 없다. '쿠데타' 프레임이야말로 국민을 호도하고 탄핵의 본질을 왜곡하려는 정치 공세다."

이 논쟁의 판단은 헌법재판소의 결정이었다. 헌법재판소는 1부에서 살펴본 바와 같이, 국회의 탄핵소추 '절차'가 헌법과 법률에 위배되지 않아 적법하다고 판단했다. 나아가 본안 심리를 통해 대통령의 계엄 선포 등 행위가 헌법과 법률을 중대하게 위반했다고 판단하여 파면을 선고했다(2024헌나8). 이는 헌법재판소가 윤석열 대통령 탄핵 과정을 헌법 테두리 안의 합법적인 절차로 최종 확인했음을 의미하며, '의회 쿠데타'라는 주장은 법적, 제도적으로 받아들여지지 않았음을 뜻한다.

현대적 의의: 규칙이 흔들릴 때 민주주의는 어디로 가는가

탄핵이라는 헌법 절차에 '쿠데타'라는 이름을 붙이는 것은 단순한 정치적 공방을 넘어, 우리가 발 딛고 선 민주주의 시스템 자체에 대한 근본적인 질문을 던진다.

첫째, 게임의 규칙 자체에 대한 불신이 싹튼다. 예를 들어, 2020년 미국 대통령 선거에서 트럼프 대통령이 패하자, 이후 '선거 사기' 주장이 끈질기게 이어졌다. 상당수 지지자들이 공식적인 선거 결과 발표마저 믿지 못하는 현상이 나타났다. 마찬가지로, 한국에서 헌법에 명시된 절차에 따라 진행된 탄핵 심판 결과를 두고 '의회 쿠데타'나 정치적 음모라는 주장이 힘을 얻는다면, 사람들은 점차 국회나 헌법재판소 같은 헌법 기관의 결정을 불신하게 될 수 있다. 이는 단순히 특정 결정에 대한 불만을 넘어, '정해진 규칙대로 해도 결국 힘 있는 쪽 마음대로 된다'는 냉소주의를 확산시킨다. 자칫 민주주의 운영의 기반 자체를 약화시킬 위험이 있다.

둘째, 다수결이 늘 정답은 아닐 수 있다는 고민이다. 윤석열 대통령 탄핵 국면에서 국회 다수당이 통과시킨 법안을 대통령이 거부했을 때, 그 법안을 지지했던 시민들은 '국민의 뜻이 꺾였다'고 느꼈을 수 있다. 반대로, 거대 야당이 탄핵을 주도했을 때, 대통령 지지자들은 '선거로 뽑은 대통령을 다수당이 힘으로 몰아낸다'며 절차의 공정성에 강한 의문을 제기했다. 이처럼 법적인 절차를 따랐다고 해서 그 결과가 모든 이에게 정당하다고 받아들여지는 것은 아니다. 특히 그 과정에서 정치적 계산이나 특정 세력의 의도가 강하게 느껴질 때, '다수결'이라는 민주주의의 기본 원칙은 때로 '다수의 횡포'로 비춰져 오히려 사회적 갈등을 키우는 역설적인 상황을 만들 수 있다.

셋째, 무엇을 믿어야 할지 판단하기 어려운 환경이 만들어진다. 오늘날 우리는 스마트폰을 통해 끊임없이 쏟아지는 정보의 홍수 속에서 살아간다. 윤석열 대통령 탄핵 사건 때를 보자. 특정 유튜브 채널에서는 '탄핵 배후 음모론'이나 '부정선거론'을 집요하게 퍼뜨렸고, 각종 온라인 커뮤니티에서는 출처 불명의 '측근 비리' 의혹들이 여과 없이 확산되었다. 이는 마치 2021년 미국 국회의사당 점거 사태 전후로 극단적인 주장과 가짜뉴스가 소셜미디어를 통해 빠르게 퍼져나갔던 상황과 유사하다. 무엇이 사실이고 무엇이 선동인지 가려내기 어려운 혼란 속에서, 사람들은 점점 자신이 원래 믿던 이야기나 듣고 싶은 정보만 찾아보게 되는 '확증 편향'에 빠지기 쉽다. 이러한 정보 환경은 사회적 분열을 더욱 깊게 만들고, 서로 다른 사실을 믿는 집단 간의 합리적인 대화 자체를 불가능하게 만든다.

근본으로 돌아가 보자. 탄핵은 민주주의 시스템이 스스로 문제를 바로잡기 위해 가진 중요한 도구다. 이 도구가 헌법 정신에 맞게 제대로 쓰이고 그 결과가 합리적으로 받아들여질 때, 민주주의는 위기를 딛고 한 걸음 더 나아갈 수 있다. 하지만 그 과정과 결과가 불신과 분열의 씨앗이 된다면, 제도는 오히려 민주주의를 위태롭게 할 수도 있다.

큰 물음, 짧은 답

Q 폭력 없이 국회 표결만으로 대통령을 날려버리면 쿠데타 아닌가?

A 겉모습은 비슷해 보일 수 있다. 다수결로 밀어붙이는 것처럼 보이니까. 하지만 결정적인 차이가 있다. 탄핵은 헌법과 법률이 정한 절차를 따른다. 국회의 소추, 헌법재판소의 심판이라는 엄격한 과정이 있다. 반면 쿠데타는 그런 절차를 완전히 무시하고 총칼 같은 불법적인 힘으로 정권을 빼앗는 거다. 물론, 국회가 탄핵권을 함부로 쓰면 '의회 독재'라는 비판을 받을 수 있고 정치적 혼란도 크다. 하지만 그건 '나쁜 정치'의 문제이지, 그 자체로 쿠데타는 아니다.

Q 국민이 직접 뽑은 대통령을 국회가 탄핵하는 것이 민주적 정당성이 있는가?

A 대통령이 먼저 헌법을 짓밟았다면, 그걸 막기 위한 탄핵은 헌법을 지키는 행위다. 오히려 그런 대통령의 행동이야말로 '자가 쿠데타(self-coup)' 시도라고 비판받을 수 있다. 2024년 윤석열 대통령의

비상계엄 시도가 바로 그런 비판에 직면했다. 물론, 대통령의 행동이 정말 '헌법 파괴' 수준이었는지는 치열한 논쟁거리이고, 최종 판단은 헌법재판소가 내린다. 하지만 명백한 헌법 유린에 맞선 탄핵을 단순히 '쿠데타'라고 매도하는 것은 문제의 본질을 흐리는 것이다.

Q 국회 의석수만 믿고 탄핵 강행하면, 국민 다수 뜻이 반영된다는 보장이 없잖나?

A 맞다. 그래서 탄핵이 합헌이라 해도, 민심이 따라주지 않으면 역풍이 생길 수 있다. 노무현 탄핵(2004) 때 국회는 합법 절차를 밟았지만, 국민 반발로 헌재가 기각했고 탄핵 주도 세력이 총선에서 패배했다. '쿠데타'라 불릴 만큼 국민이 분노하면 결국 정치적으로 실패할 가능성이 크다.

결론: 헌법의 칼날, 그 정당성의 무게

탄핵은 민주공화국이 스스로를 지키기 위해 마련한, 헌법이라는 칼집 속 가장 날카로운 칼이다. 그 칼은 함부로 뽑혀서는 안 되지만, 국가의 근간이 흔들릴 때는 과감히 사용되어야 한다. 그러나 그 칼날이 향하는 곳이 진정 헌법을 파괴한 권력인지, 아니면 정적(政敵)을 제거하기 위한 정치적 욕망인지를 구분하는 것은 늘 어렵고 위태로운 일이다.

'쿠데타'라는 단어가 난무하는 정치 현실은 그 자체로 민주주의의 위기를 반영한다. 합법적인 절차에 대한 불신, 대화와 타협의 실종, 그리고 상대를 악마화하는 극단적인 진영 논리가 만연할 때, 헌법이 정한 견제와 균형의 시스템은 쉽게 왜곡되고 무력화될 수 있다. 윤석열 대통령 탄핵 사태는, 이처럼 탄핵이라는 헌법적 제도가 어떻게 '쿠데타'라는 정반대의 프레임과 충돌하며 한 나라를 극심한 혼란으로 몰아넣을 수 있는지, 그리고 그 속에서 헌법재판소의 최종 판단이 어떤 무게를 갖는지를 생생하게 보여주었다. 결국 헌법의 칼날이 정당성을 얻기 위해서는, 그 과정의 투명성과 공정성, 그리고 무엇보다 그 판단을 뒷받침하는 국민적 공감대가 필수적이다.

공부할 거리

쿠데타 (Coup d'état)

프랑스어로 '국가에 대한 일격'을 의미하는 쿠데타는 헌법 절차를 무시하고 불법적인 무력을 동원하여 정권을 탈취하는 행위다. 주로 군부 세력이 기습적으로 감행하며, 헌법 효력 정지, 의회 해산, 비상계엄 선포 등을 동반한다. 헌법에 따른 합법적 절차인 탄핵과는 그 본질부터 다르다. 한국 현대사에서 1961년 5·16 군사정변과 1979년 12·12 군사반란은 민주주의를 후퇴시킨 대표적인 쿠데타 사례로 기록된다. 이러한 쿠데타는 성공 여부와 관계없이 국가 시스템에 심각한 상처를 남기며, 그 평가는 역사 속에서 엄중하게 이루어진다.

영화 『남산의 부장들』(2020)이나 『서울의 봄』(2023) 등 관련 시대를 다룬 작품들을 통해 쿠데타의 긴박한 분위기와 권력 암투의 모습을 간접적으로 체험할 수 있다.

확증편향 (Confirmation Bias)

우리는 종종 자신의 기존 신념이나 가치관에 부합하는 정보는 쉽게 받아들이고, 그렇지 않은 정보는 무시하거나 애써 반박하려는 경향이 있다. 심리학에서 이를 '확증편향'이라 부른다. 특히 정치적으로 양극화된 사회에서는 이러한 편향이 더욱 심화되어, 사람들은 자신이 지지하는 정파의 주장만을 진실로 여기고 상대방의 주장은 무조건 틀렸다고 단정하기 쉽다. '탄핵인가 쿠데타인가'라는 극단적인 프레임 대결 역시, 각 진영 지지자들이 자신의 입장을 강화하는 정보만을 선택적으로 수용하고 해석한 결과일 수 있다. 저명한 도서로는 대니얼 카너먼이 쓴 『생각에 관한 생각』(이진원 역, 김영사, 2012)이 있다. 노벨 경제학상 수상자인 저자가 인간의 비합리적 판단과 의사결정 과정을 파헤치며, 확증편향을 포함한 다양한 인지 오류의 작동 방식을 보여준다. 정치적 신념 형성 과정을 성찰하는 데 도움을 준다.

정치적 수사학 (Political Rhetoric)

정치에서 '말'은 단순한 의사소통 수단을 넘어, 지지를 확보하고 상대를 공격하며 여론을 움직이는 강력한 무기다. 정치적 수사학은 바로 이러한 설득의 기술, 전략적 언어 구사 방식을 의미한다. 흔히 '레토릭'이라고도 한다. 정치인들은 특정 목표를 위해 특정 단어, 비유, 상징, 혹은 인식의 틀(프레임)을 의도적으로 활용한다. '쿠데타', '독재', '심판', '국민의 뜻'과 같은 단어들이 대표적이다. 이러한 수사학은 때로는 논리적 근거보다 감정적 호소나 프레임의 반복을 통해 대중에게 강력한 영향력을 행사한다. '탄핵'을 '의회 쿠데타'로, 혹은 '헌법 수호'로 규정하는 것 자체가 치열한 수사학적 프레임 전쟁이었다.

조지 레이코프의 『코끼리는 생각하지 마』와 같이 '프레임 이론'을 다룬 교양 서적을 읽어보자. 주요 정치인들의 연설문이나 선거 유세, TV 토론 등에서 사용되는 단어와 논리 구조를 비판적으로 분석해보는 것도 정치적 수사학을 이해하는 좋은 방법이다. 3부에 나오는 '프로파간다'와 함께 알아두면 좋은 개념이다.

8. 계엄령과 긴급명령권
- 민심 진압인가, 국가 수호인가?

"비상사태를 선포합니다" — 얼어붙은 대한민국

2024년 12월 3일 밤 10시 27분, 대한민국 모든 방송 채널에 대통령의 긴급 대국민 담화가 예고 없이 송출되었다. 상기된 얼굴의 윤석열 대통령은 단호한 표정으로 입을 열었다.

"존경하는 국민 여러분, 저는 대통령으로서 피를 토하는 심정으로 국민 여러분께 호소드립니다. …친애하는 국민 여러분, 저는 북한 공산 세력의 위협으로부터 자유대한민국을 수호하고 우리 국민의 자유와 행복을 약탈하고 있는 파렴치한 종북 반국가 세력들을 일거에 척결하고 자유 헌정질서를 지키기 위해 비상계엄을 선포합니다.…"

TV를 지켜보던 시민들은 자신의 귀를 의심했다. '계엄령? 지금 이 시대에?' 담화가 끝나자 SNS는 들끓기 시작했고, 불안과 분노, 그리고 믿을 수 없다는 탄식이 뒤섞였다.

"계엄이라니요! 전쟁이라도 났다는 겁니까? 이건 국민을 적으로 돌리겠다는 선전포고나 다름없어요!" 담화 직후 국회 앞으로 달려 나왔다는 직장인 최민준(가명) 씨는 격앙된 목소리로 외쳤다. 반면, 한 온라인 커뮤니티에서 익명을 요구한 네티즌은 이렇게 반박했다. "지금 국회가 하는 짓을 보라. 대통령이 뭘 하려고 해도 사사건건 발목 잡고 나라를 마비시키지 않나. 대통령이 국가를 지키기 위해 결단한 것일 수도 있다. 너무 성급하게 비난하지 말자."

계엄령, 그리고 그와 유사한 대통령 긴급명령권. 헌법이 국가 비상시에 대통령에게 부여한 초법규적인 권한들이다. 그러나 한국 현대사에서 이 '비상' 권력은 종종 '민심 진압'과 '독재 강화'의 칼날로 사용되었던 아픈 기억을 안고 있다. 2024년 겨울, 이 위험한 칼이 다시 뽑힌 순간, 대한민국은 또 한 번 그 칼날의 향방을 숨죽여 지켜봐야 했다. 과연 이는 위기의 국가를 수호하기 위한 불가피한 선택이었을까, 아니면 민주주의를 질식시키는 위험한 도박이었을까?

헌법 속 잠자는 괴물 - 계엄령

계엄(령)(Martial Law)은 헌법이 국가 비상사태에 대비해 대통령에게 부여한 강력한 권한이다(헌법 제77조). 전시, 사변 또는 이에 준하는 국가비상사태로 사회 질서가 극도로 혼란해져 행정 및 사법 기능을 정상적으로 수행할 수 없을 때, 군사력을 동원하여 치안을 유지하는 조치다.

계엄에는 군사 시설 보호 등을 위한 경비계엄과, 행정·사법

권까지 군이 장악하는 비상계엄이 있다.

특히 비상계엄 하에서는 영장 제도, 언론 · 출판 · 집회 · 결사의 자유 등 국민의 기본권이 법률이 정하는 바에 따라 제한될 수 있으며, 군사재판이 민간인에게까지 확대될 수도 있다.

계엄령은 대통령이 국가 위기 상황에서 행사할 수 있는 여러 국가긴급권(Emergency Powers) 중 하나다. 헌법은 계엄권 외에도 국회 집회가 불가능할 때 법률의 효력을 갖는 명령을 내릴 수 있는 긴급명령권, 중대한 재정 · 경제 위기 시 필요한 처분을 할 수 있는 긴급재정경제명령권(헌법 제76조) 등을 규정하고 있다. 이러한 긴급권들은 국가의 존립이 위태로운 비상 상황에 대처하기 위해 불가피하게 인정되는 예외적인 권한이다. 그러나 그 강력한 힘만큼이나 남용될 경우 민주주의와 인권을 심각하게 침해할 수 있는 '위험한 권한'이기도 하다. 그래서 헌법은 발동 요건을 매우 엄격하게 규정하고, 국회의 통제(계엄 해제 요구권 등) 장치를 마련해 두었다.

한국적 트라우마 - 계엄은 독재의 다른 이름

한국 현대사에서 계엄령과 긴급조치는 민주주의를 억압하고 독재 권력을 유지하는 수단으로 악용된 어두운 기억을 가지고 있다.

이승만 정부는 한국전쟁 중은 물론, 1952년 부산 정치 파동 당시에도 계엄령을 선포하여 자신에게 비판적인 국회의원들을 체포하고 발췌개헌을 강행하는 등 정권 유지를 위해 계엄령을 활용했다.

박정희 정부에 대한 기억도 빼놓을 수 없다. 1972년 10월, 박정희 대통령은 국회 해산과 헌법 정지를 내용으로 하는 비상계엄을 선포하며 종신 집권의 길을 연 유신헌법을 통과시켰다. 이후에도 1974년부터 1979년까지 총 9차례에 걸쳐 발동된 '대통령 긴급조치'는 영장 없는 체포·구금, 대학 휴교, 비판 언론 폐간 등 사실상 계엄령과 다름없는 초헌법적 통치 수단으로 악용되었다 (이 긴급조치들은 훗날 모두 헌법재판소와 대법원에서 위헌·무효로 판결되었다). 1979년 부마민주항쟁 당시 선포된 비상계엄은 결국 김재규의 총성, 즉 10·26 사건으로 이어지는 비극의 한 배경이 되었다.

전두환 신군부도 마찬가지다. 1979년 12·12 군사반란 이후 권력 장악을 위해 1980년 5월 17일 비상계엄을 전국으로 확대했다. 이는 김대중 등 민주 인사 체포, 국회 폐쇄, 대학 휴교로 이어졌고, 이에 항거한 광주 시민들을 무력으로 진압하는 5·18 민주화운동 유혈 참극의 직접적인 원인이 되었다.

이처럼 한국 현대사에서 계엄령과 긴급권은 국가 수호보다는 정권 안보와 민주주의 탄압의 도구로 사용된 사례가 압도적으로 많다. 그렇기에 21세기 대한민국에서 '계엄'이라는 단어가 등장하는 것만으로도 국민들은 즉각적으로 과거 독재 정권의 폭압을 떠올리며 극도의 경계심과 반감을 드러내는 것이다.

현대적 의의: 잠자는 괴물을 깨우지 않으려면

윤석열 대통령의 계엄령 선포 시도와 그로 인한 탄핵은 현대 민주주의 사회에서 국가긴급권이 갖는 의미와 위험성에 대해 다시 한번 깊은 성찰을 요구한다.

민주주의의 금기(Taboo)

이번 사건은 한국 사회에서 계엄령이 왜 단순한 법적 권한 행사를 넘어 '넘어서는 안 될 선', 즉 민주주의의 금기로 여겨지는지를 명확히 보여주었다. 설령 단 몇 시간 만에 실패로 끝났더라도, 대통령이 계엄을 선포했다는 사실 자체만으로도 국민들에게는 과거 군사 독재의 공포를 떠올리게 하고, 이는 정권의 정당성을 회복 불가능한 수준으로 훼손시키는 결과를 낳았다.

'비상'의 유혹과 통제

테러 위협, 팬데믹, 극심한 사회 갈등 등 현대 사회는 끊임없이 새로운 형태의 위기에 직면한다. 이러한 상황에서 정부는 종종 '비상'을 선포하고 강력한 권한을 행사하려는 유혹을 받는다. 9.11 이후 미국 애국법(Patriot Act) 논란이나 코로나19 시기 각국의 이동 제한 조치 등에서 보듯, 안보나 공공 안전을 명분으로 시민의 자유를 제한하는 문제는 전 세계적인 딜레마다. 중요한 것은 이러한 긴급권 행사가 반드시 엄격한 법적 요건과 절차를 따르고, 남용되지 않도록 민주적 통제 장치가 효과적으로 작동해야 한다는 점이다.

견제 시스템의 작동

윤석열 대통령의 계엄 시도는 비록 충격적이었지만, 국회의 신속한 해제 요구 결의(헌법 제77조 ⑤항), 시민들의 즉각적인 저항, 그리고 최종적으로 헌법재판소의 탄핵 심판을 통해 저지되었다. 이는 국가긴급권 남용에 대한 우리 헌법의 견제 장치들이 비록 위태로웠지만 궁극적으로는 작동했음을 보여준다. 하지만 동시에 이러한 중대한 위기가 발생했다는 사실 자체만으로도, 현행 견제 시스템이 과연 충분한지에 대한 근본적인 점검과 보완이 필요함을 시사한다.

계엄령과 국가긴급권은 결코 정치적 목적이나 일시적 혼란을 해결하기 위해 동원될 수 있는 손쉬운 수단이 아니다. 그것은 국가의 명운이 걸린 최후의 순간에, 가장 엄격한 요건과 절차 아래에서만 극히 예외적으로 고려될 수 있는, 양날의 검이다.

해외 사례: 비상 대권, 민주주의의 시험대

국가 비상사태에 대처하기 위한 행정부의 강력한 권한은 대부분의 민주주의 국가 헌법에도 존재하지만, 그 남용을 막기 위한 통제 장치 또한 엄격하게 마련되어 있다. 미국에서는 대통령이 국가 비상사태를 선포하여 특정 정책(예: 도널드 트럼프 전 대통령의 국경 장벽 건설 예산 확보)을 추진하려 할 때마다 의회와의 격렬한 대립과 법적 논쟁이 벌어졌다. 또한 국내 소요 사태 발생 시 군대 투입의 근거가 될 수 있는 반란법(Insurrection Act) 발동 여부는 늘 극도의 신중함 속에서 논의된다. 버락 오바마 행정부 시절에는 대규모 금융위기나 자연재해 등에 대응하기 위한 행정부의 권한 행사가 있었지만, 군대를 동원한 국내 계엄령 선포와는 거리가 멀었다. 이는 그 발동 요건과 절차, 그리고 사후 통제를 얼마나 엄격하게 규정하고 운용하는지가 민주주의의 성숙도를 보여주는 중요한 척도임을 시사한다.

큰 물음, 짧은 답

Q 해외에도 대통령 비상권으로 민주주의가 무너진 예가 있나?

A 그렇다. 20세기 가장 극적인 사례 중 하나는 독일 바이마르 공화국 시절, 아돌프 히틀러가 1933년 국회의사당 방화 사건을 빌미로 '국가비상사태'를 선포하고 기본권을 정지시킨 뒤, 결국 전권 위임법(수권법) 통과로 합법적인 외피 속에 나치 독재 체제를 구축한 과정이다.

최근 러시아의 블라디미르 푸틴 정권 역시 비판받는 대표적 사례다. 이들은 '외국 대리인법'이나 '극단주의 활동 방지법', 그리고 특히 2022년 우크라이나 침공 이후 제정된 '군 관련 허위정보 유포 금지법' 등을 국가 안보 수호 명분으로 내세운다. 하지만 국제 인권 단체와 서방 정부들은 이 법들이 실제로는 독립 언론사의 폐쇄를 강요하고, 알렉세이 나발니와 같은 야권 핵심 인물들을 투옥시키거나 망명하게 만들며, 반정부 시위와 비판적 목소리 자체를 극도로 위축시키는 실질적인 비상 통치 수단으로 활용된다고 꾸준히 지적하고 있다.

이처럼 국가 비상사태를 구실로 한 긴급권이나 계엄령의 남용은 지도자가 민주적 통제를 벗어나 권위주의나 독재로 나아가는 전 세계적인 경로 중 하나이며, 따라서 항상 경계해야 할 위험 요소다.

Q 계엄령이 선포되면 정말 군인이 모든 걸 다스리고, 내 삶은 어떻게 달라지나?

A   계엄령은 그 종류(경비계엄/비상계엄)와 구체적인 내용에 따라 다르지만, 비상계엄의 경우 군대가 해당 지역의 행정권과 사법권을 완전히 또는 부분적으로 장악한다. 헌법에 보장된 국민의 기본권, 예를 들어 영장 없는 체포·구금 금지, 거주 이전의 자유, 표현·언론·집회·결사의 자유 등이 법률이 정하는 바에 따라 제한될 수 있다. 군사재판이 열릴 수도 있다. 한마디로, 일상적인 법치주의가 상당 부분 정지되고 군대의 통제가 일상생활을 옥죄는, 매우 심각하고 두려운 상황이 펼쳐질 수 있다.

Q   국회는 계엄령 해제 요구 말고는 대통령의 이런 비상권 행사를 막을 방법이 없나?

A   국회의 계엄 해제 요구권이 가장 직접적이고 강력한 통제 수단이다. 하지만 그 외에도 국회는 예산 심의권, 국정감사 및 조사권 등을 통해 행정부의 권한 행사를 견제할 수 있다. 또한, 대통령의 비상권 행사가 헌법이나 법률을 위반했다고 판단되면, 이번 윤석열 대통령의 경우처럼 국회는 탄핵소추를 의결하여 헌법재판소의 심판을 구할 수 있다. 사법부 역시 위헌적인 비상 조치에 대해서는 그 효력을 다투거나 위헌 여부를 판단할 수 있다.

Q   5·18 트라우마가 여전히 강하게 작동하는 이유는 뭔가?

A   1980년 광주에서 계엄령 확대 후 군이 시위대를 '폭도'로 규정해 잔혹하게 진압했다. 그 결과 수많은 시민이 희생됐다. 이는 "계엄령이야말로 헌정 파괴와 인권 유린의 상징"이라는 집단적 기억을 남

겼고, 한국인 다수에게 강한 거부감으로 남았다. 2025 대선 후보들은 5·18 정신을 헌법에 문장으로 남기는 방향으로 공약을 내걸고 있다.

결말: 봉인되어야 할 판도라의 상자 - 계엄령

계엄령과 긴급조치. 이 단어들이 한국 사회에 남긴 깊은 트라우마는 국가 비상권이라는 이름 아래 자행된 폭력과 인권 유린, 그리고 민주주의의 후퇴에 대한 쓰라린 기억이다. 2024년부터 2025년으로 넘어가는 겨울, 대한민국은 또다시 그 악몽의 문턱까지 갔다가 가까스로 되돌아왔다. 이 사건은 우리에게 국가긴급권이 왜 필요한 최소한의 범위에서, 가장 엄격한 요건과 절차에 따라, 그리고 투명한 민주적 통제 아래에서만 행사되어야 하는지를 다시 한번 절실하게 깨닫게 했다.

헌법이 대통령에게 비상 대권을 부여한 것은, 그것을 통해 독재를 하거나 정적을 탄압하라는 의미가 결코 아니다. 오직 국가의 존립 자체가 위태로운 극단적인 상황에서, 국민의 생명과 안전을 지키고 헌법 질서를 회복하기 위한 최후의 수단으로만 사용되어야 한다.

그 칼날의 향방은 국민을 향해서가 아니라, 국가를 위협하는 실제적인 위험을 향해야 한다. 다시는 국가의 이름으로, 비상사태라는 명분으로, 시민에게 총부리가 겨눠지거나 민주주의의 시계가 거꾸로 돌아가는 비극이 이 땅에서 반복되지 않도록 하는 것. 그것이 바로 2024년 겨울의 위기가 우리에게 남긴 가장 무거운 숙제이자, 미래를 향한 약속이 되어야 할 것이다.

공부할 거리

유신헌법과 긴급조치

1972년 10월, 박정희 대통령은 비상계엄 하에 국회를 해산하고 모든 정당 활동을 금지하는 등 초헌법적인 조치를 단행하며 '유신헌법'을 국민투표에 부쳐 통과시켰다. 유신헌법은 대통령에게 국회의원 3분의 1 추천권, 국회 해산권, 긴급조치권 등 막강한 권한을 부여하여 사실상의 종신 집권을 가능하게 했다. 이후 1974년부터 1979년 박 대통령 서거 시까지 총 9차례 발동된 '대통령 긴급조치'는 헌법상 보장된 국민의 기본권(언론·출판·집회·결사의 자유, 영장 없는 체포·구금 금지 등)을 대통령 명령 하나로 광범위하게 제한하고, 유신헌법을 비판하거나 반대하는 모든 행위를 처벌하는 수단으로 악용되었다. 수많은 민주 인사, 학생, 지식인, 종교인들이 긴급조치 위반으로 투옥되고 고초를 겪었다. 긴급조치는 국가긴급권이 민주주의 파괴와 극심한 인권 침해의 도구로 남용된 대표적인 역사적 사례로, 2010년 이후 헌법재판소와 대법원은 긴급조치 제1, 2, 4. 9호 등에 대해 잇따라 위헌 또는 무효 결정을 내렸다.

광주민주화운동 (Gwangju Uprising, May 1980)

1979년 10·26 사건으로 박정희 대통령이 서거한 뒤 찾아온 짧은 '서울의 봄'은, 같은 해 12·12 군사반란으로 권력을 장악한 전두환 신군부에 의해 짓밟혔다. 1980년 5월 17일, 신군부는 전국으로 비상계엄을 확대하고 김대중 등 민주 인사들을 대거 체포했으며, 국회를 폐쇄하고 모든 정치 활동을 금지했다. 이에 항거하여 5월 18일부터 광주에서는 학생과 시민들이 비상계엄 해제와 민주주의 회복을 요구하는 대규모 시위를 벌였다. 신군부는 공수부대 등 계엄군을 투입하여 이 시위를 무력으로 잔혹하게 진압했고, 이 과정에서 수많은 시민들이 희생되거나 부상당했으며 행방불명되었다. 계엄군은 시민들을 향해 집단 발포까지 자행했다. 이는 계엄령이 민주주의 요구를 억압하고 자국민에게 총부리를 겨눈, 한국 현대사의 가장 비극적인 사건으로 기록되었다. '계엄'이라는 단어에 대한 한국 사회의 깊은 트라우마를 형성한 결정적 사건이다.

영화 『택시운전사』(2017), 『화려한 휴가』(2007) 등 관련 영화를 통해 당시 상황을 간접적으로 경험할 수 있다. '5·18 기념재단' 웹사이트(518.org)에서 제공하는 아카이브 자료, 증언록, 연구 보고서 등을 참고하면 사건의 진실에 더 가까이 다가갈 수 있다. 3부에서 더 자세하게 다루었다.

9. 서로 "반헌법" – 헌법은 누구의 편인가

"네가 반헌법이야!"

텔레비전 뉴스 화면 속에서, 혹은 광장의 연설대 위에서, 여야 정치인들과 법률 전문가, 그리고 시민들은 똑같이 '헌법'을 외쳤다. 그런데 이상하다. 모두가 같은 대한민국 헌법전을 손에 들고 이야기하는데, 서로 상대방을 향해 '반(反)헌법 세력'이라고 손가락질한다.

탄핵을 추진했던 야당 측은 "대통령의 계엄령 선포 시도는 국민주권(헌법 제1조)과 법치주의를 정면으로 부정한 반헌법적 국기문란 행위"라고 규정했다. 국회에서의 탄핵소추는 "헌법을 수호하기 위한 최소한의 조치"였다는 것이다. 반면, 대통령과 탄핵 반대 측은 "거대 야당이 의회 권력을 남용하여 선출된 대통령을 몰아내려는 시도야말로 삼권분립(권력 분립 원칙)을 훼손하는 반헌법적 행태"라고 맞섰다. 대통령의 거부권 행사는 "야당의 입법 폭주로부터 헌법을 지키기 위한 정당한 권리 행사"였다고 주장했다.

같은 헌법 조문, 같은 사건을 두고 어떻게 이토록 정반대의 해석과 주장이 나올 수 있을까? 헌법은 과연 누구의 편이며, 왜 서로 자신이 '헌법 수호자'라고 주장하는 것일까? 이 질문은 탄핵 사태의 가장 근본적인 수수께끼이자, 민주주의 사회에서 헌법이 작동하는 방식 그 자체를 보여준다.

탄핵, 왜 모두 헌법을 들고 싸우는가?

헌법은 국가 운영의 기본 규칙과 국민의 기본권을 담은 최고 법규범이다. 하지만 헌법 조문들은 종종 간결하고 추상적인 언어로 쓰여 있다. 예를 들어 "모든 국민은 인간으로서의 존엄과 가치를 가지며, 행복을 추구할 권리를 가진다"(헌법 제10조)거나 "자유와 권리의 본질적인 내용을 침해할 수 없다"(헌법 제37조 ②항)는 선언은 그 자체로 명확한 행동 지침을 모두 담고 있지는 않다.

따라서 구체적인 사건이나 상황에 헌법을 적용하기 위해서는 반드시 '해석(Constitutional Interpretation)'이라는 과정이 필요하다. 마치 오래된 지도에 담긴 의미를 읽어내듯, 헌법 조문의 의미를 현실의 문제에 맞게 풀어내는 작업이다.

흔히 '유권해석'이라고 한다. 유권해석이란, 이처럼 여러 갈래로 해석될 수 있는 법령의 의미를 명확히 하기 위해 법원이나 헌법재판소와 같이 권한 있는 국가기관이 내리는 공식적이고 구속력 있는 해석을 말한다. 특히 헌법처럼 국가의 근본 규범이면서도 그 표현이 포괄적일수록, 특정 사안에 대한 헌법재판소의 유권해석은 사회적 논란에 종지부를 찍고 법적 안정성을 확보하는 데 결정적인 역할을 한다. 바로 이 '해석의 공간'과, 궁극적인 '유권해석 권한'을 둘러싼 다툼 때문에, 헌법은 때로 정치적 논쟁의 가장 치열한 격전지가 되곤 한다. 각 정치 세력은 자신들의 주장이 헌법 정신에 부합한다고 역설하며, 상대방의 주장은 헌법을 위반하는 것이라고 공격한다. '헌법'이라는 이름은 가장 강력한 정당성의 무기이자, 동시에 상대를 공격하는 가장 날카로운 창이 되는 것이다.

이 해석 과정에는 여러 가지 접근 방식이 존재한다.

어떤 이들은 헌법을 만들 당시 제정자들의 원래 의도나 문구의 객관적인 의미에 최대한 충실해야 한다고 주장한다(문언적·역사적 해석). 법관이나 정치인이 자의적으로 의미를 바꾸어서는 안 된다는 생각이다.

다른 이들은 헌법이 시대 변화에 맞춰 살아 숨 쉬는 규범이 되어야 한다고 본다(살아있는 헌법). 사회가 변하면 헌법의 정신을 유지하면서도 그 의미를 새롭게 해석하여 현실 문제에 적용해야 한다는 입장이다.

어떤 해석 방식을 택하느냐에 따라, 같은 헌법 조문이라도 전혀 다른 결론에 이를 수 있다. 예를 들어, 미국 연방대법원은 1896년 '플레시 대 퍼거슨' 사건에서 흑인과 백인의 분리 시설이 '분리하되 평등하다면' 헌법(수정헌법 제14조 평등 보호 조항)에 어긋나지 않는다고 해석했다. 하지만 60년 가까이 지난 1954년, '브라운 대 교육위원회' 사건에서는 똑같은 헌법 조항을 근거로 인종 분리 교육이 본질적으로 불평등하며 위헌이라고 판결을 뒤집었다. 이는 시대 변화와 함께 헌법 해석이 어떻게 달라질 수 있는지를 보여주는 대표적인 사례다.

결국 헌법 해석에는 수학 문제처럼 단 하나의 정답만 존재하는 것이 아닐 수 있다. 해석자의 관점과 시대적 상황, 그리고 사회적 가치관이 반영될 여지가 크다.

헌법 해석: 정답 없는 시험 문제?

헌법 해석을 둘러싼 논쟁은 어제오늘의 일이 아니다. 중요한 정치적·사회적 격변기마다 헌법은 해석의 전쟁터가 되었다. 이처럼 헌법 해석은 단순히 법률가들의 이론적 논의가 아니라, 특정 시대의 가치관과 권력 관계, 그리고 사회적 요구가 반영되는 치열한 과정이다.

미국의 사례

남북전쟁 전후 노예제를 둘러싼 헌법 해석 논쟁, 뉴딜 정책 시기 연방 정부 권한에 대한 해석 논쟁, 그리고 최근까지도 이어지는 낙태권(로 대 웨이드 판결 폐기 등), 총기 소지 권리, 동성 결혼 등에 대한 연방대법원의 해석 논쟁은 미국 사회를 끊임없이 갈라놓았다. 특히 대통령의 대법관 지명 과정(예: 트럼프 행정부 시절 보수 성향 대법관 임명 강행)은 헌법 해석의 방향을 둘러싼 치열한 정치 투쟁의 장이 되곤 한다.

한국의 사례

대한민국 헌정사 역시 헌법 해석을 둘러싼 갈등의 연속이었다. 건국 초기 정부 형태 논쟁부터 시작해, 박정희 유신 시대에는 헌법 조항들이 독재를 정당화하는 방식으로 왜곡 해석되었다. 민주화 이후에는 헌법재판소가 주요 행위자로서 등장했다. 국가보안법, 사형제, 양심적 병역거부, 간통죄 폐지, 그리고 두 차례의 대통령 탄핵 심판 등 굵직한 사건들에서 헌법재판소의 해석은 사회적 논란의 중심에 서면서 동시에 헌법의 의미를 구체화하고 발전시켜 왔다.

윤석열 탄핵과 헌법 해석의 충돌

이번 윤석열 대통령 탄핵 사건은 헌법 해석을 둘러싼 갈등이 얼마나 첨예하게 벌어질 수 있는지를 다시 한번 보여주었다. 특히 다음 쟁점들에서 양측의 해석은 극명하게 엇갈렸다.

계엄 선포의 정당성

탄핵 찬성 측은 '전시·사변 또는 이에 준하는 국가비상사태'라는 요건을 매우 엄격하게 해석하여, 국회와의 정치적 대립 상황은 결코 이에 해당하지 않는다고 보았다. 반면, 반대 측은 국정 마비 상황 역시 일종의 '국가비상사태'로 해석할 여지가 있으며, 대통령에게 위기 판단에 대한 폭넓은 재량이 인정되어야 한다고 주장했을 수 있다. 헌법재판소는 전자의 손을 들어, 계엄 선포 요건을 엄격히 해석해야 한다는 입장을 명확히 했다.

거부권 행사와 권력 분립

탄핵 찬성 측은 대통령의 잦고 끈질긴 거부권 행사가 국회의 입법권을 본질적으로 침해하고 삼권분립의 정신을 훼손한 '권한 남용'이라고 해석했다. 반면, 반대 측은 거부권 행사가 헌법이 대통령에게 부여한 정당한 '견제 수단'이며, 오히려 '입법 폭주'로부터 헌법을 지키는 행위라고 해석했다. 헌재는 판결문에서 직접적인 거부권 남용 판단보다는, 그 과정에서의 '협치 정신 부재'와 '국회 존중 부족'을 지적하며 민주주의 원리 위반 가능성을 시사했다.

탄핵 사유의 '중대성'

탄핵의 핵심 요건인 '헌법이나 법률의 중대한 위반'에서 무엇이 '중대한' 위반인지에 대한 해석은 가장 첨예한 지점이었다. 찬성 측은 계엄령 선포 시도 자체가 민주주의 근간을 흔드는 중대 위반이라고 주장했다. 반면, 반대 측은 설령 일부 절차적 하자가 있었더라도 국정 운영 과정에서의 정치적 판단이나 실수일 뿐, 대통령직을 파면할 만큼 '중대한' 위반은 아니라고 맞섰을 가능성이 크다. 헌재는 최종적으로 계엄 선포 및 집행 과정에서의 위헌·위법 행위가 '국민의 신임을 배반한 중대한 법 위반'이라고 판단했다.

결국, 헌법재판소는 이 첨예한 해석 싸움에서 최종적인 법적 판단을 내렸다. 헌재의 결정은 해당 사건에 대한 법적 논란을 종결시키는 권위를 갖지만, 그 결정의 근거가 된 헌법 해석 자체에 대한 정치적, 사회적 논쟁은 이후에도 계속될 수 있다.

큰 물음, 짧은 답

Q 왜 똑같은 헌법을 두고도 '저들은 반헌법'이라는 비난이 난무하나?

A 헌법은 나라의 뼈대와 방향을 정하는 큰 원츠 들을 담고 있다. 그래서 일부러 자세하고 구체적인 내용보다는 ㄷ-소 넓고 추상적인 말로 쓰이는 경우가 많다. 예를 들어 "국민의 자유와 권리는 존중된다"고 할 때, 그 '자유'의 범위가 어디까지인지 '존중'의 방법은 무엇인지는 상황에 따라 다르게 생각할 수 있다. 게다가 사람마다 중요하게 생각하는 가치나 정치적 입장이 다르ㄴ, 같은 조항을 보고도 자기 생각에 유리하게 해석하려는 경향도 있다. 그래서 헌법 해석을 둘러싼 논쟁은 끊이지 않는 것이다.

Q 헌법을 바꾸는 것(개헌)은 왜 그렇게 어려운 건가? 시대가 변하면 헌법도 쉽게 바꿀 수 있어야 하는 것 아닌가?

A 헌법은 나라의 가장 기본이 되는 약속이라, 너무 쉽게 자주 바뀌면 오히려 사회가 불안정해질 수 있다. 그래서 일반 법률보다 훨씬 더 까다로운 절차를 거쳐야만 바꿀 수 있도록 해놓았다. (예: 국회의원 과반수 또는 대통령 발의, 국회의원 3분의 2 이상 찬성, 그리고 국민투표까지!) 물론 시대가 변하면 헌법도 그에 맞게 발전해야 하지만, 그 과정은 충분한 사회적 논의와 국민적 합의를 바탕으로 신중하게 이루어져야 한다는 것이 일반적인 생각이다.

Q   정말로 반헌법적 행위인지, 단순히 정치 구호인지 어떻게 구분하나?
A   최종적으로는 헌법재판소나 법원 판결로 판단이 이뤄진다. 정치적 구호 차원에서 상대를 '반헌법'이라 부를 순 있지만, 실제 위헌·합헌 여부를 결정하는 건 사법부다. 그래서 많은 경우 사법 판단 전까진 "말의 공방"에 그친다.

Q   박근혜 국정농단 때도, 찬반 세력이 똑같이 '헌법 수호'를 외쳤다.
A   맞다. 촛불 측은 "대통령이 헌법 기본원리(민주주의, 주권원칙 등)를 위배했다"고 했고, 태극기 측은 "탄핵이 선출권력을 부정하므로 헌법정신에 반한다"고 맞섰다. 그 결과 법적 결론(헌재 파면)이 나오기 전까진 서로에게 반헌법 프레임을 씌운 셈이다.

결론: 헌법은 공동체의 합의. 그것을 편가르기 무기로 쓰지 말자

결국 "헌법은 누구의 편인가?"라는 질문에 대한 답은, '헌법을 어떻게 해석하고 실천하는가'에 달려있다. 같은 헌법 조문을 두고도 서로 다른 목소리가 나오는 것은 민주주의 사회의 자연스러운 모습일 수 있다. 중요한 것은 그 해석의 근거가 얼마나 합리적이고 설득력이 있으며, 그 과정이 얼마나 투명하고 공정한가이다.

헌법재판소의 결정은 법적 분쟁에 종지부를 찍지만, 헌법의 의미에 대한 사회적 토론과 성찰은 끝나지 않는다. 윤석열 대통령 탄핵이라는 역사적 사건은 우리에게 헌법의 각 조항들이 단순한 문자가 아니라, 권력의 한계를 설정하고 시민의 권리를 보장하며 공동체의 가치를 담아내는 치열한 현장임을 다시 한번 보여주었다.

헌법이 특정 세력의 전유물이 아닌, 우리 모두의 삶을 지탱하는 규범으로 살아 숨 쉬게 하려면 어떻게 해야 할까? 아마도 그 답은, 끊임없이 헌법을 읽고 질문하며, 서로 다른 해석에 귀 기울이고, 더 나은 합의를 향해 나아가는 시민들의 노력 속에 있을 것이다. 헌법은 저절로 우리 편이 되어주지 않는다. 우리가 헌법의 편에 설 때, 비로소 헌법도 우리의 편이 되어줄 것이다.

공부할 거리

미국 사법 적극주의 vs. 사법 소극주의 논쟁

미국 연방대법원을 중심으로 오랫동안 이어져 온 논쟁이다. 사법 적극주의는 법관이 헌법을 시대 변화에 맞춰 능동적으로 해석하여 사회 변화를 이끌거나 소수자 보호에 적극 나서야 한다는 입장이다.

반면 사법 소극주의(또는 사법 자제주의)는 법관이 헌법의 원래 의미나 제정자의 의도를 존중하고, 민주적으로 선출된 입법부의 결정을 최대한 존중하며 사법적 판단을 자제해야 한다는 입장이다.

이 논쟁은 대법관 임명과 주요 판결 때마다 반복되며, 헌법 해석에 대한 근본적인 시각 차이를 보여준다. 주요 판결(예: 브라운 판결, 로 대 웨이드 판결, 오버거펠 판결 등)을 다룬 다큐멘터리나 교양 서적을 찾아보자. 'judicial activism restraint debate' 키워드로 관련 기사나 설명을 검색해보면 두 입장의 논거를 비교해볼 수 있다.

대한민국 헌법 전문(前文)과 제1조

헌법 전문은 3·1 운동 정신, 4·19 민주 이념 계승, 조국의 민주개혁과 평화 통일 지향 등 헌법 제정의 역사적 배경과 국가의 기본 목표를 담고 있다. 헌법 제1조는 ①"대한민국은 민주공화국이다." ②"대한민국의 주권은 국민에게 있고, 모든 권력은 국민으로부터 나온다."고 선언하며 국민주권주의와 공화국 원리를 천명한다. 이 조항들은 헌법 전체를 관통하는 최고 원리로서, 다른 모든 헌법 조항을 해석하는 기준이자 국가 정체성의 근간이 된다. 탄핵과 같은 중대한 헌정 위기 상황에서 특히 그 의미가 강조된다.

앞서 말한 것처럼 5·18 정신에 대한 계승을 넣는 개헌 논의가 활발하다.

10. 혐오의 시대: 차별과 미움

클릭 한 번으로 퍼져나가는 증오

2025년 5월, 주말의 서울 도심. 두 개의 집회가 불과 한 블록을 사이에 두고 격렬한 구호를 주고받는다. 한쪽에서는 확성기를 통해 "저 틀딱 늙은이들, 아직도 박정희 시대를 사는 줄 안다!"는 조롱 섞인 외침이 터져 나오고, 그 소리가 채 끝나기도 전에 반대편에서는 핏대 선 목소리로 "저것들은 다 나라 팔아먹을 종북 빨갱이들이야! 대한민국을 망치려는 세력!"이라고 맞받아친다.

스마트폰 카메라를 든 시민들은 이 아슬아슬한 대치 장면을 각자의 '진실'로 기록하며 실시간으로 온라인에 퍼 나른다. 댓글창은 순식간에 더 원색적인 욕설과 저주, 확인되지 않은 비방으로 뒤덮인다. 같은 하늘 아래, 같은 언어를 쓰는 사람들이었지만, 그들의 눈에는 서로가 인간이 아닌, 제거해야 할 '벌레'나 '괴물'로 비치는 듯했다. 이 끝없는 증오의 연쇄는 어디서 시작되었고, 우리 사회를 어디로 끌고 가는 걸까? 혐오가 일상이 된 시대, 민주주의는 과연 안전한가?

마녀사냥에서부터 내려온 그 뿌리와 현재

혐오 표현(Hate Speech). 특정 집단(인종, 성별, 종교, 지역, 정치적 견해 등)에 대한 차별과 폭력을 선동하거나 정당화하는 모든 형태의 표현을 말한다. 이는 단순히 거친 비판이나 불쾌한 농담을 넘어, 특정 집단의 인간적 존엄성을 부정하고 사회적 낙인을 찍으며, 심지어 물리적 폭력으로까지 이어질 수 있는 위험한 불씨다.

안타깝게도 혐오와 차별은 인류 역사와 늘 함께 해왔다. 이해할 수 없는 역병이 돌면 특정 집단(중세 유대인, 마녀 등)이 '저주를 퍼뜨린다'며 희생양이 되었고, 경제가 어려워지면 외국인이나 소수 민족에게 '일자리를 빼앗는다'는 비난의 화살이 돌아갔다. 권력자들은 종종 이러한 집단적 미움을 부추겨 내부의 불만을 외부로 돌리고 자신들의 지배를 공고히 하려 했다. 마치 이야기를 들려주듯, 역사는 이러한 패턴을 반복해서 보여준다.

한국 사회 역시 예외는 아니었다. 뿌리 깊은 지역 감정은 선거 때마다 망령처럼 되살아나 국민을 갈라놓았고, 권위주의 정권 시절에는 '빨갱이'라는 낙인 하나로 수많은 민주 인사와 시민들이 고문당하고 투옥되는 고통을 겪었다. 오랫동안 공고했던 가부장제 사회 속에서 여성들은 교육과 직업, 가정 등 모든 영역에서 보이지 않는 유리 천장과 차별에 시달려야 했다. 이처럼 우리 안에는 이미 '나와 다른 존재'를 구분 짓고 때로는 적대시하는 차별과 혐오의 씨앗이 깊이 뿌리내리고 있었던 셈이다.

1987년 민주화 이후 많은 변화가 있었지만, 1997년 IMF 외환위기를 거치며 심화된 경제적 불평등과 무한 경쟁 사회는 새로운 형태의 혐오와 갈등을 키우는 토양이 되었다. 특히 2010년대 이후 인터넷과 소셜 미디어의 발달은 이러한 혐오 감정이 특정 커뮤니티(예: '일베 저장소' 등)를 중심으로 증폭되고 과거와 비교할 수 없을 정도로 빠르게 확산되는 결정적인 환경을 만들었다. 클릭 한 번으로 수백만 명에게 혐오 발언이 퍼져나가고, 비슷한 생각을 가진 사람들끼리 모여 편견을 강화하는 '온라인 부족주의' 현상까지 나타났다.

탄핵 정국 속 혐오의 분출

이러한 혐오와 차별의 문제는 2024-25년 윤석열 대통령 탄핵이라는 거대한 정치적 소용돌이 속에서 더욱 노골적으로 분출되었다. 특히 젠더 갈등은 사회 전체를 뒤흔드는 뇌관이 되었다. 윤 대통령 후보 시절부터 논란이 되었던 '여성가족부 폐지' 공약은 남녀 간의 편 가르기를 부추겼고, 임기 중에도 특정 온라인 커뮤니티를 중심으로 여성 혐오 또는 남성 혐오 발언이 쏟아지며 사회적 갈등 비용을 키웠다. 정치 영역에서도 마찬가지였다. 탄핵 찬반 양측은 종종 서로를 '악마화'하며 지지층을 결집시켰다. 한쪽에서는 대통령과 지지자들을 '독재 세력', '헌법 파괴범'으로 규정했고, 다른 한쪽에서는 탄핵 추진 세력을 '종북 주사파', '체제 전복 세력'으로 매도했다. 합리적인 정책 논쟁 대신, 상대방에 대한 극단적인 혐오와 불신이 정치의 언어가 되어버린 듯한 모습이었다. 이러한 극심한 분열과 혐오의 만연은 탄핵 사태라는 정치적 위기를 더욱 깊고 해결하기 어려운 문제로 만들었다.

혐오 표현은 어디까지 허용될 수 있는가?

오늘날 우리는 혐오와 차별이 민주주의 자체를 어떻게 위협하는지 목격하고 있다. 가장 첨예한 논쟁 중 하나는 '표현의 자유'와 '혐오 규제' 사이의 경계 설정이다.

한쪽에서는 혐오 표현의 해악을 강조하며 적극적인 규제를 요구한다. "온라인에 떠도는 여성, 소수자, 이주민에 대한 혐오 발언은 단순한 의견이 아니라 실제 폭력으로 이어진다. 방치된 혐오는 결국 사회를 병들게 한다. 민주주의는 혐오할 자유가 아니라, 모두가 안전하게 공존할 자유를 지켜야 한다." 이들은 혐오 표현이 특정 집단의 존엄성을 훼손하고 사회 참여를 위축시키며, 민주적 공론장을 파괴한다고 주장한다.

반면 다른 쪽에서는 표현의 자유를 최대한 보장해야 한다고 맞선다. "누가 무엇이 '혐오'인지 자의적으로 판단할 것인가? 불편한 표현이라도 자유롭게 말할 수 있어야 건강한 사회다. 규제를 시작하면 결국 비판적인 목소리 자체를 억압하는 검열로 이어질 것이다." 이들은 혐오 규제가 '미끄러운 경사길'이 되어 결국 표현의 자유 전체를 위축시킬 수 있다고 우려하며, 자율적인 정화 노력을 강조한다. 이 첨예한 논쟁은 정답을 찾기 어렵지만, 혐오가 만연한 현실 앞에서 우리 사회가 반드시 풀어야 할 숙제임은 분명하다.

해외 사례: 트럼프 시대의 분열과 온라인 극단주의

혐오와 차별이 민주주의를 위협하는 현상은 세계적인 문제다. 특히 도널드 트럼프 전 미국 대통령의 등장은 이러한 우려를 극명하게 보여주었다. 그는 선거 과정에서부터 이민자, 특정 인종, 여성, 언론 등을 향한 차별적이고 공격적인 발언을 쏟아냈다. 이는 지지층을 열광시키는 동시에 미국 사회의 분열을 극단으로 몰고 갔다. 트위터와 같은 SNS는 그의 주요 소통 창구이자, 때로는 검증되지 않은 정보나 선동적인 메시지를 퍼뜨리는 도구가 되었다. 2021년 1월 6일 의사당 난입 사태는 이러한 온라인상의 극단주의와 혐오가 어떻게 현실 세계의 폭력으로 이어질 수 있는지 보여주는 충격적인 사례였다. 버락 오바마 전 대통령 재임 시절에도 인종 문제나 이민 정책 등을 둘러싼 온라인상의 혐오 표현과 가짜뉴스가 끊이지 않았으며, 이는 사회 통합을 저해하는 심각한 요인으로 작용했다.

큰 물음, 짧은 답

Q 표현의 자유도 있는데, 마음에 안 드는 말 좀 했다고 다 '혐오 표현'이라고 막으면 되나?

A 표현의 자유, 물론 민주주의의 핵심이다. 하지만 내 자유가 남의 인권을 짓밟을 권리까지 주는 건 아니다. 혐오 표현은 단순한 비판이나 의견 제시를 넘어, 특정 집단에 대한 차별과 폭력을 부추기고 그들의 존엄성을 훼손한다. 마치 길거리에서 아무에게나 소리 지르고 침 뱉을 자유가 없는 것처럼, 온라인에서도 넘지 말아야 할 선이

있는 거다. 어디까지가 표현의 자유고 어디부터가 혐오 표현인지 그 경계가 늘 뜨거운 감자지만, 핵심은 '차별과 폭력 선동' 여부다.

Q 가짜뉴스랑 혐오 발언, 개인이 어떻게 가려내고 대처해야 하나? 답답하다.

A 정말 답답한 문제다. 하지만 포기할 순 없다. 먼저, 너무 자극적이거나 한쪽으로 치우친 정보는 일단 의심해 보는 습관이 중요하다. 출처가 불분명하거나 사실 확인이 안 된 이야기는 쉽게 믿거나 퍼뜨리지 않아야 한다. 여러 언론사의 보도를 비교해보고, 팩트체크 기관의 정보도 참고하는 것이 좋다. 그리고 혐오 표현을 보면 그냥 지나치지 말고, 플랫폼에 적극적으로 신고하거나 주변에 그 문제점을 알리는 용기도 필요하다. 혼자서는 힘들지만, 많은 사람이 함께 노력하면 변화를 만들 수 있다.

Q 혐오 표현을 규제하자니 표현의 자유가 위축될까 걱정되고, 그냥 두자니 피해가 너무 크다. 이걸 '미끄러운 경사길'이라고 하던데, 정말 그런가?

A 딱 맞는 말이다. '미끄러운 경사길(Slippery Slope)' 논증은, 어떤 작은 규제나 변화가 일단 시작되면, 마치 눈덩이처럼 굴러 결국에는 훨씬 더 크고 원치 않는 결과로 이어질 것이라는 주장이다. 혐오 표현 규제 논의에서 자주 등장한다. "오늘 '나쁜 말' 하나를 막으면, 내일은 '비판적인 말'도 막고, 결국엔 정부 마음에 안 드는 말은 다 막는 거 아니냐?" 이런 걱정이다. 일리 있는 걱정이다. 표현의 자유는 한번 제한되면 되돌리기 어렵기 때문이다. 하지만 반대로, 혐오 표

현을 그냥 내버려 뒀을 때 소수자들이 겪는 고통과 사회 전체의 분열이라는 '미끄러운 경사길'도 생각해야 한다. 결국 이 둘 사이에서 아슬아슬한 균형점을 찾는 것, 그게 민주주의 사회의 숙제다. 명확한 기준과 사회적 합의 없이 한쪽으로만 치우치면, 어느 쪽이든 위험한 경사길을 구르게 될 수 있다.

결론: 혐오라는 바이러스, 민주주의의 면역력을 키워야

클릭 한 번으로 증오가 전염병처럼 퍼져나가는 시대. 혐오와 차별은 이제 온라인 공간을 넘어 우리 사회 전체를 병들게 하고 민주주의의 토대를 위협하는 심각한 도전이 되었다. 특히 정치적 양극화가 극심해질수록, 혐오는 상대를 공격하고 지지층을 결집시키는 손쉬운 유혹으로 다가온다.

윤석열 대통령 탄핵이라는 극단적인 정치적 갈등 상황은, 이러한 혐오의 정치가 우리 사회를 얼마나 깊이 분열시키고 파괴할 수 있는지를 여실히 보여주었다. 하지만 동시에, 이러한 위기 속에서 우리는 무엇이 진정으로 민주주의를 지탱하는 힘인지 다시 한번 생각하게 된다. 그것은 바로 타인에 대한 존중, 다름에 대한 관용, 그리고 사실에 기반한 합리적인 대화다.

혐오의 시대를 건너기 위해서는 법과 제도의 정비도 중요하지만, 그보다 더 근본적인 것은 우리 안의 '공감 능력'과 '비판적 사고력'을 회복하는 것이다. 이 책의 목적은 그러한 공감을 위한 이해, 비판적 사고를 위한 기초지식을 제공하는 것이었다.

익명성 뒤에 숨어 손쉬운 비난을 던지기 전에 한 번 더 생각하고, 나와 다른 의견에도 귀 기울이며, 가짜뉴스와 선동에 휩쓸리지 않고 진실을 찾으려는 노력을 멈추지 않는 것. 그리고 무엇보다, 혐오와 차별에 반대하는 용기 있는 목소리들이 더 크게 울려 퍼지도록 서로 연대하는 것. 그것이 바로 혐오라는 바이러스로부터 우리 자신과 민주주의를 지켜내는, 가장 확실한 백신이 될 것이다.

공부할 거리

차별금지법/평등법 제정 논란

차별금지법(또는 평등법)은 성별, 장애, 성적 지향, 종교 등을 이유로 한 사회 모든 영역에서의 불합리한 차별을 금지하고 피해자를 구제하는 것을 목표로 한다. 헌법 제11조가 차별 금지를 선언하고 있으나, 이를 구체화할 포괄적 법안은 2007년 이후 국회 문턱을 넘지 못하고 있다. 국제인권기구 역시 한국에 여러 차례 제정을 권고한 바 있다.

    핵심 쟁점은 '성적 지향'의 명시 문제다. 찬성 측은 모든 인간의 존엄과 평등 실현을 위한 최소한의 법적 장치라고 주장한다. 반면, 일부 보수 개신교계 등은 동성애를 조장하고 종교의 자유를 침해할 수 있다며 강력히 반대한다. 이 논란은 한국 사회의 인권 감수성과 소수자 포용 수준, 그리고 종교와 정치의 관계를 보여주는 중요한 지표로 평가된다.

    22대 국회가 출범(2024. 5. 30) 이후 '차별금지법(평등법)'은 여전히 법제사법위원회 안건조차 되지 못했다. 여야 지도부는 총선 이후 경제·민생 입법 등을 우선순위로 내세워 평등법 논의를 사실상 미루고 있고, 국제기구·시민사회는 제정 촉구 압박을 강화하는 중이다. 한 마디로 입법 공백은 계속되고 있다.

희생양 만들기 (Scapegoating)

희생양 만들기는 사회적 혼란이나 경제적 어려움의 원인을 특정 개인이나 집단에게 돌려 비난하며 대중의 분노를 집중시키는 현상이다. 고대 유대인들이 공동체의 죄를 염소에게 씌워 광야로 내보낸 의식에서 유래했다.

역사적으로 지배층은 내부 불만 잠재우고 권력 공고화를 위해 소수자 등을 '내부의 적'으로 규정, 대중의 미움을 집중시키는 전략을 사용했다. 나치의 유대인 학살이 대표적이다. 현대 사회에서도 경제 위기 시 이주 노동자에게 책임을 돌리거나, 특정 사건 발생 시 관련 없는 집단 전체를 비난하는 행태가 반복된다. 이는 문제의 근본 해결을 방해하고 사회적 약자에 대한 폭력을 정당화하며 공동체 분열을 심화시킨다.

르네 지라르의 『희생양』(민음사)은 이 개념을 깊이 탐구한 고전이다. 역사 속 마녀사냥과 제노사이드(집단학살) 사례를 다룬 역사책이나 다큐멘터리(예: 르완다 학살 관련 2004년 영화 『호텔 르완다』)를 찾아보는 것도 좋다.

탄핵 판결문이 남긴 것

　우리는 이제 색다른 방식으로 질문할 수 있게 되었다. "탄핵은 우리에게 무엇을 남겼는가?"

　수많은 갈등과 논쟁, 시민의 거리 시위와 국회 소추, 그리고 헌법재판소 심판에 이르기까지 긴 여정 끝에, 대통령 윤석열은 결국 탄핵 판결문에 의해 파면되었다. 이 사건은 대한민국 역사에서 두 번째로 이루어진 대통령 탄핵이자, 헌정체제의 기능과 한계를 아주 극적으로 보여준 사례로 우리 후손에게 기억될 것이다.

　2부에서 우리는 탄핵의 여러 단면을 10개의 주제로 나누어 살폈다. "탄핵은 쿠데타인가?", "언론 통제와 검열", "시민 저항권", "계엄령과 긴급명령권", "국회와 행정부 충돌" 등등 정치권이나 언론 보도가 일면적으로만 다루던 사안을, 인문학적·사회과학적 눈으로 확장해 본 것이 2부의 가장 큰 의의였다.

　그 10개의 주제들이 공통적으로 던지는 질문은 세 갈래였다.

　하나는 "대통령 권력은 왜 이렇게 쉽게 사적·독단적으로 흐를 수 있을까?"라는 물음이다. "권력 남용과 사익 추구"에서 지적했듯, 한국 대통령에게 과도한 권한이 집중된 '제왕적 대통령제'가 반복적 병리 현상을 낳는다. 윤석열 대통령은 검찰 출신 측근을 대거 등용하고, 국회 견제를 무력화하려 했다는 의혹을 받았는데, 그 결과 헌법재판소가 "위헌·위법 수준이 심각하다"고 판단했다.

다른 하나는 "민주적 절차의 위기"다. "탄핵은 쿠데타인가?"에서 본 것처럼, 선출 권력과 의회 권력이 서로 '민주주의'라고 주장하며 충돌했다. 찬성 측은 "헌법 수호를 위해 탄핵이 필수"라고 주장했고, 반대 측은 "직선제 대통령을 국회가 몰아내는 것은 반(反)민주"라 목소리를 높였다. 결국 재판부는 찬성 측 손을 들어주었지만, 그 과정에서 그동안 국회가 정말 '민심을 제대로 대변했는지' 되돌아보는 목소리도 남는다.

마지막은 "시민 참여와 광장 민주주의"의 문제다. 대통령 탄핵 찬반으로 광장이 또 한 번 양분됐다. "계엄령과 긴급명령권"에서 보았듯, 행정부가 극단적으로 군사력을 동원할 가능성까지 우려되었다. 시민들은 거리에서 의견을 표출하고, "쿠데타 vs. 합법 절차"를 둘러싼 논쟁을 뜨겁게 벌였다. 결국 평화적 시위와 인식 변화가 탄핵 정당성을 강화하는 계기가 되었지만, 한편으로는 광장의 분열과 진영 대립이 극단으로 치달을 위험도 다시 확인되었다.

이번 윤석열 대통령 파면 결정은 이런 모든 갈등을 잠재적으로 마무리짓는 최종 사법 판단이었다. 재판부는 대통령의 국회 견제 무력화 시도 등 핵심 사안을 헌법에 대한 중대한 위배로 규정했고, "대통령직 파면이 헌법 수호와 민주주의 회복에 불가피하다"고 결론냈다. 그 과정에서 계엄령 시나리오 역시 "민주 질서를 역행하는 위헌적 구상"이라 꼬집었다.

물론 반대 세력은 끝까지 "정치적 재판"이라 반발했고, 일부 극단적 시위가 벌어지기도 했지만, 결과적으로 국회 의결과 헌재 판결이 일관된 메시지를 보내면서 파면이 확정됐다. 역사적 관점에서 보면, 노무현·박근혜 두 사례 이후 세 번째 시도 중 두 번째 성공한 탄핵이었고, 탄핵이 이제 예외적 절차가 아닌 "정치권력 견제를 위한 정상적 제도"로 자리 잡았다는 평가도 가능하다.

쿠데타로 집권한 군사 정권이 불과 반 세기 전이다. 대한민국 시민들의 성장이 세계를 놀라게 했다.

그러나 우리 민주주의가 여기서 완전히 '승리'했다고 보긴 어렵다. 파면 직후, 보수·진보로 양극화된 대립이 여전히 정국을 흔들 수 있다. 대통령공백 상태에서 치러지는 조기 대선은 또 다른 혼란을 예고한다. "탄핵은 쿠데타"라고 믿는 다수 시민도 존재하여, 사회적 갈등이 사그라들지 않을 가능성도 크다. 2부에서 지적해온 각 종 갈등은 한 번의 판결로 완벽히 해결되지 않는다.

우리는 이 과정을 통해 몇 가지 중요한 통찰을 얻었다.

어떤 강력한 권력도 헌법이라는 원칙 위에 군림할 수 없다는 사실, 민주주의의 건강성은 결과만큼이나 과정의 공정성과 투명성에 달려있다는 점, 그리고 시민 각자가 깨어있는 주권자로서 끊임없이 권력을 감시하고 참여할 때 비로소 민주주의가 제대로 작동할 수 있다는 교훈이다. 또한, 같은 현상을 두고도 전혀 다른 해석과 주장이 맞서는 현실을 보며, 언어와 프레임, 그리고 해석의 중요성을 다시금 절감했다.

우리의 인문학적 탐구는 끝나지 않는다. 오히려 본격적인 '생각 단련'은 이제부터 시작이다. 이어지는 3부는 단순한 참고 자료 모음이 아니다. 그것은 2부에서 던져진 질문들을 더 깊이 파고들고, 복잡한 개념들을 명료하게 정리할 기회를 줄 것이다. 역사적 사건들의 의미를 되새김질 하고 우리의 '인문학적 근육'을 키우기 위한 유용한 도구로 기능하길 바란다. 짤막하지만 핵심적인 정보들을 통해, 독자들은 스스로 질문을 확장하고 자신만의 답을 찾아가는 데 필요한 지적 자양분을 얻게 될 것이다.

3부

33개의 인문학 서재

33개의 개념으로 여는 인문학 서재

판결은 내려졌고, 표면적인 사건은 일단락된 듯 보인다. 그러나 우리 이야기는 아직 끝나지 않았다. 2부가 탄핵을 둘러싼 실제 갈등을 무대 삼아 풀어냈다면, 3부에서는 "그 원리와 개념으로 돌아가보자"는 의도를 담았다.

모든 장면 속에는 특정 개념들이 살아 숨 쉬고 있었다. "계엄령"이란 무엇이고, "광장 민주주의"는 왜 21세기에도 유효한지, "가짜뉴스"와 "내부고발"은 어떤 파장을 낳는지, "헌정 위기"는 구체적으로 어떤 상황을 말하는지 등등. 이것들이 바로 우리가 더 자세히 들여다볼 33개 표제어다.

각각의 개념은 '인문학, 법학, 사회학, 정치학, 역사학'을 아우르는 잡학적 성격을 띠고 있어서, 한 항목을 읽는 것만으로도 곧바로 그 개념의 기원, 변천, 현대적 의미, 그리고 탄핵 국면에서 어떻게 작용했는지까지를 파악할 수 있다.

이 표제어를 읽다 보면, 독자들은 기존에 자신이 알고 있던 용어를 새로운 시각에서 재발견할 것이다. 예컨대 "광장 민주주의"가 단순히 '시위'가 아니라, 대의민주주의의 빈틈을 메우는 직접 참여 장치로서 실제로 대한민국에서 작동해왔다는 사실을 확인하게 될 것이다. "계엄령"이 윤석열의 이벤트가 아니라 대한민국의 역사 속에서, 박정희·전두환 시대를 지나 5·18 광주민주화운동, 박근혜의 '계엄령 문건' 파동의 연장선이라 것도 다시금 깨달을 것이다.

어떤 독자에게는 이 33개 표제어가 책 전체보다 더 가치 있게 느껴질 수 있다. 2부에서 다룬 내용이 워낙 방대하고 구체적이어서, 혹시 '나는 그냥 핵심 개념만 간추려 알고 싶은데?'라고 생각했던 분들에게는 이 부록이 '최적의 길잡이'가 될 것이다. 반면, 책 전체를 정독한 분이라면 이 부록이 "총정리와 추가 정보" 역할을 하며, 더 깊은 지식과 맥락을 제공할 것이다.

특히 3부는 "탄핵 뒤엔 뭐가 남았나?"라는 회의감과 허탈감에 빠진 독자들에게 명확한 나침반이 되어줄 것이다. 탄핵은 하나의 사건이지만 우리 개인과 사회가 돌아가는 메커니즘은 계속 굴러갈 것이니 말이다.

말하자면, 이 3부는 "한 권의 작은 도서관" 같은 곳이다. 마찬가지로 모든 항목을 다 정독하지 않아도 좋다. 관심 가는 제목부터 골라 읽기만 해도 나중엔 뭔가가 조립되는 것 같은 지적 쾌감을 얻을 수 있으리라.

1. 탄핵 – "이제 그만 물러나시오"

'피청구인 대통령 윤석열을 파면한다.' 2025년 4월 4일, 헌법재판소 대심판정. 대한민국 헌정사에 두 번째 대통령 파면을 기록하는 차가운 주문(主文)이 울려 퍼지던 순간, 광장의 환호와 통곡은 섬광처럼 터져 나와 극명하게 엇갈렸다.

대통령 탄핵(Impeachment). 이는 선거로 선출된 최고 권력자라 할지라도, 재임 중 헌법이나 법률을 '중대하게' 위반하여 국민의 신임을 저버렸을 때, 그 직에서 물러나게 하는 민주공화국의 최후의 자기보호 장치다. 단순히 정책을 잘못 폈거나 인기가 없다는 이유가 아니라, 국가의 근본 질서, 즉 민주주의와 법치주의의 토대를 허무는 행위를 했을 때 발동되는, 헌법이 마련한 가장 강력한 '레드카드'인 셈이다.

대한민국 헌법은 대통령 외에도 국무총리, 국무위원, 행정각부의 장, 헌법재판소 재판관, 법관, 중앙선거관리위원회 위원, 감사원장, 감사위원 등 법률이 정한 공무원을 탄핵 대상으로 규정하고 있다.

그 뿌리는 왕의 권력을 제한하려 했던 14세기 영국 의회의 투쟁으로 거슬러 올라간다. 이후 미국 건국의 아버지들은 이 제도를 행정부 수반인 대통령에게까지 적용하여, 권력 남용을 막고 공화국의 건전성을 지키는 핵심적인 '견제와 균형' 장치로 헌법에 새겨 넣었다. 탄핵 결정은 공직에서의 파면만을 의미하며, 동일한 행위에 대한 민사상 또는 형사상의 책임이 면제되는 것은 아니다.

대한민국 헌법 역시 국민의 대표 기관인 국회에 탄핵소추권을 부여하고(헌법 제65조), 그 최종 운명은 독립된 사법기관인 헌법재판소가 결정하도록 했다. 국회에서 탄핵 소추를 의결하기 위해서는 헌법에 정해진 엄격한 발의 및 의결 요건(특히 대통령의 경우 더욱 가중된 요건)을 충족해야 하며, 소추 의결이 이루어지면 해당 공직자의 권한 행사는 헌법재판소 심판 시까지 정지된다(대통령의 경우 국무총리가 권한 대행). 이 칼날은 대통령에 대해 해방 이후 세 번 뽑혔다. 2004년 노무현 대통령은 기각되었고, 2017년 박근혜 대통령과 2025년 윤석열 대통령은 파면되었다.

2025년 윤석열 대통령 파면의 핵심 사유는 2024년 12월 3일 비상계엄 선포 및 집행 과정에서의 명백하고 중대한 헌법·법률 위반이었다. 탄핵을 주도한 측은 외쳤다. "군대를 동원한 친위 쿠데타 시도이자, 국민 주권을 짓밟고 헌정 질서를 파괴하려는 명백한 내란 행위다! 대통령은 헌법 수호 의무를 배신했다!" 반면, 대통령과 지지 세력은 항변했다. "탄핵은 명백한 정치 보복이자, 합법적으로 선출된 대통령을 끌어내리려는 헌정 쿠데타다. 계엄 선포는 위헌이었을지라도 파면 사유가 될 만큼 중대하지 않다."

4개월간의 치열한 공방 끝에, 헌법재판소는 재판관 전원일치 의견으로 파면을 선고했다. 헌재는 대통령의 행위가 민주적 기본 질서와 법치주의 원칙을 정면으로 위배했으며, 국민의 신임을 배신하여 더 이상 직무 수행을 용납할 수 없을 정도로 '중대한' 법 위반이라고 명확히 밝혔다. 여기서 '중대성'은 단순히 법 조항 위반 여부를 넘어, 그 행위가 헌법 질서에 미치는 파급 효과와 대통령의 헌법 수호 의지 상실 여부 등을 종합적으로 고려하여 판단된다(이는 2004년 노무현 대통령 탄핵 기각 시에도 중요한 기준이었다). 결국 '헌법 수호'와 '정치 보복'이라는, 탄핵을 둘러싼 해묵은 프레임 전쟁이 2025년 한국에서 다시 한번 격렬하게 재현된 것이다.

이처럼 탄핵은 민주주의 시스템에서 권력의 폭주를 막는 필수적인 안전장치이지만, 동시에 그 날카로운 칼날이 언제든 '정치적 암살'의 도구로 남용될 수 있다는 딜레마를 안고 있다. 지지자들은 외친다. "대통령이 헌법을 짓밟고 국민의 신임을 배반했을 때, 탄핵은 민주주의가 스스로를 지키는 최후의 정당방위다. '물러나라'는 국민의 명령을 헌법이 대행하는 것이다!" 반면, 반대자들은 경고한다. "선거로 뽑힌 대통령을 임기 중에 끌어내리는 것은 민의에 대한 정면 도전이다. 명백한 불법 행위가 없다면, 탄핵은 다수파의 횡포이자 정치 보복일 뿐이다!" 이러한 상반된 외침은 2024-25년 탄핵 정국 내내 광장과 언론을 통해 끊임없이 충돌하며 탄핵의 본질적인 양면성을 보여주었다. 국회의 탄핵 소추권 남용 가능성에 대한 우려도 존재하지만, 국회법 등 절차적 통제와 최종적인 헌재 심판을 통해 그 위험을 최소화하려는 장치가 마련되어 있다.

미국 역사는 이러한 딜레마를 생생하게 보여준다. 닉슨(사임으로 탄핵 심판 자체를 피했지만 불명예 퇴진), 클린턴(상원 부결, 개인적 스캔들의 탄핵 사유 논쟁 남김), 트럼프(2회 소추 및 상원 부결, 미국 사회의 깊은 분열 노출) 등 역대 대통령 탄핵 시도는 번번이 극심한 정치적 양극화를 초래했다. 이는 한국과 달리 최종 탄핵 심판을 사법기관(헌법재판소)이 아닌 입법부(상원)가 담당하는 미국 제도의 특성과도 관련이 있으며, 탄핵 제도가 성공적으로 작동하기 위해서는 법 조항뿐 아니라, 사실 기반의 공론 형성, 성숙한 정치 문화, 심판 기관의 독립성이 얼마나 중요한지를 역설한다.

결국 탄핵은 민주주의라는 배가 항해하는 동안 만날 수 있는 가장 거센 폭풍우와 같다. 그 폭풍우 속에서 배가 전복되지 않도록 중심을 잡아주는 최후의 장치이지만, 그 작동 과정 자체가 또 다른 위험을 내포하고 있다. 따라서 탄핵은 더욱 신중하고 엄격하게, 오직 헌법과 법률이라는 좌표에 따라 공정하게 이루어져야 한다. 권력은 반드시 견제받아야 하지만, 그 견제의 칼날마저도 함부로 휘둘러서는 안 된다는 무거운 교훈. 두 번의 대통령 파면이라는 비극적 역사를 가진 대한민국이 깊이 되새겨야 할 무거운 질문이다.

더 깊이 읽기

〈2004 노무현 대통령 탄핵 기각 결정문〉(2004헌나1)

'여당을 지지하는 발언은 공직선거법상 공무원의 정치적 중립의무를 위반했으며 대한민국 선거법을 폄하한 것과 국민투표를 언급한 것은 각각 헌법을 위반한 것이다. 그러나 노무현은 자유 민주적 기본 질서를 수동적 그리고 소극적으로 위반하는데 그치고 있어 탄핵을 기각한다.'는 취지의 결정문이 발표되었다.

『기어이 30번째 탄핵소추, 국헌 문란이다』, 조선일보 칼럼 (2025.03.22)

야5당이 최상목 대통령 권한대행을 30번째로 탄핵소추한 사실에 대해, 조선일보 사설은 내란특검 인사 지연을 이유로 한 해당 탄핵을 '국헌 문란'이라 규정했다. 탄핵 남발이 대선불복이자 행정부 마비를 노린 정치행위라며, 이재명 대표의 무리한 압박을 치졸한 감정정치로 비판했다. 또한 야당이 이미 13건의 탄핵안을 헌재에 보내고도 모두 기각된 전례를 무시했다고 지적하며, 국회의 책임있는 자제와 선고 승복을 촉구했다.

『"尹, 최고의 '정치 무능' 바보 대통령…12·3 계엄 재발 막으려면 '개헌' 절실"』, 시사저널 정대철 인터뷰 기사 (2025.04.11)

정대철 헌정회장은 인터뷰에서 윤석열 전 대통령을 '정치 무능한 바보'로 규정하며 탄핵 원인을 능력 부족과 야당과의 단절로 들었다. 12·3 계엄 같은 사태 재발을 막기 위해 '선 개헌-후 대선' 권력구조 개편이 시급하다고 주장했다. 그는 화해와 통합을 중시할 대통령, 분권형 정부, 내각책임제, 양원제 도입을 제안하며 여야 모두의 사과와 책임 있는 정치 혁신을 촉구했다.

2. 종북좌파 vs 독재친일 - 대한민국에서 진보와 보수란

한낮의 광장에는 여전히 손팻말을 든 사람들이 서 있었다. 누군가는 "헌재 만세"라고 외쳤고, 또 다른 이는 "탄핵 무효"라며 길을 막았다. 윤석열 전 대통령의 파면 결정이 내려진 뒤, 대한민국은 더 뚜렷이 갈라진 듯 보였다. 그러나 어쩌면 이 갈라짐은 어제오늘의 일이 아니라, 긴 시간을 관통해온 진보와 보수의 상흔이 막바지에 다다른 것에 가까울지도 모른다.

한국에서 '진보'와 '보수'라는 말은 흔히 서양에서 말하는 좌파와 우파 개념과 맞닿으면서도, 동시에 전혀 다른 맥락을 지닌다. 서구에서는 대체로 "국가 권력의 역할을 어디까지 허용하느냐"와 "시장 자율성과 인권 중 무엇을 우선시하느냐"에 따라 좌우 스펙트럼을 구분해 왔다. 예컨대 좌파는 정부가 복지와 평등을 위해 적극적으로 개입해야 한다고 보고, 노동자 보호와 사회적 안전망 확충을 강조한다. 반면 우파는 개인의 자유와 시장 경쟁의 효율을 중시해, 정부의 지나친 간섭이 경제 활력을 떨어뜨리고 개인의 창의를 저해한다고 판단한다. 이런 구도가 곧 '큰 정부'와 '작은 정부', '사회적 평등 중시'와 '시장 자율 중시'라는 양 극점의 축을 만들어 왔다.

그런데 한국에서는 식민지배, 분단, 군사독재라는 특수한 경험이 거기에 겹쳐, 이념이 훨씬 복잡한 대립 구도를 형성한다. 보수는 반공을 내세워 북한 체제를 철저히 적으로 규정하고, 미국과의 혈맹을 절대적으로 지지하는 외교·안보 기조를 이어왔다. 이들은 북한의 위협을 상수로 보면서, 과도한 복지나 급진적 개혁이 안보 태세와 성장동력을 갉아먹는다고 우려한다. 반면 진보는 민주화와 독재 청산, 사회적 약자 보호를 기치로 내걸어 왔다. 권위주의 시절의 폭력적 통치를 비판하며, 공공영역 확대나 대북 대화 · 협력을 통해 한반도 긴장을 낮춰야 한다고 주장한다. 이때 보수는 진보를 "국가 정체성을 흔드는 급진 세력"으로, 진보는 보수를 "독재의 유산을 끌어안은 기득권 카르텔"로 공격해 왔다.

지난겨울 윤석열 정권이 시도한 비상계엄령은 이런 갈등의 정점을 예고했다. 시민 집회에 군경력이 투입될 뻔했다는 사실이 알려지자, 야당은 탄핵소추를 밀어붙였고 헌법재판소는 만장일치로 파면을 선고했다. 보수 내부에서도 대통령의 행위를 옹호하는 이들과 위헌적 일탈로 규정하는 이들이 갈라졌다. 탄핵을 옹호한 보수 쪽 사람들은 "우리도 민주공화국의 헌법적 가치를 지켜야 한다"고 말했고, 탄핵에 반대한 일부는 "국회를 장악한 진보 좌파가 권력을 찬탈했다"며 격렬히 반발했다.

진보 진영 역시 탄핵 직후 거리로 쏟아져 나와 "이제야 친일 · 극우 잔재를 털어낼 때"라고 목소리를 높였다. 그러나 동시에 적잖은 시민들은 진보 · 보수 모두 극단적 낙인에 빠져 사실보다 상징에 매달리는 현실을 답답해한다. "친일"과 "종북"이라는 오래된 구호가 다시금 회자되는 것은, 역설적으로 한국 사회가 분단의 상흔과 독재 시대의 대립 구도를 미처 청산하지 못했음을 보여주는 증거이기도 하다.

탄핵 정국에서 양 진영은 서로를 향해 날 선 프레임을 쏟아냈다. 진보 진영은 윤석열 정부와 지지자들을 '극우', '친일', '독재 잔재'로 규정하며 총공세를 폈다. "독재자의 망령이 되살아났다!"는 구호가 광장을 메웠다. 보수 진영은 탄핵을 '좌파의 정권 찬탈 기도'로 규정하며, '종북', '선거 조작' 등의 프레임으로 맞불을 놓았다. 일부 극우 유튜버들은 "이재명과 주사파들이 나라를 김정은에게 바치려 한다"는 식의 선동적인 주장을 퍼뜨렸다. 이러한 극단적인 상호 비방과 혐오의 언어는 사실과 거짓을 뒤섞으며 사회 전체의 불신을 심화시켰다. '빨갱이'와 '토착왜구'라는 해묵은 낙인이 21세기 대한민국 정치 담론의 중심에 다시 등장한 현실은, 분단과 독재의 상처가 여전히 치유되지 않았음을 역설적으로 증명하는 것일 수 있다.

하지만 이념의 이름표는 때로 현실 정책과 괴리되기도 한다. 진보 정부에서 집값이 폭등하고, 보수 정부가 복지를 확대하는 모습은 '진보=분배, 보수=성장'이라는 단순 도식을 무색하게 만들었다. 또한 2016년 박근혜 전 대통령 탄핵 이후 보수 진영이 '개혁 보수'와 '극우(태극기 부대)'로 분열하고, 진보 진영 역시 2020년대 들어 거대 민주당 외에 조국혁신당이 등장하는 등 양 진영 내부의 분화와 재편 움직임도 활발하다. 이는 기존의 거대 양당 중심의 진보-보수 대결 구도가 더 복잡하고 다원적인 형태로 변화할 가능성을 시사한다.

결국 대한민국에서 진보와 보수가 나아가야 할 길은, 서로를 '제거해야 할 적'이 아니라 '경쟁하며 공존해야 할 상대'로 인정하는 데서 출발해야 할 것이다. 헌법재판소의 파면 결정문이 선고되던 날, 누군가는 환호했고 누군가는 통탄했지만, 그들이 발 딛고 선 대한민국이라는 땅은 하나였다. 분단과 독재라는 역사적 트라우마를 직시하고, '종북'과 '친일'이라는 낡은 혐오의 언어를 넘어, '어떤 사회를 만들 것인가'라는 본질적인 정책 경쟁으로 나아갈 수 있을까? 윤석열 전 대통령 탄핵 사태는 한국 사회에 깊은 상처를 남긴 동시에, 바로 이 질문을 우리 모두에게 던지고 있다. 민주주의는 고정된 답이 아니라, 끊임없는 질문과 성찰 속에서 만들어가는 과정일지 모른다.

더 깊이 읽기

MBC '100분 토론' 특집 유시민, 조갑제 토론 (2025년 4월 4일)

유시민 작가와 조갑재 전 월간조선 대표가 벌인 토론이다. 탄핵 국면의 다양한 시사를 다루었는데, 그중 '대한민국의 진보와 보수'에 대한 논의는 대한민국 현대사의 압축판이라고 할 수 있다. 지난 수십 년간 한국 현대사를 관통해온 진보와 보수 핵심 인물 간 재회로 화제를 모았다. 유시민은 그간 진보 진영의 대표 논객이자 전직 보건복지부 장관, 작가로서 활동해왔으며, 날카로운 분석과 직설적 화법으로 대중적 지지를 받아왔다. 반면 조갑제는 월간조선을 통해 오랜 기간 보수 진영의 입장을 대변해온 인물로, 강경한 주장과 논리로 존재감을 드러내 왔다. 두 사람은 각자의 길을 걸어왔지만, 2025년 4월 4일 '100분 토론' 무대에서 한 자리에 앉아 윤 전 대통령 탄핵이라는 역사적 사건을 중심으로 토론했다.

『폭정에서 민주정 구하기』, 이효성, 2025

"내란 우두머리 윤석열 정부는 어떻게 대한민국을 퇴행시켰는지" 문재인 정부 초대 방송통신위원장이자 언론학자 이효성이 조목조목 정리한 책. 검찰 정권이 어떻게 탄생되었는지 어떤 민주주의 후퇴가 있었는지 적었다.

이 책의 부록에 수록된 작가 인터뷰에서 진보와 보수에 대한 작가의 생생한 해석을 들어볼 수 있다. 인터뷰는 나와 편집부 곽하늘 팀장이 함께 진행했다. 작가 인터뷰는 작품 홈페이지에 무료로 게시되어 있다. (이효성.com)

「보수 대통령'은 왜 번번이 실패할까」, 한국일보(미주) 칼럼, (2025-02-07)

보수 진영 출신 대통령들이 잇달아 파면·실형을 맞은 근본 배경은 ① 대통령 개인의 권력 사유화와 밀실 인사, ② 정당이 인재를 키우지 못해 '검증 빈틈'이 큰 외부 인물을 영입한 구조적 취약성, ③ 5년 단임 제왕적 대통령제가 낳는 극심한 진영 대립이라는 세 갈래가 복합 작용했기 때문이라는 분석이다. 이명박은 뇌물·횡령으로 17년형, 박근혜는 '최순실 게이트'로 탄핵, 윤석열은 비상계엄 시도로 파면되며 같은 패턴을 반복했다. 권력 핵심을 폐쇄적으로 꾸리고 여론·정책 비전에 소홀했던 '낡은 통치 방식'이 사회 변화를 따라가지 못한 점도 공통된 실패 요인으로 꼽았다.

3. 한국의 트라우마 - 계엄령과 긴급조치

계엄령(Martial Law), 긴급조치(Emergency Measures). 대한민국 현대사를 온몸으로 겪어낸 이들에게 이 단어들은 종종 등골 서늘한 공포와 깊은 트라우마를 동반한다. 국가 비상사태라는 이름 아래, 헌법에 보장된 시민의 자유가 일시 정지되고, 평범한 거리가 군홧발과 총검으로 뒤덮이며, 때로는 국가가 자국민에게 총부리를 겨누었던 암울한 시대의 기억. 이것은 단순한 법률 용어가 아니라, 우리 역사 속 국가 폭력의 상징이자 아직 아물지 않은 상처 그 자체다.

본래 이 비상 대권들은 전쟁이나 그에 준하는 극도의 혼란 속에서 국가의 존립을 지키고 공공의 안녕 질서를 회복하기 위해 마련된, 말 그대로 '예외적이고 최후적인' 수단이다. 헌법조차 잠시 그 효력을 멈추게 할 만큼 강력한 힘을 행정부 수반(대통령)과 군대에 부여하는 것이다. 위기가 지나가면 당연히 정상적인 헌정 질서로 복귀해야 함을 전제로 한다. 다른 많은 민주주의 국가에도 유사한 제도가 존재하지만, 그 발동 요건과 절차는 지극히 엄격하게 제한된다.

그러나 한국의 현대사에서 이 '비상' 권력은 너무나 자주 '일상적인' 독재 강화와 정권 유지의 편리한 도구로 남용되는 비극을 낳았다. 박정희 유신 독재 시절(1972-1979), 대통령은 '긴급조치'라는 이름의 칼날을 무려 아홉 차례나 휘둘렀다. 유신 헌법 자체를 비판하는 목소리부터 정부 정책에 반대하는 집회, 심지어 학생들의 학내 토론까지, 대통령의 심기를 거스르는 모든 행위가 '국가 안전과 공공질서를 위태롭게 한다'는 자의적인 이유로 금지되었다. 긴급조치는 헌법 위에 군림하며 수많은 민주 인사, 학생, 언론인, 종교인들을 영장 없이 체포하고 고문하며 투옥하는 무소불위의 법적 근거가 되었다. 대학 교정에는 군인들이 상주했고, 신문과 방송에서는 대통령 찬양만이 흘러나왔다. 민주주의는 질식했고, 사회 전체가 얼어붙었다. (훗날 이 긴급조치들은 모두 헌법재판소와 대법원에서 위헌·무효로 선언되었다.)

1980년 5월, 전두환 신군부는 12·12 군사 반란으로 권력을 장악한 뒤, 민주화를 요구하는 시민들의 저항을 억누르기 위해 5월 17일 비상계엄을 전국으로 확대했다. 그리고 다음 날, 광주에서는 평화롭게 시위를 시작한 학생과 시민들을 향해 공수부대가 투입되어 무자비한 폭력 진압을 시작했다. 계엄령이라는 이름 아래, 광주는 외부와 완전히 고립되었고, 시민들은 스스로를 지키기 위해 총을 들어야 했다. 열흘간의 처절한 항쟁 끝에, 계엄군은 탱크를 앞세워 전남도청을 장악했고, 그 과정에서 수백 명의 시민들이 목숨을 잃거나 행방불명되었다. 국가 비상권이 자국민을 향한 집단 학살의 명분이 되어버린, 결코 잊을 수도, 잊어서도 안 되는 역사의 참극이었다.

그 끔찍했던 기억과 트라우마는 수십 년간 한국 사회 깊숙이 잠복해 있다가, 2024년 12월 3일 밤, 예고 없이 다시 현재로 소환되었다. 윤석열 당시 대통령이 TV 화면에 나타나 "국가 비상사태"를 언급하며 비상계엄을 선포했을 때, 많은 국민들은 자신의 귀를 의심해야 했다. 곧이어 국회 앞으로 군 병력이 이동하고 있다는 뉴스 속보가 전해지자, 사회는 순식간에 충격과 불안, 그리고 깊은 분노에 휩싸였다. "설마 21세기 민주주의 대한민국에서 또다시 군대가 정치를 장악하려 하는가?" "이것은 명백한 쿠데타 시도다!" 과거 독재 시절의 공포가 생생하게 되살아나는 듯했다.

대통령과 정부는 "국회 기능이 마비되고 사회 혼란이 극심하여 국가 시스템이 위협받는 비상사태였기에, 헌법 제77조에 따른 불가피하고 합법적인 조치였다"고 강변했다. 또한 "과거와 같은 인권 탄압 의도는 전혀 없었으며, 질서 회복이 목적이었다"고 주장했다. 그러나 야당과 시민사회, 그리고 법조계를 포함한 대다수 국민들은 이를 "대통령이 정치적 위기를 타개하고 자신의 권력을 유지하기 위해, 헌법적 요건과 절차를 무시하고 군 통수권을 남용한 명백한 위헌·위법 행위"라고 규정했다. "'선거 조작' 등 확인되지 않은 음모론을 명분 삼아 국민의 기본권을 정지시키고 헌법 기관(국회, 선관위)을 무력화하려는 시도는 그 어떤 이유로도 정당화될 수 없다!"는 분노가 폭발했다. 특히 계엄군이 국회의 계엄 해제 의결을 물리력으로 막으려 한 정황은, 이러한 비판에 기름을 부었다. 과거 독재 정권의 망령이 되살아났다는 공포와 분노는, 결국 대통령 탄핵이라는 국민적 요구로 이어지는 결정적인 동력이 되었다.

결국 국회의 신속한 계엄 해제 요구 의결과, 이후 2025년 헌법재판소의 대통령 파면 결정은, 비상대권이라 할지라도 헌법과 법률이 정한 엄격한 요건과 절차를 벗어나 자의적으로 행사될 수 없다는 법치주의의 원칙을 다시 한번 확인시켜 주었다. 특히 헌재는 결정문에서 계엄 선포의 요건이 충족되지 않았을 뿐 아니라, 그 과정에서 보인 반(反)민주적 행위들이 '헌법수호의무'에 대한 중대한 위반임을 명확히 했다.

국가 비상사태 선포와 그에 따른 권한 행사는 세계 여러 민주주의 국가에서도 늘 뜨거운 논쟁거리다. 프랑스는 2015년 파리 테러 이후 장기간 국가 비상사태를 유지하며 영장 없는 가택 수색 등을 허용해 인권 침해 논란을 빚었다. 미국에서는 대통령이 국가 비상사태를 선포하여 의회의 예산 승인 없이 국경 장벽 건설 예산을 확보하려 했던 트럼프 전 대통령의 시도가 법적·정치적 공방을 낳았고, 국내 소요 사태 시 군대 투입의 근거가 되는 반란법(Insurrection Act) 발동 여부가 종종 논란이 되기도 한다. 이는 비상권이라는 칼이 국가를 지키는 방패인 동시에 언제든 시민의 자유를 겨누는 흉기가 될 수 있기에, 그 사용을 민주적으로 통제하는 것이 얼마나 중요한지를 보여준다.

계엄령과 긴급조치. 그 이름에 새겨진 폭력과 공포, 그리고 거짓의 기억은 여전히 한국 사회의 깊은 트라우마다. 국가의 위기라는 명분이 아무리 그럴듯해 보여도, 그것이 헌법과 민주주의의 원칙을 넘어 시민의 삶을 억압하고 파괴하는 도구로 사용될 때, 그 결과는 돌이킬 수 없는 비극이었다. 2024년 겨울의 아찔했던 경험은 우리에게 그 트라우마를 다시 떠올리게 하며 엄중히 경고한다. 국가의 비상권은 가장 예외적인 상황에서, 가장 엄격한 민주적 통제 아래, 그리고 가장 짧은 시간 동안만, 오직 헌법 질서를 '회복'하기 위해서만 제한적으로 허용되어야 한다는 것을. 다시는 국가의 이름으로 시민에게 총부리가 겨눠지는 비극이 이 땅에서 반복되어서는 안 된다는 것을 말이다.

더 깊이 읽기

KBS 〈역사저널 그날〉 286회 "보통 사람들까지 옭아매다, 긴급조치 9호"

유신체제 아래에서 박정희 대통령은 헌법 위에 군림하는 긴급조치를 반복 선포했다. 1호부터 9호까지 1년 반에 걸쳐 잇달아 발동되었고, 특히 9호는 일반 시민까지 표적 삼아 언론·집회·발언을 봉쇄했다. 영장 없는 체포와 군사재판이 일상화되었고, 서로를 감시하라는 당국 지침이 사회 전반에 공포를 확산시켰다. 서울대생 김상진의 할복은 저항의 불씨가 되었지만 즉각적 화장과 보도 통제로 묻혔다. 결국 국민적 분노가 커지며 유신체제 붕괴의 전조가 되었고, 긴급조치는 상징으로 기억됐다.

『지연된 정의, 시간과 싸우는 사람들 - 청춘 짓밟은 '유신정권 긴급조치'』, 한국일보. (2019-04-29)

박정희 유신정권이 발동한 긴급조치로 김정환·양춘승 등 청년이 체포·징집·취업제한을 당해 삶이 망가졌다. 헌재와 대법원은 긴급조치를 위헌으로 봤으나, 양승태 대법원은 '통치행위'라며 국가배상을 부정했다. 배상길이 막힌 피해자들은 사법농단 의혹과 싸우며 명예회복을 추구했다. 기소·징역·고문과 불온서적 낙인, 가족 피해까지 이어졌고, 재심·보상 소송은 지연된 채 세월만 흐르고 있다는 기사다.

4. 김건희, 대장동 특혜 그리고 사법 리스크

사법 리스크(Judicial Risk)란 정치인이나 고위 공직자가 범죄 혐의로 수사·재판을 받으며 그로 인한 법적 위험이 정치적 운명까지 위협하는 상황을 말한다. 혐의가 유죄로 확정되면 당사자는 권좌에서 물러나거나 향후 선거 출마가 좌절되는 등 치명적인 결과를 초래할 수 있다. 반대로 무죄가 입증돼도 수사 과정에서 이미지에 큰 손상을 입게 된다.

정치인의 이름 뒤에 불길한 그림자처럼 따라붙는 이 말은, 본인 혹은 가족, 측근과 관련된 수사나 재판이 그의 정치적 생명줄을 끊거나 국정 운영의 발목을 잡을 수 있는 모든 잠재적 위험을 의미한다. 법원의 최종 유무죄 판단이 내려지기 전이라도, 의혹의 제기, 검찰의 수사 개시, 법정 공방 그 자체만으로 정치적 리더십은 깊은 상처를 입고 국정은 표류할 수 있다. 때로는 정권의 운명을 좌우하는 시한폭탄이자, 정치적 반대파에게는 가장 날카로운 공격 무기가 되기도 한다.

윤석열 전 대통령의 사법 리스크

2022년 3월 출범한 윤석열 정부는 임기 시작부터 퇴임까지, 역대 어느 정부와도 비교하기 힘들 정도의 다층적이고 광범위한 사법 리스크에 직면했다. 그 정점은 대통령 자신이었다. 2024년 12월, 비상계엄 선포와 군 동원 과정에서의 직권남용 등 행위가 '중대한 헌법·법률 위반'으로 지목되어, 결국 2025년 헌법재판소의 파면 결정으로 이어졌다. 대통령 자신이 사법 리스크의 핵심이자 그 결과 그 자체가 된 셈이다.

장모 최은순 사건: "10원 한 장 피해준 적 없다"의 그늘

윤석열 전 대통령은 오래전부터 "처가 리스크"라는 꼬리표를 달고 다녔다. 검찰총장 시절부터 그가 반복해온 "장모는 사기를 당한 피해자"라는 말과 달리, 법원은 최은순 씨를 두 건의 범죄 혐의로 유죄 판결했다.

첫 번째는 거액의 예치금을 가장한 잔고증명 위조 사건이다. 최 씨는 2013년 성남 도촌동 땅을 매입하면서, 실제로는 없는 349억 원을 계좌에 있는 것처럼 꾸민 문서를 제출했다. 1심은 징역 1년 실형을 선고했지만 고령을 이유로 법정구속은 하지 않았다. 그러나 2심 재판부는 도주 우려를 지적하며 같은 징역 1년을 선고하고 최 씨를 수감했다. 대법원 역시 이를 확정해, 현직 대통령 장모가 교도소에 들어가는 초유의 사태가 벌어졌다.

두 번째는 부동산 차명 매입과 그로 인한 과징금 27억 원 부과 사건이다. 최 씨는 "차명 투자가 아니다"라며 소송을 제기했지만, 1·2심은 물론 대법원에서도 패소했다. 재판부는 최 씨가 부당이득을 취하려 했고, 성남시가 이를 환수한 것은 정당하다고 명시했다.

윤 대통령 본인이 직접 기소된 적은 없지만, 야권과 시민단체는 "검찰총장 시절 처가 수사가 제대로 이뤄지지 않았다"는 의혹을 제기한다. '법치'를 강조해온 대통령이 가족의 범죄로 실형이 확정되는 상황은 큰 아이러니다. 법 앞에 예외가 없다는 사실을 재확인시켜주는 장면이기도 하다.

해병대 채 상병 사망 사건 은폐 의혹: 특검 거부와 역풍

2023년 여름, 폭우 속 실종자 수색에 투입된 해병대원 故 채 모 상병이 불의의 사고로 숨졌다. 애도의 물결이 채 가시기도 전에, 상급 부대가 사건을 축소했다는 폭로가 터져 나왔다. 채 상병의 순직 경위를 조사하던 해병대 수사단장이 "국방부 윗선으로부터 수사 축소 압력을 받았다"며 내부 고발에 나선 것이다. 순직이 아니라 은폐라는 의심이 제기되자, 야당과 유족은 특별검사 도입을 강력 촉구했다. 국회 다수당이 발의한 이른바 "채상병 특검법"(정식 명칭: "해병대원 순직 사건 수사 방해 및 사건 은폐 등의 진상규명을 위한 특별검사 임명법")은 윤석열 정부 관계자들이 수사를 방해했는지 규명하겠다는 취지였다.

그러나 이 특검은 대통령 본인과 대통령실을 겨냥할 수도 있는 민감한 사안이었다. 윤석열 대통령은 헌정 사상 유례없는 거부권(재의요구권)을 행사했고, 2023년 5월 국회를 통과한 1차 특검 법안과 2024년 7월 재통과된 2차 법안까지 두 차례나 거부했다. 대통령실은 "행정부 고유 권한을 침해하는 위헌적 입법"이라고 주장했지만, 야당과 유족은 "대통령 스스로가 범인임을 자인한 것"이라며 격렬히 반발했다. 실제로 2024년 7월 9일 국회에서 야 6당 공동 규탄대회가 열려, "진실을 밝히지 않고 숨기려는 자가 범인"이라는 구호가 울려 퍼졌다.

결국 특검은 무산됐으나, 채 상병 사건은 윤석열 대통령에게 심각한 정치적 내상을 남겼다. 이미 그는 최다 법률안 거부권을 행사했다는 사실만으로도 통치 전반에 대한 신뢰를 흔들었고, 특히 이 사안에서는 "진실규명을 두려워한다"는 대중적 의심을 샀다. 특검법 취지문에 "수사방해 및 사건은폐 의혹"이 대통령 본인을 향해 구체적으로 언급되었던 만큼, 거부권 행사는 "밝혀지면 치명타가 될 사실이 존재한다"는 인상을 주었다.

또한 2024년 3월 4일 외교부는 해병대 채 상병 순직 수사에 외압을 넣었다는 혐의로 고위공직자범죄수사처 수사선상에 오른 이종섭 전 국방장관을 다소 생뚱맞은 주호주 대사로 임명했다. 야당과 시민단체는 임명이 "기획 도피"라며, 핵심 피의자를 본격 조사 전에 해외로 빼낸 것이라고 반발했다. 법무부가 출국금지를 해제하자 이 전 장관은 며칠 만에 캔버라로 떠나 ongoing 조사망을 벗어났다.(Sunday Journal USA, 한겨레) 대통령실은 "호주 방산 협력 강화를 위한 필수 인사"라며 수사 무마 의혹을 부인했다. 그러나 비판 측은 외교관 특권을 이용한 책임 회피 사례로 규정한다.

이 사건은 윤 대통령이 임기를 마친 뒤에도 "직권남용에 의한 수사방해" 혐의로 재수사될 위험이 남아 있다. 무엇보다 채 상병의 노모와 가족들은 결국 특검을 통한 명확한 진상규명을 보지 못했다. 그들의 눈물은 "대통령이 정말 결백하다면, 왜 특검을 두려워했을까?"라는 질문을 던진다. 한 젊은 군인의 죽음 앞에서 권력이 보인 태도는, 윤 대통령에게 도덕성과 신뢰의 상흔을 남겼다. 이 트라우마는 앞으로도 그를 따라다닐 사법 리스크의 그림자가 될지 모른다.

김건희 리스크

윤석열 전 대통령의 부인 김건희 여사 역시 임기 내내 여러 의혹과 논란의 중심에 있었다. 특히 기업 협찬 유치 과정에서의 특혜 논란, 주가 조작 연루 의혹, 고가 명품 수수 등은 대통령실 윤리성에 치명타를 입혔다.

김건희 여사는 과거 제출한 이력서에 허위 경력을 기재했다는 사실이 드러나 한때 여론의 질타를 받았다. 2007년 수원여대, 2013년 안양대 등에 겸임교수 지원서를 내면서 존재하지 않는 수상 경력(예컨대 "2004년 대한민국 애니메이션 대상 수상")을 적는 등 경력을 부풀린 정황이 확인된 것이다. 또한 지원 서류에 첨부된 재직증명서에는 근무기간 표시 오류와 일련번호 불일치가 발견되어 서류 위조 의혹도 제기됐다. 이러한 폭로가 2021년말 대선 국면에서 집중되자, 김건희 여사는 그 해 12월 직접 기자회견을 열어 "잘 보이려 경력을 부풀리고 잘못 적은 것이 있었다"며 모든 허위 이력을 인정하고 대국민 사과했다. 김 여사는 "돌이켜보니 너무 부끄러운 일이다. 모두 제 잘못"이라고 고개를 숙였고 "남편이 대통령이 돼도 조용히 내조에만 힘쓰겠다"고 약속했다

가장 대표적인 사법 의혹은 코바나컨텐츠 협찬 건이었다. 김 여사가 대표로 있던 전시기획사 코바나컨텐츠는 윤 대통령이 검찰 고위직에 오르면서 대기업과 대형 로펌 등으로부터 후원금을 대거 유치했다. 일부 후원사는 당시 수사 대상이거나 검찰과 이해관계가 얽힌 기업들이었다는 점에서, 협찬이 사실상 '향후 편의를 위한 보험'이 아니었느냐는 의심이 제기되었다. 김 여사는 "정상적 전시 협찬"이라고 일축했지만, 이해충돌 가능성 논란은 끊이지

않았다.

"김건희 여사가 도이치모터스 주가조작 사건에 연루됐다"는 의혹은 윤석열 정부 내내 가장 큰 논란 중 하나였다. 이 사건은 2009~2012년 사이 도이치모터스 주식의 시세조종에 김건희 여사가 자금을 대거나 계좌를 제공하는 방식으로 가담했는지에 대한 수사로 촉발되었다. 검찰은 한때 김 여사의 계좌 등이 작전에 동원된 정황에도 불구하고 "직접 가담 증거가 부족하다"며 2022년 10월 김 여사를 불기소 처분했다. 그러나 이후 주범 권오수 전 도이치모터스 회장 등의 재판 과정에서 김 여사 이름이 1심 판결문에 37회, 항소심 판결문에 87회나 거론되고 김 여사 명의 증권계좌 3개와 모친 최은순 씨 계좌 1개가 주가조작에 동원된 것으로 판시되자 불기소 결정의 타당성에 의문이 커졌다. 실제 2010년 주가조작 당시 증권사 직원과 김 여사가 통화하며 "주식 8만주 매도됐다"는 보고에 "알겠습니다", "체결됐죠?… 얼마 남은 거죠?"라고 답하는 녹취까지 공개되며 김 여사의 사전 인지 여부를 둘러싼 논란이 증폭되었다.

이런 모든 의혹과 사건들은 서로 얽히며 이른바 "김건희 리스크"로 통칭되었다. 윤석열 대통령 취임 이후 부인 김건희 여사를 둘러싼 논란은 끊이지 않았고, 이는 국정 운영의 발목을 잡는 상시 리스크로 부각되었다. 실제 여론조사에서 "김건희 여사 문제"는 대통령 직무 부정평가 이유 상위권에 지속적으로 언급되었다. 2024년 1월 한국갤럽 조사에서는 윤 대통령 국정 지지율이 취임 후 최저치인 20%대까지 떨어졌는데, 응답자의 9%가 지지 철회 이유로 김건희 여사 논란을 지목하며 1주일 만에 이 비율이 세배 이상 급등하기도 했다. 야당은 총선 국면에서 김건희 리스크를 적극 부각하며 "제2의 최순실" 운운하는 공세를 폈고, 여당 내부에서도 "영부인 리스크 관리가 필요하다"는 우려가 제기됐다. 검찰 수사가 미진할 경우 특검 도입 여론이 힘을 얻는 등 김 여사 의혹은 정치권의 공방거리이자 정책 이슈의 블랙홀이 되었다. 윤석열 전 대통령 본인은 "배우자에 대한 허위사실이 많다"며 애써 차단에 나섰지만, 결과적으로 김건희 리스크는 집권 초반부터 2025년 현재까지 국정 지지율 하락과 국민 신뢰 약화의 한 요인으로 작용해왔다. 이렇듯 퍼스트레이디를 둘러싼 각종 의혹과 사법 리스크는 윤석열 정부의 정치적 부담으로 남아 있으며, 향후에도 그 파급 영향이 쉽게 사그라들지 않을 것이라는 평가가 지배적이다.

이재명 더불어민주당 대표의 사법 리스크

한편 야당 지도자 이재명 대표도 사법 리스크에서 결코 자유롭지 않다. 대선 패배 직후부터 그는 여러 수사와 재판에 휘말려 "피의자 신분의 당대표"라는 비판을 받아왔다. 대장동·백현동 개발 특혜 의혹, 성남FC 후원금 의혹은 모두 성남시장·경기지사 시절 사업과 얽혀 있다. 검찰은 직권남용, 배임 제3자 뇌물수수 혐의로 이 대표를 기소했지만, 이 대표는 이를 '정치 탄압이자 이재명 제거 작전"이라고 반발했다.

2025년 5월 현재, 대장동·백현동·성남FC·위증교사·공직선거법 사건 모두 2심 이상에서 진행 또는 재판 일정이 조정됐지만, 대선(6월 3일) 직전엔 공판이 사실상 올스톱되었다. 대법원이 5월 1일 백현동 관련 '허위사실 공표 무죄'를 뒤집어 되돌려보내자(파기환송), 출마 자격 논란이 재점화됐다. 이에 서울고법은 "선거 공정성"을 이유로 모든 재판을 선거 뒤로 미루기로 결정했다. 측근 김용은 항소심에서도 징역 5년이 확정돼 불법자금 흐름을 뒷받침했고, 성남FC 재판장 기피 신청은 대법원에서 최종 기각돼 본안 심리가 재개될 예정이다. 모든 핵심 공판은 6월 3일 대선 이후로 밀리면서 실제 사법적 결론은 하반기가 되어야 윤곽이 드러날 전망이다.

대장동 7,800억 원의 비밀

대장동은 2015년 이재명 시장 재임 중 민관합동개발로 추진됐다. 민간은 약 7,800억 원 수익을 챙겼고, 성남시가 환수한 이익은 5,500억 원 가치(임대주택용지·터널 등) 수준이다. 검찰은 이 과정에서 이 대표가 민간업자들에게 특혜를 주고, 428억 원 상당을 사전 약속받았다고 본다. 반면 이 대표는 "애초에 내 몫은 없었다"며 "대장동 일당의 말 바꾸기"라고 일축한다.

배임 혐의도 핵심이다. 성남시가 충분히 환수할 수 있는 초과이익을 민간에 넘겼다는 것이다. 하지만 이 대표는 "순수 공영개발을 추진하려 했으나 시의회와 LH 반대로 민관합동 방식을 택했다"고 반박한다. 논란이 거센 가운데 정진상·김용·유동규 등 측근 진술, "천화동인 1호 절반은 그분 것" 등의 녹취가 폭로되면서 검찰은 이 대표를 불구속 기소했다. 현재 재판은 "이 대표가 민간 폭리를 고의로 알고도 승인했느냐"와 "대가 약속이 있었느냐"를 두고 치열한 공방 중이다.

백현동, 연구용지가 아파트로

구 한국식품연구원 부지를 주거용지(준주거지역)로 바꿔 민간업체가 막대한 이득을 얻었다는 혐의다. 검찰은 이 대표가 측근을 통해 청탁을 받았고, 성남도시개발공사를 사업에서 배제해 민간에 이익을 몰아줬다고 주장한다. 이 대표는 "박근혜 정부 국토부가 용도변경을 요구했고, 시는 정당한 절차를 거쳤다"며 특혜가 아니라고 반박한다. 다만 실제 실무자와 청탁 브로커가 이미 일부 유죄 판결을 받은 사례가 있어, 재판 결과에 따라 파장이 적지 않을 전망이다.

성남FC 133억 원짜리 골

2014~2016년 이재명 시장이 성남FC 구단주로 있으면서, 관내 기업들로부터 약 133억 5천만 원을 후원받고 그 대가로 인허가 편의를 제공했다는 검찰 공소다. 돈이 이 대표의 주머니가 아닌 "제3자인 성남FC"로 흘러갔다는 점에서 제3자 뇌물죄가 적용됐다. 이 대표 측은 "기업들의 자발적 지역공헌"이라고 주장하지만, 검찰은 "정치권력이 기업을 상대로 조직적 모금을 했다"는 입장이다.

위증 교사 혐의: 재판 과정에서 드러난 추가 리스크

대장동 사건 1심 재판 도중, 이재명 대표가 재판 증인에게 위증을 사주했다는 혐의도 추가로 불거졌다. 검찰은 이 대표가 2019년 지방선거 공직선거법 위반 재판에서 "허위 진술을 해달라"고 부탁하고, 그 대가로 수천만 원 상당의 이익을 제공했다고 보고 위증 교사 혐의로 추가 기소했다. 이 대표는 "상대방이 일방적으로 만든 이야기"라고 반박하며, 위증 교사가 없었다고 부인한다. 그러나 위증 교사는 법정질서 훼손과 직결된 중대한 범죄로 간주되어, 재판부가 이를 어떻게 판단할지에 따라 이 대표의 정치적 부담은 한층 가중될 수 있다.

이처럼 이 대표와 주변 인물들의 이름이 대장동·백현동·성남FC 세 사건에 중복 등장하자, 검찰은 이를 "이재명 사단의 특혜 카르텔"로 규정했다. 이 대표는 반대로 "모두 조작된 수사"라며 부인한다. 재판 결과에 따라 다음 총선과 대선 구도가 크게 요동칠 수 있어, 정치권도 긴장하고 있다.

이 대표 측은 이 모든 것을 "윤석열 검찰 독재 정권의 정치 탄압이자, 야당 대표를 겨냥한 명백한 표적 수사"라고 일축하며 격렬하게 맞서고 있다. 하지만 끊임없이 이어지는 검찰 수사와 법정 공방은 그의 정치적 활동 반경을 제약하고, 당내 리더십과 대중적 이미지에 적지 않은 부담으로 작용하고 있다.

사법 리스크의 역사

유권자들은 정책과 비전 대신 법정 공방 소식에 더 귀 기울여야 했고, 정치권은 '누가 더 깨끗한가'가 아닌 '누가 덜 위험한가'를 따지는 소모적인 논쟁에 매몰되었다. 진영 논리에 따라 상대방의 의혹은 부풀리고 우리 편의 의혹은 축소하며, 사법 절차마저 정치 투쟁의 연장선으로 바라보는 극단적 대립은 '법 앞의 평등'이라는 원칙마저 희화화시킨다는 깊은 우려를 낳았다.

한국 현대사에서 최고 권력자의 사법 리스크는 반복되는 패턴이었다. 전두환, 노태우 두 전직 대통령은 퇴임 후 내란 및 비자금 혐의로 나란히 법정에 섰고, 노무현 전 대통령은 퇴임 후 자신과 가족을 향한 검찰 수사 과정에서 스스로 생을 마감하는 비극을 맞았다. 이명박 전 대통령 역시 임기 후 BBK 관련 비리 혐의로 구속되었다. 퇴임 후 불어닥치는 사법 리스크는 마치 대통령직의 숙명처럼 여겨지기도 했다. 그러나 윤석열-이재명 시대처럼, 현직(혹은 직전) 대통령과 유력한 야당 대표가 동시에, 그리고 임기 중에도 이렇게 광범위하고 심각한 리스크에 동시 노출된 것은 그 양상이 분명 다르다.

해외 사례를 보더라도, 이스라엘 네타냐후 총리의 부패 혐의 재판 장기화, 이탈리아 베를루스코니 전 총리의 끊이지 않았던 법정 다툼, 프랑스 사르코지 전 대통령의 유죄 판결, 미국 트럼프 전 대통령이 퇴임 후 직면한 다수의 형사 기소 등 지도자의 사법 리스크는 세계적인 현상이지만, 한국처럼 여야 최고 지도자들이 동시에 깊은 수렁에 빠진 경우는 드물다. 이는 한편으로 한국 사회의 권력 감시 시스템과 사법부의 독립성이 일정 수준 작동하고 있음을 보여주지만, 다른 한편으로는 사법 절차가 과도하게 정치화되어 있다는 비판을 피하기 어렵게 만든다.

사법 리스크는 이제 한국 정치 지형을 이해하는 핵심 키워드가 되었다. 리더십의 공백, 국정의 표류, 정치적 혐오의 심화를 넘어, 가장 심각한 문제는 법과 정의를 집행하는 사법 시스템 자체에 대한 국민의 불신이 깊어진다는 점이다. 한쪽에서는 '정치 보복'이라 외치고 다른 쪽에서는 '법 앞의 평등'을 외치는 상황 속에서, 시민들은 냉소와 혼란에 빠진다.

더 깊이 읽기

다큐멘터리 『민주주의의 위기: 브라질의 정치 격변을 찍다 (The Edge of Democracy)』 (넷플릭스, 2019)

브라질의 룰라 전 대통령 탄핵 및 수감, 극우 보우소나루 대통령 당선까지 이어지는 격동의 현대 정치사를 감독 자신의 시선을 통해 밀도 있게 따라간다. 사법부의 결정과 정치적 공방이 어떻게 한 나라의 운명을 뒤흔들고 사회를 극심한 분열로 몰고 가는지, 정치와 사법의 위태로운 관계를 생생하게 목격하게 한다. 한국의 상황과 비교하며 볼 때 많은 시사점을 던진다.

『민주주의는 어떻게 망가지는가』, 야스차 뭉크

하버드대 정치학자인 저자가 전 세계 민주주의 국가들에서 공통적으로 나타나는 자유민주주의의 위기 현상(포퓰리즘의 부상, 법치주의 약화 시도, 정치적 양극화 등)을 날카롭게 분석한다. 한국 정치에서 '사법 리스크'가 주요 변수가 되고 증폭되는 현상이 어떤 거시적인 민주주의의 도전 속에서 나타나고 있는지 이해하는 데 필요한 배경 지식과 분석 틀을 제공한다.

『조국의 시간』, 조국, 한길사, 2021

법무부 장관 후보자 지명 이후 자신과 가족이 겪었던 검찰 수사 및 재판 과정을 당사자의 시각에서 상세히 기록한 책이다. '사법 리스크'가 한 개인과 가족의 삶을 어떻게 뒤흔드는지, 그리고 그 과정에서 제기되는 수사의 공정성 및 정치적 함의에 대한 강한 문제 제기를 담고 있다. 내용의 객관성에 대해서는 상반된 평가가 존재하지만, 한국 사회 고위 공직자가 직면했던 사법 리스크의 한 단면을 가장 직접적으로 보여주는 기록물이다. 저자의 주관적 입장이 강하게 반영되어 있으므로 비판적 시각이 필요하다.

『정의란 무엇인가 (Justice)』, 마이클 샌델, 와이즈베리, 2014

전 세계적으로 토론 열풍을 일으킨 하버드대 강의를 바탕으로 쓰인 책이다. 다양한 철학적 관점을 통해 '정의'의 의미를 탐구하며, 우리가 사회적 사안이나 정치 지도자의 행위를 판단할 때 어떤 윤리적 기준을 적용해야 하는지 깊은 질문을 던진다. 정치인들의 '사법 리스크'를 단순히 법률 위반 여부로만 볼 것이 아니라, 공정성, 공동선, 도덕적 책임이라는 더 넓은 차원에서 성찰하도록 이끈다.

5. 왜 제왕적 대통령제라 하는가 - 폐해와 개헌 논의

　청와대(혹은 용산 집무실) 깊숙한 곳, 단 한 사람의 결심이 나라 전체의 운명을 뒤흔든다. 그가 서명하면 법안이 만들어지고(행정입법), 그가 거부하면 국회가 통과시킨 법안도 휴지 조각이 될 수 있으며(거부권), 때로는 장관의 목이 하루아침에 날아가고(임면권), 심지어 국가 비상사태라는 이름 아래 군대마저 움직인다(계엄 선포권). 대한민국 대통령에게 주어진 이 막강한 힘. 견제받지 않을 때, 그 힘은 마치 과거의 '제왕(帝王)'과 같다고 하여 사람들은 언제부턴가 비판적으로 '제왕적 대통령제'라고 부르기 시작했다. 민주공화국이라는 이름 아래, 어떻게 이런 '제왕' 같은 권력이 가능하게 되었을까?

　'제왕적 대통령(Imperial Presidency)'이라는 말은 본래 1970년대 미국에서 태어났다. 역사학자 아서 슐레진저 주니어는 워터게이트 사건으로 몰락한 리처드 닉슨 대통령 시기, 대통령이 의회와 국민을 속이고 전쟁을 벌이며 헌법적 한계를 넘어섰다고 비판하며 그의 책 제목을 『제왕적 대통령제(The Imperial Presidency)』라 붙였다. 이는 대통령 한 사람에게 너무 많은 권력이 집중될 때 민주주의가 어떻게 위험해질 수 있는지를 알리는 강력한 경고였다. 이 경고는 강력한 대통령제를 채택한 다른 많은 나라, 특히 권위주의 통치의 아픈 경험을 가진 한국 사회에 깊은 공감을 불러일으켰다.

　한국에서 제왕적 대통령제의 '원형'은 박정희의 유신 독재였다. 헌법 위에 군림하며 사실상 종신 집권을 가능하게 했던 그의 통치는, 대통령 한 사람이 입법, 사법, 행정 모든 권력을 사실상 장악했을 때 어떤 일이 벌어지는지를 똑똑히 보여주었다. 1987년 6월 항쟁으로 민주화를 쟁취하고 대통령 직선제를 이뤄냈지만, '제왕적'이라는 수식어는 쉽게 사라지지 않았다. 5년 단임이라는 제약 속에서도, 대통령은 여전히 막강한 인사권, 예산 편성권, 감사원과 국정원 등 권력기관에 대한 영향력, 그리고 무엇보다 집권당을 통한 의회 장악력을 가졌다. 역대 대통령들이 임기 말마다 측근 비리나 권력 남용 스캔들로 얼룩지고, 때로는 탄핵(노무현, 박근혜)이나 퇴임 후 수감(전두환, 노태우, 이명박, 박근혜)으로 이어진 비극은, 민주화 이후에도 한국 대통령제의 구조적인 문제가 여전히 남아 있음을 시사했다.

바로 이 '제왕적 대통령제'의 상징처럼 여겨졌던 '구중궁궐' 청와대를 벗어나겠다며, 윤석열 전 대통령은 취임과 동시에 집무실을 용산으로 이전했다. 국민 속으로 더 가까이 다가가 소통하고, 폐쇄적인 권력의 이미지를 탈피하겠다는 약속이었다. 그러나 역설적이게도, 그의 임기는 소통 부족과 권력의 사유화 논란 속에서 역대 어느 대통령보다 '제왕적'이라는 비판에 직면하며 파국으로 치달았다. 그리고 2024년 겨울, 민주화 이후 어렵게 복원된 한국의 삼권분립과 견제 시스템은 그의 손에 의해 다시 한번 극한의 시험대에 올랐다. 비상계엄 선포와 군대 등원. 이는 행정부 수반이 입법부의 숨통을 조이고 다른 헌법 기관들을 위협하며, 사법부의 판단 이전에 물리력으로 판을 뒤엎으려 한 것은 아닌가? 권력분립 원칙의 근간을 흔드는 행위로 비쳤다.

비판론자들은 그의 통치 방식 전반을 문제 삼았다. "용산으로 집무실을 옮겨 '소통'을 외쳤지만, 현실은 야당과의 대화 거부, 역대 최다 거부권 행사로 의회 무력화 시도 아니었나? 검찰 출신 측근들로 요직을 채우고, 해병대 채 상병 특검 요구는 끝내 외면했으며, 끊이지 않는 비선실세 의혹 속에서 급기야 헌법을 넘어 군대까지 동원하려 했다. 이것이야말로 장소만 바뀌었을 뿐, 더욱 노골화된 제왕적 권력의 오만함 그 자체다." 이들에게 2025년 헌법재판소의 파면 결정은, 공간이 아닌 행태가 문제였던 폭주하는 제왕을 멈춰 세운, 불가피한 민주적 통제였다. 그러나 다른 시각에서는 "대통령에게 주어진 헌법적 권한(거부권 등) 행사를 무조건 '제왕적'이라 비판하는 것은 부당하다"고 반박했다. "거대 야당의 입법 독주와 끊임없는 발목잡기가 대통령의 국정 운영을 불가능하게 만들었기에, 때로는 단호한 결단이 필요했다. 계엄 검토 역시 국정 마비 상태를 타개하려는 고육지책이었을 수 있다"는 주장이었다. 이들은 문제의 본질이 대통령의 권력 남용이 아니라, 극한 대립으로 치닫는 한국 정치 문화와 시스템 자체에 있다고 보았다. 결과적으로 헌법재판소의 파면 결정은, 제왕적 대통령이라 할지라도 헌법의 테두리를 벗어날 수 없다는 점을 확인했지만, 동시에 한국 대통령제가 늘 위태로운 갈등과 위기의 가능성을 내포하고 있음을 다시 한번 드러냈다.

　이러한 제왕적 대통령제의 폐해를 극복하기 위해, 한국 정치권에서는 꾸준히 권력 구조 개편(개헌) 논의가 제기되어 왔다. 대통령의 권한을 줄이고 의회의 권한을 강화하는 내각책임제나, 대통령과 총리가 권력을 나누는 이원집정부제(분권형 대통령제), 혹은 현행 5년 단임제를 미국처럼 4년 중임제로 바꾸어 중간 평가를 받도록 하자는 주장 등이 대표적이다. 하지만 각 개헌안마다 장단점이 뚜렷하고 정치 세력 간 이해관계가 첨예하게 엇갈려, 실제 개헌으로 이어지지는 못하고 있다.

대통령 권력의 범위와 한계를 둘러싼 논쟁은 대통령제의 원조인 미국에서도 마찬가지다. 슐레진저가 '제왕적 대통령'을 경고한 이후에도, 역대 미국 대통령들은 행정명령, 서명 성명(signing statement), 군 통수권 등을 통해 의회를 우회하거나 견제 장치를 무력화하려 한다는 비판에 직면해 왔다. 특히 버락 오바마 대통령의 건강보험 개혁 관련 행정 조치나 도널드 트럼프 대통령의 국가 비상사태 선포(국경 장벽 건설 예산 확보 독적) 등은 행정부 권한의 적절한 범위를 둘러싼 격렬한 법적·정치적 논쟁을 낳았다. 이는 대통령제 시스템 자체가 본질적으로 행정부 수반에게 강력한 권한을 부여하기에, 그 권한의 민주적 통제라는 과제가 늘 중요하게 제기될 수밖에 없음을 보여준다.

'제왕적 대통령제'는 한국 민주주의의 오랜 딜레마이자 풀기 어려운 숙제다. 강력한 리더십과 효율적인 국정 운영에 대한 기대와, 권력 남용과 독주에 대한 깊은 우려가 늘 충돌한다. 헌법 조문 개정만으로 해결될 문제도 아니다. 권력 분립의 정신을 존중하는 정치 문화, 책임 있는 언론의 감시, 그리고 무엇보다 권력의 주인이자 최종 감시자인 시민들의 깨어있는 참여가 동반될 때, 비로소 '제왕'이 아닌 진정한 '공화국의 대통령'을 가질 수 있을 것이다.

더 깊이 읽기

EBS 『다큐프라임』 '킹메이커' 시리즈 (2012)

역대 대통령 선거 과정과 당선 이후 권력 형성 과정을 추적한 다큐멘터리들로, 대통령 개인에게 권력이 집중되는 과정과 그 주변 인물들의 역학 관계를 생생하게 보여준다. '제왕적' 권력의 탄생 배경을 엿볼 수 있다. 손석희 전 앵커가 진행한다.

조선일보 칼럼 「제왕적 대통령제와 87년 체제의 종언」 (2024.12.11)

'87년 체제'의 핵심 결함이 무소불위 인사·입법권을 쥔 제왕적 대통령제라고 지적하며, 이 구조가 경제‧정치 난맥을 부른 만큼 분권형 개헌이 불가피하다고 주장한다. 대통령 5년 단임제와 청와대 중심 권력이 계속되는 한 "87년 체제는 이미 종언을 고했다"는 것이 필자의 결론이다.

「제왕적 대통령을 어떻게 통제할까?」 한겨레21 (2023.10.02)

한국의 막강한 대통령 권한을 "제왕적 대통령제"라 규정하고, 대통령 인사권·행정명령에 대한 국회 사전·사후 통제·감사원·검찰의 실질적 독립·예산 편성권 일부의 국회 이관 등 헌법·법률 개편을 해법으로 제시한다. 글은 이명박‧박근혜 정부 시절 국정원·검찰을 활용한 '사정(司正) 정치'와 윤석열 정부 비상계엄 논란을 사례로 들며 "견제 장치 없이 1인 권력을 덜어내긴 불가능하다"고 경고한다.

개헌 논의, 무엇을 바꾸자는 말인가?

'5년 단임', 책임인가 독주인가? (대통령 임기 및 연임 문제): 가장 뜨거운 전

선은 현행 '5년 단임 대통령' 제도다. 한쪽은 외친다. "5년짜리 절대 권력은 브레이크가 없다! 4년 임기에 한 번 연임(중임) 가능하게 바꿔 국민의 '중간 심판'을 받게 해야 한다!" 책임성을 높이자는 주장이다. 다른 쪽은 경고한다. "재선 놀음에 국정이 표류하거나, 오히려 8년 권력이 더 공고해질 뿐이다!" 안정적인 국정 운영이 우선이라는 반론이다.

'용산의 힘', 나눌 것인가? (정부 형태 변경 논의): 청와대, 혹은 용산 대통령실로 상징되는 막강한 대통령 권력을 나누자는 요구다. '이원집정부제(분권형 대통령제)'가 가장 자주 거론되는 대안이다. "대통령은 외교·안보의 큰 그림만 그리고, 나라 살림(내치)은 국회가 신임하는 총리에게 맡기자. 그래야 극한 대립 대신 협치가 가능하다." 하지만 다른 목소리도 크다. "한 배에 두 명의 선장? 대통령과 총리, 혹은 국회 다수당의 의견이 다르면 배는 산으로 가고 국정은 표류할 뿐이다."

국회, '견제'를 넘어 '균형'으로 (입법부 권한 강화): "대통령 힘만 빼서는 진정한 견제가 어렵다. 국회 자체에 실질적인 힘을 실어줘야 균형이 맞는다"는 주장이다. 정부 예산안에 대한 국회의 삭감·증액 권한을 실질화하고, 국무총리 및 주요 장관 임명에 대한 국회 동의를 강화하며, 감사원의 독립성을 높여 국회 통제를 받게 하는 등 입법부가 행정부를 제대로 감시하고 균형추 역할을 할 수 있도록 '이빨'을 달아주자는 것이다.

개헌은 2025년 대선 앞에서 발 등에 떨어진 불이 되었다. 각 언론사의 "대선 후보 개헌 공약 비교"를 참고해보자.

6. 천공, 건진법사, 명태균 – 샤머니즘(무당)과 정치

 샤머니즘(Shamanism)이란 무엇일까? 넓게는 눈에 보이지 않는 영적 세계와의 소통을 믿고, 특별한 능력을 가진 중개자(샤먼 shaman, 한국에서는 주로 무속인이나 역술인 등으로 불린다)가 그 세계와 교감하며 길흉을 점치거나 공동체의 문제를 해결하려 하는 오래된 인류의 믿음 체계 또는 종교 현상이다. 이러한 믿음이나 관련 인물들이 현대 민주주의 국가의 정치적 의사 결정이나 권력 행사에 부적절하게 영향을 미쳐왔다. 그리고 그런 '의혹'은 언제나 사회적 논란을 만들었다.
 샤머니즘(Shamanism)과 정치. 현대 민주주의 국가에서 이 둘의 조합은 낯설고 불편하다. 합리성과 투명한 절차를 생명으로 삼아야 할 국가 운영에, 주술적 믿음이나 특정 역술인이 막후에서 영향력을 행사니.
 윤석열 대통령의 경우, 대선 후보 시절 TV 토론회에서 손바닥에 '왕(王)'자를 쓰고 나온 모습이 포착되어 이것이 주술적 의미를 담고 있는 것이 아니냐는 파문이 일었다. 후보자 시절에는 윤석열, 김건희 부부가 건진법사의 굿판에 연등을 달았다는 논란이 일었다. 해당 굿판에서는 소의 가죽을 벗기는 퍼포먼스 논란이 있었다.
 대통령 임기 중에는 부인 김건희 여사와의 관계로 주목받은 역술인 '천공', '무정 스님'으로도 불린 '건진법사', 그리고 '명태균' 씨 등 관련 인물들이 의혹을 일으켰다. 대통령 관저 이전을 위한 육군참모총장 공관 방문 논란(천공 관련 의혹), 코바나컨텐츠 사무실에 마련된 '캠프'를 통한 정부 인사 개입 의혹(건진법사 관련 의혹), 심지어 대통령 부부의 일정 및 메시지 관여 의혹 등 국정 곳곳에 영향을 미쳤다는 주장과 보도들이 연이어 터져 나왔다. 이 과정에서 과학적으로 검증 불가능한 조언이나 기이한 행태에 대한 확인되지 않은 소문들까지 덧붙여지면서, 국정 운영 시스템에 대한 국민적 불신과 조롱, 그리고 깊은 우려를 자아냈다.

사실 권력자가 비과학적 믿음이나 신비주의적 조언에 의존하는 현상은 역사 속에서 흔했다. 조선시대 명성황후가 진령군 같은 무녀를 총애하며 국정에까지 영향을 미쳤다는 이야기는 유명하다.

한국 현대사에도 있다. 1970년대 어머니 육영수 여사를 총탄에 잃고 실의에 빠진 젊은 박근혜에게 '어머니의 영혼과 통한다'며 접근했던 최태민 목사의 사례가 대표적이다. 그는 '구국여성봉사단', '새마음 봉사단' 등을 조직하며 박근혜를 명예총재로 내세우고, 그 후광을 업고 막후에서 상당한 영향력을 행사하며 각종 비리 의혹의 중심에 섰다. 박정희 대통령조차 이 기이한 관계를 경계했지만, 아버지마저 총탄에 쓰러진 뒤 박근혜에게 최태민 일가는 더욱 깊숙이 파고들었다. 이는 40년 뒤, 그의 딸 최순실이 다시 등장하여 국정을 농단하는 '박근혜-최순실 게이트'라는 전대미문의 사건으로 이어지는 비극의 씨앗이 되었다. 기구한 운명이요 인연이 아닐 수 없다.

멀리 러시아 제국 말기에도 비슷한 일이 있었다. 라스푸스라는 괴승은 황태자의 혈우병을 낫게 한다는 믿음으로 황후 알렉산드라의 절대적 신임을 얻었다. 러시아의 인사와 정책 결정에까지 막강한 영향력을 행사했다. 결국 제정 러시아의 몰락에 한 원인이 되었다. 그는 유일한 황태자 알렉세이의 혈우병 고통을 신비한 능력으로 완화시켜 준다는 믿음을 얻어, 황후 알렉산드라 표도로브나의 절대적인 총애를 받았다. 제1차 세계대전으로 황제 니콜라이 2세가 전선에 나가 있는 동안, 라스푸틴은 황후를 등에 업고 각료 임명 등 국정 전반에 깊숙이 개입하며 전횡을 일삼았다. 그의 기괴한 행각과 국정 농단은 민심을 흉흉하게 만들고 귀족들의 분노를 사 결국 암살당했지만, 이미 황실의 권위는 땅에 떨어져 러시아 혁명의 불길을 앞당기는 원인이 되었다. 이는 최고 권력자가 느끼는 불안과 불확실성이 때로는 합리적 판단을 넘어 초월적 힘에 기대게 만드는 유혹으로 작용할 수 있음을 보여준다.

문제는 이러한 사적인 믿음이나 비공식적 조언이 공적인 의사 결정 과정과 뒤섞일 때다. 민주 공화국의 국정 운영은 헌법과 법률에 따라 운영되어야 한다. 투명한 절차와 검증된 정보를 바탕으로, 국민에게 책임을 지는 공직자들에 의해 이루어져야 한다. 그러나 역술인이나 무속인 같은 비선 인사가 공식적인 자문 기구나 의사 결정 라인을 건너뛰고 최고 권력자에게 직접 영향을 미친다면, 이는 대의민주주의와 법치주의의 근간을 흔드는 일이 된다. 그들의 조언은 객관적 검증이 불가능하며, 사적인 이해관계가 개입될 여지가 크고, 그 결과에 대해 아무런 공적 책임을 지지 않기 때문이다.

이러한 우려는 윤석열 대통령 탄핵 국면에서도 중요한 비판 논거 중 하나였다. "대통령 관저 후보지에 역술인이 먼저 다녀갔다는 증언이 나오고, 정체불명의 '법사'가 대통령 부부의 일정과 인사에 관여했다는 의혹이 끊이지 않는 것은 정상적인 국정 운영 시스템의 붕괴를 의미한다. 과학과 이성, 합리적 토론이 아닌 주술적 믿음이나 사적 인연이 국가 중대사를 결정한다면, 이는 민주공화국에 대한 심각한 모독이다." 비판자들은 이러한 의혹들이 사실이라면, 이는 단순히 개인의 신앙 문제를 넘어 국가 시스템의 사유화이자 민주주의의 퇴행이라고 목소리를 높였다.

물론 당사자들과 지지자들은 이러한 의혹을 강력히 부인하거나 다른 시각을 제시했다. "개인의 종교적, 철학적 조언을 구하는 것과 국정 개입은 별개다. 확인되지 않은 의혹을 부풀려 '샤머니즘 프레임'으로 몰아가는 것은 저열한 정치 공세이자 낙인찍기일 뿐이다. 사적인 영역에서의 만남이나 대화까지 문제 삼는 것은 과도하다."

이들은 개인적인 정신적 위안이나 조언을 구하는 행위 자체를 문제 삼아서는 안 되며, 실제 국정 개입 증거 없이 의혹만으로 비난하는 것은 부당하다고 항변했다. 또한, 모든 의혹이 정치적 반대 세력에 의해 과장되거나 왜곡되었다고 주장하기도 했다.

현대 정치에서 리더가 비공식적인 조언을 구하는 일 자체는 드물지 않지만, 그 형태와 맥락은 다양하다. 기국의 경우, 레이건 행정부 시절 영부인 낸시 레이건이 총격 사건 이후 대통령의 안전을 염려하여 점성술사 조앤 퀴글리의 조언에 따라 대통령의 공식 일정을 조정했다는 사실이 알려져 큰 논란이 되기도 했다. 도널드 트럼프 대통령은 가족(이방카, 쿠슈너)이나 스티브 배넌 같은 비주류 전략가를 중용하며 기존의 워싱턴 정치 문법과는 다른 모습을 보였고, 이는 전 세계적으로 나타나는 일부 포퓰리스트 지도자들이 전문가 집단이나 제도적 절차보다 개인적 직관, 충성심,

또는 대중의 비합리적 정서에 호소하는 경향과 맥을 같이 한다. 이는 '비선실세'와는 다른 맥락일 수 있지만, 리더의 개인적 신뢰나 비합리적 요소가 공식 시스템이나 전문성을 어떻게 대체하거나 왜곡할 수 있는지에 대한 중요한 질문을 던진다. 핵심은 그 '비공식성'과 '비합리성'이 투명성과 책임성의 원칙을 훼손하는지 여부다.

결국 '샤머니즘과 정치' 논란은 현대 사회에서도 여전히 유효한 '이성'과 '비이성', '공적 영역'과 '사적 영역' 사이의 긴장을 드러낸다. 개인의 신앙은 존중받아야 마땅하지만, 그것이 검증 불가능한 방식으로 국가의 공적 의사 결정에 스며들 때 민주주의의 근간인 합리성과 책임성은 위협받는다. 최근 한국 사회가 겪었던 논란은, 최고 지도자와 그 주변의 투명성 확보, 공사(公私)의 엄격한 구분, 그리고 비선에 의한 국정 개입 가능성을 차단하기 위한 제도적 장치 마련이 왜 중요한지를 다시 한번 생각하게 한다.

더 깊이 읽기

주요 탐사보도/언론 보도 - 키워드: 건진법사, 천공, 명태균

<오마이뉴스>, <뉴스타파>, <시사인> 등에서 제기했던 천공의 관저 이전 개입 의혹, 건진법사의 인사·이권 개입 의혹 등을 다룬 심층 기사들을 비교하며 읽으면 논란의 얼개와 각 주장의 근거를 파악할 수 있다.

영화 <곡성(哭聲)> (나홍진 감독, 2016)

단순한 공포 영화를 넘어, 한국인의 집단 무의식과 샤머니즘적 세계관, 토속 신앙의 강렬한 이미지를 스크린에 펼쳐낸 수작이다. 무엇이 진짜 악이고 무엇이 우리를 현혹하는지, 그 모호한 경계에서 인간의 나약함과 믿음의 본질을 묻는다. 대중문화를 통해 한국 사회 저변의 샤머니즘적 요소를 가장 충격적이고 예술적으로 경험하게 한다.

영화 <관상(觀相)> (한재림 감독, 2013)

조선시대, 얼굴을 통해 운명을 읽는 천재 관상가가 국가의 운명과 거대한 권력 투쟁에 휘말리는 과정을 그린 송강호, 이정재 주연의 대중 역사영화다. 그 유명한 대사 "내가 왕이 될 상인가"가 나왔던 영화이기도 하다. 인간의 야망과 운명, 그리고 최고 권력자 주변에 늘 존재하는 비공식적 조언자(이 경우 역술가)들의 역할을 흥미롭게 풀어냈다. 역술과 예언이 한 나라의 정치에 어떤 극적인 영향을 미칠 수 있는지 보여준다.

7. 대통령 불소추 특권 - 기소되지 않을 권리

대통령 불소추특권은 대한민국 헌법 제84조에 명시된 대통령의 핵심 특권 중 하나다. 한 마디로 '죄를 지어도 웬만하면 당분간은 봐준다'는 말이다. 해당 조항은 "대통령은 내란 또는 외환의 죄를 범한 경우를 제외하고는 재직 중 형사상의 소추를 받지 아니한다"고 규정한다. 이는 현직 대통령이 임기 동안 내란·외환죄 이외의 범죄 혐의에 대해 검찰에 의해 기소되어 형사 재판을 받는 것을 면제하는 제도다.

이 특권의 핵심은 '재직 중'이라는 시간적 제한과 '형사상의 소추'라는 대상적 제한에 있다. 대통령직에서 물러나면(퇴임, 파면 등) 재직 중 발생한 범죄 행위에 대해서도 일반 국민과 동일하게 검찰의 기소와 법원의 재판 대상이 될 수 있다. 또한, 면제되는 것은 '형사상의 소추', 즉 검사가 법원에 공소를 제기하는 행위이므로, 이론적으로는 범죄 혐의에 대한 수사나 조사 자체까지 반드시 금지되는 것은 아니라는 해석이 지배적이다. 가장 중요한 지점은 이 특권이 '형사 절차'에만 적용된다는 사실이다. 따라서 대통령이라 할지라도 민사상 손해배상 청구 소송의 피고가 될 수 있으며, 국회로부터 직무상 중대한 헌법이나 법률 위반을 이유로 '탄핵 소추'를 당할 수도 있다. 탄핵은 형사 처벌이 아닌 공직에서의 파면을 결정하는 별개의 헌법적 절차이기 때문이다.

왜 이런 특권을 주었을까? 헌법이 대통령에게 이러한 불소추 특권을 부여한 주된 이유는 국가 원수이자 행정부 수반인 대통령이 임기 중 빈번한 소송이나 정치적 공세에 시달리지 않고 안정적으로 국정을 운영할 수 있도록 보장하기 위함이다. 대통령 직무의 막중함과 그 수행의 연속성을 확보하려는 헌법적 고려가 담긴 장치다.

대통령 불소추특권의 한계는 2025년 윤석열 대통령 탄핵 및 파면 과정에서 현실적으로 드러났다. 당시 윤 대통령은 2024년 12월 비상계엄 선포 및 군 동원 등과 관련하여 내란 또는 직권남용 등 다양한 형사 범죄 혐의에 대한 논란에 휩싸였다. 그러나 헌법 제84조의 불소추특권으로 인해 재직 중이던 윤 대통령에 대해 검찰은 즉각적인 기소를 진행할 수 없었다. 하지만 이 특권은 국회의 탄핵 소추 발의와 헌법재판소의 탄핵 심판 진행을 막지는 못했다. 헌법재판소는 탄핵 심판이 대통령의 형사 책임을 묻는 절차가 아니므로 불소추특권의 보호 대상이 아니라고 판단했고, 결국 해당 행위들의 중대한 헌법·법률 위반을 인정하여 파면 결정을 내렸다.

이는 불소추특권이 대통령의 직무 수행을 위한 시간적 유예일 뿐, 모든 법적 책임까지 면제하는 절대적 권리가 아님을 명확히 보여주는 사례다. 파면 결정으로 윤 전 대통령은 더 이상 현직 대통령이 아니게 되었고, 이에 따라 재직 중 행위에 대한 형사 소추의 가능성이 열리게 되었다.

국제적으로도 대통령의 특권과 책임의 균형점은 다양하게 나타난다.

현직 미국 대통령은 법무부 공식 의견(OLC 메모)에 따라 형사 기소 대상이 아니다. 민사소송은 예외로 가능해, 빌 클린턴은 재임 중 개인 성추문 사건으로 피고가 됐다. 퇴임 후에는 면책이 사라져 도널드 트럼프는 선거방해·기밀문서·조지아주 RICO·기업 회계 사건 등 네 건으로 기소됐다. 프랑스 헌법 67조는 재임 중 형사 면책을 보장하지만, 임기 종료 한 달 후부터 기소가 가능하다. 자크 시라크와 니콜라 사르코지는 실제로 유죄를 선고받았다. 이처럼 대통령 특권은 국가별로 다르지만, "퇴임 후 책임" 원칙은 모두 같다.

더 깊이 읽기

밥 우드워드 & 칼 번스틴 인터뷰

『모든 대통령의 사람들』의 저자인 밥 우드워드와 칼 번스틴은 여러 인터뷰를 통해 대통령 권력과 특권 뒤에 숨겨진 부패 및 권력 남용 가능성을 지적했다. 특히 우드워드는 도널드 트럼프 대통령 임기 중 CNN과의 인터뷰에서 현직 대통령이 법적 면책을 활용해 수사와 책임을 피하려 할 때의 위험성에 대해 강력하게 경고했다.

두 기자는 50주년 개정판 서문(워싱턴포스트, 2022)에서 "트럼프는 닉슨을 능가하는 민주주의 위협"이라 진단하며 대통령 권력 남용 문제를 재차 강조했다. 또한 CNN·Fox News·Haaretz 등 다수 매체 인터뷰에서 번스틴은 "트럼프 행정부는 '미국판 워터게이트 2막'"이라고 규정했다.

『모든 대통령의 사람들』은 워터게이트 스캔들을 파헤친 탐사 저널리즘의 고전이다. 대통령의 권력 남용 가능성과 그에 맞선 언론의 역할을 생생히 기록하며, 최고 권력자의 법적 책임 문제가 실제로 어떻게 제기되고 추적되는지 보여준다.

뉴욕타임스 칼럼, 데이비드 리언하트 (David Leonhardt)

뉴욕타임스 수석 칼럼니스트 데이비드 리언하트는 트럼프 대통령의 재임 중 특권 남용과 법적 책임을 다룬 여러 편의 글을 썼다. 특히 대통령이 불소추특권을 방패로 삼아 민주주의와 법치를 약화할 수 있음을 날카롭게 비판했다. (David Leonhardt, "Is the President Above the Law?", 뉴욕타임스, 2019)

JTBC 『차이나는 클라스』 - 박상훈 정치학자 출연 편

국내 정치학자 박상훈은 JTBC 교양 프로그램을 통해 대통령제 하에서 대통령 특권의 위험성과 필요성을 명확하게 구분하면서 대통령 불소추특권이 헌법상 보장되는 진정한 목적과 그 오남용 가능성에 대해 설명했다. (JTBC 차이나는 클라스, "대통령의 권력과 책임", 2019년 방영)

8. 일사부재리의 원칙 - 두 번 죽이지 않는다

일사부재리(一事不再理)의 원칙은 '이미 확정 판결이 내려진 동일한 사건(범죄 행위)에 대해서는 다시 심판하거나 처벌하지 않는다'는 형사법상의 대원칙이다. 라틴어로는 '네 비스 인 이뎀(Ne bis in idem)'이라고도 하며, 국가 형벌권의 부당한 반복 행사로부터 개인의 법적 안정성과 기본권을 보호하기 위한 핵심적인 장치다. 한번 끝난 재판 결과에 대해 승복하도록 하여 사법 자원의 낭비를 막고 판결의 권위를 유지하는 역할도 한다.

이 원칙이 적용되려면 기본적으로 '동일한 사건'에 대해 '확정된 판결(유죄 또는 무죄)'이 있어야 한다. 일단 유죄든 무죄든 최종 판결이 내려지면, 검사는 같은 혐의로 또다시 기소할 수 없고 법원 역시 다시 재판을 열 수 없다. 이는 개인이 동일한 혐의로 끊임없이 수사나 재판을 받아야 하는 불안정한 상태에 놓이는 것을 막아준다. 즉, 국가가 한번 행사한 형벌권을 확정된 판결로 마무리 짓도록 강제하는 것이다.

다만 일사부재리는 주로 '형사 처벌'의 영역에 적용되는 원칙이라는 점에 유의해야 한다. 이 원칙은 고대 로마법까지 거슬러 올라가는 오랜 역사를 가지며, 현대 대부분의 문명국가 헌법이나 법률에 기본권으로 명시되어 있다. 그러나 동일한 행위를 이유로 하더라도, 형사 처벌과 성격이 다른 제재는 각각 이루어질 수 있다. 예를 들어, 어떤 공무원이 뇌물을 받은 행위에 대해 형사 재판에서 무죄가 확정되더라도, 같은 사유로 소속 기관에서 징계(파면, 해임 등) 처분을 받는 것은 일사부재리 원칙에 어긋나지 않는 것으로 본다. 국제적으로도 이 원칙의 적용 범위는 중요한 논의 대상이 되어왔다. 가령 미국에서는 1990년대 로드니 킹 폭행 사건 관련 경찰관들이 주 법원에서 무죄 판결을 받은 후, 연방 법원에서 동일 행위에 대해 '시민권 침해' 혐의로 다시 기소되어 유죄 판결을 받았다. 이는 연방 정부와 주 정부가 별개의 사법 주권을 갖는다는 '이중 주권(dual sovereignty)' 이론에 따른 예외적 상황으로, 일사부재리 원칙의 복잡한 적용 양상을 보여준 사례로 자주 언급된다. 또한 국제형사재판소(ICC) 규정 등 국제법 차원에서도 국가 간의 재판 관할권 문제와 관련하여 일사부재리 원칙의 적용 한계와 기준을 정립하려는 노력이 계속되고 있다. 이는 형사 책임과 다른 종류의 책임(징계 책임, 연방 범죄 책임, 국제법상 책임 등)이 법체계나 주권 문제에 따라 구분될 수 있음을 시사한다.

　헌법재판소의 '탄핵 심판' 역시 이러한 맥락에서 이해해야 한다. 탄핵은 고위공직자의 위헌·위법 행위에 대해 헌법 질서 수호 차원에서 공직으로부터 파면하는 '헌법적·정치적 책임'을 묻는 절차이지, 범죄 유무를 따져 형벌(징역, 벌금 등)을 부과하는 '형사 절차'가 아니다. 실제로 2025년 윤석열 대통령 탄핵 심판 결정에서도 이 점이 명확히 언급되었다. 당시 헌법재판소는 대통령의 특정 행위(예: 2024년 12월 비상계엄 선포 및 군 병력 동원 관련 행위 등)가 탄핵 사유가 되는지를 판단하면서, 이는 향후 진행될 수 있는 형사 재판과는 별개임을 분명히 했다. 즉, 탄핵 심판으로 대통령이 파면되더라도, 이후 동일한 행위에 대해 검찰이 기소하고 법원이 형사 재판을 진행하여 유·무죄를 판단하는 것은 일사부재리 원칙에 위배되지 않는다는 법리를 재확인한 것이다. 이는 탄핵 제도가 형사 처벌과는 다른 고유한 목적과 기능을 가진 헌법적 장치임을 보여준다.

결론적으로 일사부재리 원칙은 한번 내려진 사법적 판단을 존중하고, 개인이 국가 형벌권에 의해 이중의 위험에 처하지 않도록 보호하는 법치주의의 핵심 방어선이다.

더 깊이 읽기

영화 『더블 제퍼디 (Double Jeopardy)』 (1999)

영화 제목이 일사부재리 원칙을 직접 지칭한다. 영화 속 주인공은 남편을 살해했다는 누명을 쓰고 교도소에 수감되지만, 이후 죽은 줄 알았던 남편이 살아있다는 사실을 알게 된다. 이미 한 번 처벌받은 죄목으로 다시는 기소되지 않을 것이라는 일사부재리 원칙을 믿고, 주인공은 대담한 복수의 여정을 시작한다. 법적 정확성 면에서는 비판의 여지가 있지만, 영화는 이 원칙을 대중에게 생생하고 극적으로 전달하여 많은 관심을 불러일으켰다.

브라이언 스티븐슨, 『월터 맥밀리언 사건: 어느 변호사의 정의를 위한 투쟁 (Just Mercy)』 (책, 이후 영화화)

미국의 변호사인 저자가 부당하게 유죄 판결을 받은 이들을 변호한 실제 기록이다. 이 책은 부당하게 유죄 판결을 받은 이들을 변호하며 진실과 정의를 찾기 위해 싸운 변호사의 고군분투를 기록하고 있다. 저자는 특히 인종 차별과 편견으로 인해 무고한 사람들이 잘못된 판결을 받고 고통받는 현실을 날카롭게 드러냈다.

9. 중앙선거관리위원회와 부정선거 논란

중앙선거관리위원회(선관위)는 헌법 제114조에 따라 선거와 국민투표의 공정한 관리, 정당 및 정치자금에 관한 사무를 처리하기 위해 설치된 독립된 국가기관이다. 그 탄생 배경에는 1960년 3.15 부정선거라는, 국가 권력이 노골적으로 민의를 짓밟았던 쓰라린 역사가 자리한다. 다시는 그러한 비극이 반복되지 않도록, 선관위는 대통령이나 국회 어디에도 소속되지 않고 오직 헌법과 법률에만 기속되는 강력한 독립성을 부여받았다. 국민의 신성한 투표권을 외부 압력 없이 온전히 지켜내라는 헌법적 사명이었다.

그러나 이 헌법적 약속과 국민적 기대는 2024년 겨울, 대한민국 헌정사상 유례없는 위기 앞에서 송두리째 흔들렸다. 선관위가 특정 세력과 결탁하여 선거 결과를 조작했다는, 일부 극우 세력이 수년간 끈질기게 제기해 온 음모론이 급기야 국가 최고 권력자의 입을 통해 군사력 동원의 명분으로 제시된 것이다. 2024년 12월 3일 밤 선포된 비상계엄 하에서, 윤석열 대통령은 '선거 공정성을 훼손하려는 시도'를 언급했고, 무장한 군 병력은 국회뿐 아니라 과천 선관위 청사로까지 향했다. '선거 조작의 증거를 찾으라'는 듯한 초법적 압박이었다. 1960년 부정선거를 막기 위해 태어난 기관이, 이제는 정반대로 선거를 조작했다는 혐의의 한가운데 서는 역사의 비극적 아이러니가 펼쳐진 순간이었다.

"어떻게 민주주의 국가에서 대통령이 음모론을 믿고 군대를 동원해 선거 관리 기구를 겁박할 수 있나!", "이는 헌정 질서 파괴이자 쿠데타 행위다!" 야당과 시민사회의 격분한 외침이 터져 나왔다. 반면, 일부 극우 유튜버와 지지자들은 "선관위가 숨겨온 진실이 드러날 것"이라며 계엄 조치를 열렬히 옹호했다. 선관위는 "창설 이래 단 한 번도 선거 조작은 없었으며, 모든 과정은 투명하게 공개되고 검증 가능하다"고 즉각 반박했지만, 이미 기관의 신뢰도는 회복하기 어려운 치명상을 입었다. 충격과 당혹감에 빠진 선관위 직원들의 모습, 청사 앞을 에워싼 군 병력의 이미지는 외신을 타고 전 세계로 퍼져나가며 한국 민주주의에 대한 우려를 낳았다.

이 사태는 결국 윤석열 대통령 탄핵의 결정적 계기가 되었다. 헌법재판소는 2025년 파면 결정에서, 대통령이 검증되지 않은 '선거 조작설'을 공공연히 언급하며 이를 빌미로 군사력을 동원하여 선관위의 기능을 위축시키고 헌법 기관을 공격한 행위는, 민주주의와 법치주의의 근간을 훼손한 중대한 헌법 위반이라고 명시했다. 헌재는 실제 선거 조작이 있었는지 여부를 판단한 것이 아니라, 대통령이 음모론에 편승하여 헌법 질서를 파괴하는 극단적 조치를 취했다는 사실 자체를 탄핵 사유로 인정한 것이다.

선거 관리 기구에 대한 불신과 음모론은 비단 한국만의 현상은 아니다. 2020년 미국 대선 이후 트럼프 전 대통령과 지지자들이 제기했던 광범위한 부정선거 주장, 그리고 그 여파로 벌어진 의사당 점거 사태는 정치적 양극화가 어떻게 선거 제도의 근간마저 위협할 수 있는지 보여주었다. 세계 곳곳에서 선거 결과에 대한 불복과 시비가 끊이지 않는 것은, 그만큼 선거 관리 기구의 독립성과 공정성에 대한 신뢰 확보가 얼마나 어렵고도 중요한 과제인지를 방증한다. 그러나 한국처럼 국가 최고지도자가 직접 확인되지 않은 음모론을 근거로 군사력까지 동원하려 한 정황은, 국제적으로도 유례를 찾기 힘든 민주주의 시스템에 대한 직접적인 공격으로 받아들여졌다.

 선관위는 법과 제도로 존재하지만, 그 생경력은 국민의 신뢰에 있다. 2024년 겨울의 사건은 그 신뢰에 깊은 균열을 남겼다. 한번 무너진 신뢰를 어떻게 회복할 것인가? 가짜 정보가 넘쳐나고 불신이 만연한 사회에서, 선관위는 어떻게 다시 공정한 심판으로서의 권위를 세울 수 있을까? 이는 단순히 선관위만의 과제가 아니다. 사실과 거짓을 분별하려는 시민들의 노력, 음모론에 편승하지 않는 정치권의 책임감, 그리고 투명한 정보 공개를 위한 제도적 뒷받침이 함께 이루어져야 할 한국 민주주의의 숙제다.

더 깊이 읽기

영화 <킹메이커> (2022)

1960-70년대 독재 정권 시절, 세상을 바꾸기 위해 대통령을 꿈꾸는 정치인 김운범과 그의 존재를 아무도 몰랐던 선거 전략가 서창대가 펼치는 치열한 선거 전쟁을 그린 영화다. 김운범은 거듭되는 낙선으로 위기에 처하지만, 우연히 만난 서창대의 혁신적인 선거 전략에 힘입어 유력한 후보로 급부상한다. 그러나 이기는 선거를 위해서라면 어떤 수단도 가리지 않는 서창대의 방식에 김운범은 갈등하게 되고, 이들의 관계는 위태로워진다. 이 영화는 선관위가 탄생하게 된 시대적 배경과 당시의 거칠었던 선거 문화를 보여주며, '공정한 선거 관리'라는 원칙이 왜 그토록 중요하게 되었는지 현실적으로 느끼게 한다.

『우리는 왜 극단에 끌리는가 (Going to Extremes)』 또는 『루머 (On Rumors)』, 캐스 선스타인

사회심리학적 관점에서 집단 극단화, 음모론, 루머가 어떻게 확산되고 작동하는지 분석한다. 선거 조작 음모론과 같은 현상이 발생하는 심리적·사회적 메커니즘을 이해하는 데 도움을 주며, 비판적 사고의 중요성을 일깨운다.

『1984』, 조지 오웰

모든 것을 감시하는 '빅 브라더'와 당(Party)이 지배하는 전체주의 미래 사회인 오세아니아를 배경으로 한다. 주인공 윈스턴 스미스는 당의 통제에 의문을 품고 금지된 사랑에 빠지며 인간성을 지키려 저항하지만, 결국 '애정부(Ministry of Love)'에서 혹독한 고문과 세뇌를 통해 당이 원하는 대로 생각하고 느끼도록 개조당한다. 국가가 언어(신어·Newspeak)와 역사를 끊임없이 조작하고 개인의 생각마저 통제하며 '진실'이라는 개념 자체를 파괴하는 과정을 섬뜩하게 묘사한다. 선거 조작설과 같은 정보 왜곡이 민주주의의 근간을 어떻게 파괴할 수 있는지 그 궁극적인 위험성을 강력하게 경고하는 고전이다.

10. 헌법 재판소 - 최후의 보루

헌법재판소는 국가의 최고 법 규범인 헌법을 수호하고, 그 의미를 최종적으로 해석하는 국가기관이다. 입법부가 만든 법률, 국가기관의 처분이나 권한 행사 등이 헌법에 부합하는지를 심판하며, 헌법 질서를 유지하고 국민의 기본권을 보장하는 최후의 보루 역할을 수행한다. 행정부, 입법부, 사법부 어디에도 속하지 않는 독립된 제4의 국가기관으로 간주되기도 한다.

헌법재판소의 주요 권한은 다음과 같다. 첫째, 국회가 제정한 법률이 헌법에 위배되는지를 판단하는 '위헌법률심판'이다. 둘째, 대통령 등 고위공직자의 중대한 헌법·법률 위반 시 국회의 탄핵소추에 따라 파면 여부를 결정하는 '탄핵심판'이다. 셋째, 특정 정당의 목적이나 활동이 민주적 기본질서에 위배될 때 해산을 명할 수 있는 '정당해산심판'이다. 넷째, 국가기관 상호 간 또는 지방자치단체 간의 권한 다툼을 해결하는 '권한쟁의심판'이다. 마지막으로, 공권력의 행사 또는 불행사로 인해 헌법상 보장된 기본권을 침해받은 국민이 직접 구제를 청구하는 '헌법소원심판'이 있다. 이는 국민이 직접 헌법적 권리를 주장하고 보호받을 수 있는 핵심 장치다.

헌법재판소는 총 9인의 재판관으로 구성되며, 대통령, 국회, 대법원장이 각각 3인씩 지명 또는 선출하여 대통령이 임명한다. 이러한 분산된 임명 방식은 특정 정치권력의 영향력을 최소화하고 재판의 중립성과 공정성을 담보하기 위한 목적을 갖는다. 재판관의 임기는 6년이며 연임할 수 있고, 정년은 70세다. 신분 보장을 통해 외부 압력 없이 오직 헌법과 양심에 따라 독립적으로 심판할 수 있도록 제도적 기반을 마련하고 있다.

헌법재판소는 그 결정으로 법률의 효력을 없애거나(위헌 결정), 고위공직자를 파면하는(탄핵 인용) 등 국가 운영과 국민 생활에 직접적이고 강력한 영향을 미친다. 한국 현대사에서 수도 이전 계획을 '(글로 명시되진 않았으나 오랜 관행으로 헌법적 효력을 갖는다고 본) 관습헌법' 위반으로 무산시킨 결정(2004년)이나 가부장적 호주제(남성 가장 중심의 가족 제도)를 헌법불합치(헌법에 맞지 않아 법 개정이 필요하다는 결정)하여 폐지를 이끈 판단(2005년)처럼 사회 구조와 국민의 삶에 근본적인 변화를 가져온 사례가 많다. 또한 박근혜 전 대통령(2017년)과 윤석열 전 대통령(2025년)에 대한 탄핵 인용 결정은 헌법 수호 기관으로서의 정치적 통제 역할을 극명하게 보여준다.

해외에서도 유사한 최고 법원의 역할이 주목받는다. 미국의 연방대법원은 버락 오바마 행정부 시절, 전국민 건강보험개혁법(ACA, 미국민의 건강보험 가입 확대를 목표로 한 법, 일명 '오바마케어')의 핵심 조항 합헌성을 판단(2012년)하여 사회 정책의 향방에 결정적 영향을 미쳤고, 도널드 트럼프 행정부 시절에는 특정 이슬람 국가 국민의 미국 입국을 제한한 행정명령(일명 '트럼프 여행 금지령')의 합헌성을 인정(2018년)하며 첨예한 사회·정치적 논쟁의 중심에 섰다. 이러한 국내외 사례들은 단순한 법률 해석을 넘어, 시대의 헌법적 가치와 사회적 요구를 반영하며 '살아 있는 헌법'을 만들어간다는 평가를 받는다.

그러나 헌법재판소의 결정이 갖는 정치적·사회적 파급력 때문에 그 역할과 권한 범위에 대한 논쟁도 지속된다. 헌법 조항을 시대 상황에 맞게 적극적으로 해석하여 사회 변화를 이끌어야 한다는 '사법 적극주의'와, 헌법 문언과 입법자의 의도를 존중하며 신중하게 판단해야 한다는 '사법 소극주의' 사이의 긴장은 대표적인 논쟁 지점이다. 또한, 재판관 구성의 정치적 중립성 문제나 특정 결정의 사회적 합의 부족 등은 헌법재판소가 끊임없이 마주하는 과제다.

결론적으로 헌법재판소는 민주주의와 법치주의를 지탱하는 핵심 기둥이다. 헌법의 규범력을 현실에서 구현하고 국민의 기본권을 최종적으로 보호하는 역할을 통해 국가 권력의 한계를 설정하고 시민의 자유를 확장하는 데 기여한다. 다만, 그 막강한 권한만큼이나 정치적 중립성과 사회적 신뢰를 확보해야 하는 무거운 책임을 안고 있다.

더 깊이 읽기

간통죄는 왜 사라졌을까?

불과 10여 년 전까지만 해도, 배우자가 있는 사람이 다른 사람과 연애를 하면 감옥에 갈 수 있었다. 바로 '간통죄' 때문이었다. '가정을 지키고 사회 윤리를 바로 세운다"는 명분 아래, 간통은 국가가 형법으로 처벌하는 범죄였다. 하지만 시대가 변하면서 사람들의 생각도 바뀌기 시작했다. "개인의 사적인 사랑 문제까지 국가가 형벌로 다스리는 것이 과연 옳은가?", "간통죄가 오히려 배우자의 복수 수단으로 악용되거나, 실질적인 가정 보호 효과도 없는 것 아닌가?" 하는 목소리가 커졌다.

이 오랜 논쟁에 종지부를 찍은 것은 바로 헌법재판소였다. 2015년 2월, 헌법재판소는 재판관 7대 2 의견으로 간통죄 처벌 조항에 대해 위헌 결정을 내렸다. 헌재는 "성(性)과 사랑은 지극히 사적이고 본능적인 영역이며, 국가가 형벌로 개입하는 것은 개인의 성적 자기결정권과 사생활의 비밀과 자유를 지나치게 침해한다"고 밝혔다. 또한, "사회의 성도덕 관념이 변했고, 간통죄가 실질적인 예방 효과를 거두지 못하며, 오히려 부부 관계 회복을 막는 부작용도 있다"고 지적했다. 이 결정으로 1953년 형법 제정 이후 62년간 유지되었던 간통죄는 역사 속으로 사라졌다. 이 사건은 헌법재판소가 어떻게 변화하는 사회의 가치관을 반영하여 법의 의미를 새롭게 해석하고, 개인의 자유와 권리를 확장해 나가는지를 보여주는 매우 상징적인 사례다.

전직 헌법재판관 5명에게 대한민국 헌법 제111조를 묻다
- 헌법재판소에 대한 심층보고서, KBS 다큐 채널, 20140715 방송

송인준 전 헌법재판관, 주선회 전 헌법재판관, 조대현 전 헌법재판관, 목영준 전 헌법재판관, 이공현 전 헌법재판관이 출연한 영상으로, 영상에는 다음과 같은 해설이 달려 있다.

"헌법재판은 본질적으로 사법작용이지만 헌법 자체가 고도의 정치성과 개방성을 띠고 있기에 정치적 재판의 성격이 강하다. 때문에 9명의 헌법재판관들은 재판의 처음이자 끝이라고 할 수 있다. 즉 "헌법재판관들이 말하는 헌법이 헌법"인 셈이다. 취재진은 지난 수개월 동안 헌법재판소와 헌법재판관들을 집중 취재했다. 헌법재판관들은 어떤 사람들인가? 헌법재판관들은 사회의 다양한 의견을 반영해 최선의 결정을 내리고 있는가? 헌법재판은 권력으로부터 독립적으로 이뤄지고 있는가? 이 모든 질문들을 통해 취재진은 궁극적으로 헌법이 과연 국민 모두에게 평등했는지를 검증했다."

11. 법치주의 - 국가는 무엇의 지배를 받는가

'법치주의(法治主義, Rule of Law)'. 왕도 대통령도 아닌, 오직 법만이 나라를 다스려야 한다는 원칙이다. 이는 권력자가 법을 자기 편의대로 이용하는 '법에 의한 지배(Rule by Law)'와는 근본적으로 다르다. 후자가 종종 폭력의 도구였다면, 진정한 법치주의는 시민의 자유를 지키는 방패다. 이 약속은 수백 년간 권력에 맞선 투쟁으로 얻어낸, 그래서 끊임없이 지켜내야만 하는 소중한 가치다.

법치주의를 향한 인류의 여정은 길었다. 고대 그리스 철학자들이 이상적인 통치를 고민한 이래, 특히 고대 로마는 법을 체계적으로 성문화하고(12표법, 로마법 대전 등) 법률 전문가를 통해 법 해석의 기틀을 닦으며 후대에 지대한 영향을 미쳤다. 체계적인 법률과 절차를 통해 광대한 제국을 다스리려 했던 로마의 경험은 서양 법 체계의 근간이 되었다. 이후 '왕도 법 아래 있다'는 원칙을 새긴 영국의 마그나 카르타(1215)를 거쳐, 계몽주의 사상과 시민 혁명을 통해 법치주의는 비로소 근대 헌법의 핵심 원리로 자리 잡았다. 그러나 이 원칙이 한반도에 뿌리내리는 과정은 유독 더디고 아팠다. 식민 통치 아래 법은 차별의 도구였고, 해방 후에도 이승만, 박정희, 전두환 독재정권은 법의 이름으로 민주주의를 질식시켰다. 1987년 6월, 시민들은 마침내 피와 땀으로 '법의 탈을 쓴 폭력'을 멈춰 세우고, 진정한 법치주의 시대를 열망하며 거리로 나섰다. 어렵게 쟁취한 민주주의였지만, 법치주의는 여전히 완성되지 않은 숙제였다.

그리고 2024년 겨울, 그 숙제는 다시 혹독한 시험대에 올랐다. 윤석열 전 대통령이 확인되지 않은 '선거 조작설'을 내세워 비상계엄을 선포하고 군대를 동원, 헌법 기관들을 마비시키려 한 사건은 법치주의에 대한 정면 도전이었다. "대통령이 법 위에 서려 한다!"는 격한 비판이 터져 나왔다. 이는 1987년 이전, 권력자가 법을 무시했던 어두운 시대로의 회귀를 떠올리게 하며 많은 이들에게 충격과 불안을 안겼다. 물론 "국가 위기 상황에서 불가피했다"는 항변도 있었다. 대통령 측은 법치 파괴 의도는 없었으며, 오히려 정치적 반대 세력이 법치를 내세워 공격하는 것이라 맞섰다. 국가는 법에 따르는가, 힘에 따르는가? 대한민국은 다시 근본적인 질문 앞에 섰다.

2025년, 헌법재판소의 파면 결정은 이 질문에 대한 사법부의 답이었다. 헌재는 대통령의 행위가 절차와 내용을 모두 무시했을 뿐 아니라, 그 동기 자체가 민주주의와 법치주의 원칙을 정면으로 위배한 '중대한 헌법 위반'이라고 명시했다. 법치주의의 근간을 훼손했다는 것이었다. 1987년 이후 힘들게 다져온 법치주의 시스템이 작동하여 최고 권력자의 일탈을 막아냈지만, 동시에 그 시스템이 여전히 얼마나 위태로울 수 있는지를 보여준 역설적인 순간이었다.

법치주의는 완성된 제도가 아니라, 끊임없이 흔들리는 가치다. 선거 결과 불복이 공공연한 미국이나 사법부 독립성이 위협받는 헝가리처럼, 세계 곳곳에서 도전은 계속된다. 2024년 겨울의 경험은 우리에게 법치주의가 유리그릇처럼 깨지기 쉬우며, 권력에 대한 시민들의 깨어있는 감시만이 이를 지킬 수 있다는 사실을 다시금 일깨웠다. '법의 지배'는 시민의 손으로 매 순간 다시 세워야 하는, 끝나지 않은 여정이다.

더 깊이 읽기

『법의 정신』, 몽테스키외 (1748)

프랑스 계몽주의 사상가 몽테스키외의 대표작이자 인류 지성사의 기념비적 저작이다. 그는 이 책에서 입법·행정·사법권의 분립(삼권 분립) 원칙을 체계적으로 제시하며, 이것이 어떻게 시민의 자유를 보장하고 권력의 남용을 막는 핵심 기제, 즉 법치주의의 근간이 되는지를 역설했다. 현대 민주주의 국가의 헌법과 정부 형태 설계에 지대한 영향을 미친 고전으로, '법의 지배' 원리를 그 사상적 뿌리부터 깊이 이해하는 데 필수적이다.

세계 법치주의 지수 24위

세계사법정의프로젝트(WJP)의 '2024년 법치주의 지수'에서 한국은 142개국 중 24위를 기록했다. 핀란드(1위) 같은 최상위권에는 미치지 못하지만, 러시아(113위)보다는 월등히 높은, 그러나 여전히 개선의 여지가 큰 성적이다. 이 '24위'라는 숫자는 대통령 탄핵이라는 한국의 최근 격랑을 어떻게 비추고 있을까?

법치주의의 핵심은 정부 권력에 대한 효과적인 견제, 부패의 부재, 그리고 사법부의 독립성이다. 한국의 '24위'는 이러한 영역에서 완전한 신뢰를 확보하지 못했음을 시사한다. 대통령 탄핵은 최고 권력자라도 헌법과 법률을 중대하게 위반하면 책임을 져야 한다는 법치주의 원칙이 작동한 결과다. 2025년 헌법재판소가 윤석열 당시 대통령의 비상계엄 관련 행위를 '법치국가원리 위반'으로 판단하고 파면한 것이 그 증거다.

12. '대역죄인'의 범죄 - 내란죄

내란(內亂). 이름만으로도 서늘한 이 단어는 국가의 심장을 겨누는 가장 치명적인 범죄를 가리킨다. 대한민국 형법 제87조는 '국토를 참절하거나 국헌(國憲)을 문란할 목적'으로 '폭동'한 자를 처벌한다고 규정한다. 이는 단순히 정부 정책에 반대하는 시위를 넘어서, 폭력적인 방법으로 헌법 질서 자체를 뒤엎거나 마비시키려는 시도를 국가 존립에 대한 가장 중대한 도전으로 보고, 그 우두머리는 사형이나 무기징역까지 처할 수 있도록 한다. 민주 공화국의 근간을 파괴하려는 행위, 그것이 바로 내란죄의 본질이다.

과거 왕조 시대에는 국가의 근본 질서를 뒤흔드는 내란이나 반역을 이보다 훨씬 더 무겁고 가혹하게 다스렸다. 예를 들어 조선시대에는 내란을 꾀하거나 주도한 자는 '대역죄인(大逆罪人)'으로 규정되어, 본인은 물론 그 부모, 형제, 자식까지 함께 처형(이른바 삼족을 멸하는 형벌)되거나 노비로 전락하는 연좌제가 엄격히 적용되었다. 이는 왕조의 안녕과 국가 질서에 대한 도전은 그 어떤 타협도 없이 뿌리째 뽑아내겠다는 단호한 의지를 보여주는 것이었다.

한국 현대사에서 '내란'이라는 이름은 권력 찬탈의 총칼 소리, 그리고 정치 탄압의 그늘과 겹쳐져 왔다. 1979년 12월 12일, 전두환을 중심으로 한 신군부가 군대를 동원해 권력을 장악한 사건은 명백한 군사 반란(형법상 내란죄의 특별 형태)이었다. 이들은 이듬해 5월 17일 비상계엄을 전국으로 확대하고 민주화를 요구하는 광주 시민들을 무력으로 진압하는 과정에서 또다시 내란의 죄를 저질렀다. 훗날 김영삼 정부 시절 '역사 바로 세우기'를 통해 전두환, 노태우 두 전직 대통령은 내란죄 등으로 법의 심판을 받았지만, 그들이 남긴 깊은 상처와 트라우마는 한국 사회에 오래도록 남았다. 반대로, 이 무거운 죄목은 때로 권위주의 정권이 민주화 세력을 억압하는 손쉬운 칼날이 되기도 했다. 1980년 신군부는 당시 야당 지도자였던 김대중에게 터무니없는 '내란 음모' 혐의를 씌워 군사재판에서 사형을 선고했다. 이는 훗날 재심을 통해 모두 무죄로 밝혀졌지만, 내란죄가 어떻게 조작되고 악용되어 정치적 반대자를 제거하는 수단이 될 수 있는지를 보여주는 뼈아픈 역사다. 2013년 이석기 전 통합진보당 의원의 내란 음모 및 선동 사건 역시, 실제 '폭동'의 구체성과 실현 가능성, 그리고 '국헌 문란 목적'의 증명을 둘러싸고 극심한 법적·정치적 논쟁을 불러일으키며, 이 죄의 적용이 얼마나 어렵고 민감한 문제인지를 다시 한번 확인시켰다.

그리고 2024년 겨울, '내란'이라는 단어는 또다시 대한민국의 심장부를 겨눴다. 윤석열 전 대통령이 '선거 조작'이라는, 명확한 근거 없이 일부 극우 세력이 유포해 온 음모론을 명분 삼아 비상계엄을 선포하고 군 병력을 동원, 국회와 중앙선거관리위원회 등 핵심 헌법 기관들을 제압하려 한 사건이 터지자, 한국 사회는 이것이 또 다른 형태의 내란 혹은 친위 쿠데타 시도가 아니냐는 극단적인 질문과 마주하게 되었다. 탄핵을 추진했던 야당과 시민사회는 이것이 '명백한 증거 없이 군사력을 동원하여 입법부와 선거 관리 기구의 기능을 마비시키고 헌정 질서를 파괴하려는 국헌 문란 목적의 폭동, 즉 내란 행위에 해당한다'고 규정했다. "국민이 선출한 대통령이 민주주의의 적(敵)이 되어 총칼로 헌법을 유린했다!"는 격렬한 규탄이 쏟아졌다. 반면 대통령 자신과 그를 지지하는 세력은 "국가 비상사태에 대응하기 위한 합헌적인 계엄령 검토 과정이었을 뿐, 내란 의도는 전혀 없었다"고 항변했다. 또한 "실제 광범위한 물리적 충돌이나 통치 기능의 완전한 중단 사태는 발생하지 않았으므로, 내란죄의 핵심 요건인 '폭동'에도 해당하지 않는다"고 반박하며, 오히려 '내란 프레임이야말로 대통령을 제거하려는 정치 공세'라고 맞섰다.

헌법재판소는 2025년 대통령 파면 결정에서, 윤 전 대통령의 행위를 '민주적 기본질서와 법치주의 원칙을 중대하게 훼손한 위헌·위법 행위'로 판단하여 자리에서 물러나게 했다. 헌재가 직접적으로 형사 범죄인 '내란죄'의 성립 여부를 판단한 것은 아니지만(탄핵 심판은 형사 재판이 아니므로), 결정 이유에서 대통령의 행위가 "국회와 선관위의 기능을 마비시키고", "대의민주주의 원리를 부정하며", "헌법 질서 자체를 파괴하려 시도"했다고 적시함으로써, 사실상 그의 행위가 '국헌 문란'에 준하는 극도의 위험성을 내포했음을 분명히 했다. 이는 퇴임 이후 윤 전 대통령이 내란죄를 포함한 형사 책임 추궁에 직면할 수도 있다는 가능성의 불씨를 남겼다.

국가 최고 지도자의 행위가 내란에 해당하는지를 둘러싼 첨예한 논쟁은 해외에서도 목격되었다. 2021년 1월 6일, 미국 워싱턴 D.C.에서는 도널드 트럼프 당시 대통령의 지지자들이 조 바이든의 대선 승리 인증을 막기 위해 의사당 건물에 난입하여 폭력을 행사하는 충격적인 사태가 벌어졌다. 이후 미국 사회는 트럼프 대통령이 이 폭력을 선동했는지, 그의 행위가 미국법상의 반란 선동(inciting insurrection)이나 내란 음모(seditious conspiracy)죄에 해당하는지를 두고 극심한 정치적·법적 공방을 벌였다. 하원은 그를 '반란 선동' 혐의로 탄핵 소추했지만 상원에서 부결되었고, 이후에도 관련 조사는 계속되었다. 이 사건은 민주주의 국가에서조차 선거 결과에 대한 불복과 정치적 선동이 어떻게 폭력으로 이어져 헌정 질서의 근간을 위협할 수 있는지, 그리고 그 책임 소재를 법적으로 규명하는 것이 얼마나 복잡하고 어려운 과제인지를 생생하게 보여준다.

내란죄는 국가 공동체의 존립을 위협하는 가장 극단적인 범죄이기에, 그 판단과 적용은 극도로 신중해야 한다. 과거 독재 정권의 사례에서 보듯, 정치적 반대자를 탄압하는 수단으로 악용될 위험이 늘 도사리고 있기 때문이다. 그러나 동시에, 민주주의와 헌법 질서를 폭력으로 파괴하려는 실제적인 위협 앞에서 국가가 스스로를 방어할 최후의 법적 수단이기도 하다. 2024년 겨울, 대한민국이 겪었던 아슬아슬한 위기는 우리에게 내란이라는 단어의 서늘한 무게와 그 경계의 위험성을 다시 한번 깊이 각인시켰다. 무엇이 체제 수호를 위한 불가피한 결단이고, 무엇이 헌정 파괴를 위한 폭력적 쿠데타인가? 그 선을 긋고 역사의 심판을 내리는 것은, 법률가들뿐 아니라 민주주의 시대를 살아가는 시민 모두에게 주어진 무겁고도 엄중한 숙제일 것이다.

더 깊이 읽기

『소년이 온다』, 한강, 2014

비록 소설의 형식을 취하고 있지만, 1980년 5월 광주에서 벌어졌던 참혹한 국가 폭력과 그 희생자들의 목소리를 강렬하고 깊이 있는 문학적 서사로 되살려낸 작품이다. 내란 진압이라는 명분 아래 자행된 폭력이 개인의 삶을 어떻게 파괴하는지, 그리고 그 상처가 역사 속에서 어떻게 기억되고 증언되는지를 생생하게 전달한다. 역사적 사건 이면에 자리한 인간의 고통과 존엄성에 대해 깊이 성찰하게 만드는, 검증된 문학 작품으로서의 가치가 크다.

『KBS 역사저널 그날』 '1980년 5월 광주의 열흘' 편

12·12 쿠데타로 군을 장악한 신군부는 1980년 5월 17일, 비상계엄을 전국으로 확대한다. 그다음 날인 5월 18일, 광주 대학생들의 시위 진압에 공수부대가 전격 투입된다. 대북 특수작전 임무로 훈련된 공수부대가 시민들의 민주화 요구 시위 진압에 동원된 것이다. 투입 첫날부터 공수부대의 진압은 무자비했고 이날의 강경 진압으로 두 명의 사망자까지 발생한다. 특히 시위 진압 과정에서 민간인을 상대로 대검을 사용한 공수부대의 폭력은 1988년 12월 국회 광주청문회에서도 논란이 된다. 이와 함께 287회 "김대중 납치사건 - 129시간 미스터리"도 참고해서 볼 만하다.

『전두환 회고록』, 전두환, 자작나무숲

전두환 본인이 서술한 역사로, 내란죄를 어떻게 정치적 도구로 활용하여 정적을 제거하고 권력을 공고히 했는지 당시의 논리와 명분을 엿볼 수 있다. 이 책은 권력자가 내란죄를 통해 정당성을 확보하려는 전략을 생생히 보여준다.

13. 쿠데타 - 성공하면 혁명가, 실패하면 반란 수괴

쿠데타(Coup d'état). 프랑스어로 '국가에 대한 일격'을 뜻하는 이 말은, 밤의 어둠이나 새벽의 총성을 틈타 국가 권력을 불법적으로 장악하는 행위를 가리킨다. 혁명이 아래로부터의 민중 봉기라면, 쿠데타는 주로 군부나 권력 핵심부의 소수 엘리트가 일으키는 '위로부터의 습격'이다. 헌법 절차를 무시하고, 폭력이나 위협을 동원해 기존 정부를 전복시키고 새로운 권력을 세우는 것, 그것이 쿠데타의 본질이다. 성공하면 역사는 그들을 '혁명가'로 미화할지 모르나, 실패하면 그들은 '반란 수괴'로 기록된다.

대한민국 현대사는 이 쿠데타의 깊은 상흔을 안고 있다. 1961년 5월 16일 새벽, 박정희 소장을 중심으로 한 군인들은 총칼을 앞세워 장면 민주당 정부를 무너뜨렸다. 4·19 혁명으로 잠시 피었던 민주주의의 봄은 짧았고, 한국은 이후 18년간 이어질 군사 통치의 시대로 접어들었다. 1979년 10월, 박정희 대통령 사망 후 다시 찾아온 민주화의 기대는 그해 12월 12일 밤, 전두환 보안사령관이 이끄는 신군부의 군사 반란으로 또다시 꺾였다. 탱크가 서울 도심을 가로막고, 총성이 울려 퍼졌다. 이듬해 봄, 광주에서는 민주주의를 외치는 시민들을 향해 계엄군이 발포하는 비극이 벌어졌다. 5.16과 12·12, 이 두 번의 쿠데타는 한국 민주주의의 시계를 거꾸로 돌리고 깊은 사회적 갈등과 불신을 남겼다.

그리고 수십 년이 흐른 2024년 겨울, 대한민국은 다시 '쿠데타'라는 단어 앞에서 숨을 죽여야 했다. 윤석열 전 대통령이 비상계엄을 선포하고 군대를 동원해 국회와 선관위로 향하게 한 사건을 두고, 나라 전체가 격랑에 휩싸였다. 탄핵을 외친 측은 이를 '대통령이 자신의 권력을 유지하거나 강화하기 위해 군대를 동원, 헌법 기관을 마비시키려 한 명백한 친위 쿠데타(palace coup) 시도'라고 규정했다. '민주주의에 대한 정면 공격이자 헌정 유린'이라는 비판이 들불처럼 번졌다. 그들은 12.12의 악몽을 떠올렸다. 반면 대통령과 그를 지지하는 이들은 '쿠데타라는 주장은 역사를 왜곡하는 선동이자 터무니없는 정치 공세'라고 일축했다. '극심한 국가 위기 상황에서 헌법에 따른 비상조치를 검토했을 뿐이며, 실제 권력 장악 시도나 헌정 중단으로 이어지지 않았다'는 것이 방어 논리의 핵심이었다. '질서 회복을 위한 불가피한 선택지 모색 과정이었다'는 항변도 나왔다. 비록 실제 쿠데타가 성공하거나 완성되지는 않았지만, 대통령이 군 통수권을 이용해 헌법 질서 자체를 위협할 수 있다는 가능성만으로도 한국 사회는 깊은 충격과 불안에 빠졌다. 헌법재판소는 2025년 파면 결정에서 '쿠데타'라는 용어를 직접 사용하지는 않았지만, 대통령의 행위가 '민주적 기본 질서와 법치주의 원칙을 중대하게 훼손'했다고 판단함으로써, 그 행위의 반(反)헌법적 위험성을 명확히 지적했다.

민주주의 시스템 안에서 권력이 비합법적으로 탈취되거나 위협받는 사례는 비단 한국만의 과거사가 아니다. 역사적으로는 프랑스 혁명 이후 극심한 혼란기에 등장한 나폴레옹 보나파르트 역시 1799년 '브뤼메르 18일의 쿠데타'를 통해 집권했고, 이후 스스로 황제의 자리에 올랐다. 그 역시 명백히 쿠데타로 권력을 잡았지만, 유럽을 뒤흔든 군사적 업적과 근대 법전(나폴레옹 법전) 편

찬 등의 치적 때문에 오늘날까지도 프랑스를 넘어 세계사에서 '영웅'으로 평가받기도 하는, 쿠데타 지도자의 복잡한 유산을 보여주는 대표적 사례다. 현대에 들어서도, 2021년 1월 6일 미국 의사당 난입 사태는 현직 대통령 지지자들이 선거 결과를 뒤집기 위해 폭력까지 동원하며 민주적 절차를 공격한 충격적인 사건이었다. 트럼프 전 대통령의 역할과 책임을 둘러싼 논쟁은 '쿠데타 시도' 혹은 '반란 선동'이라는 표현까지 등장하며 미국 사회를 뒤흔들었다. 최근 미얀마(2021)의 군부 쿠데타나 아프리카 일부 국가들에서 반복되는 정변 시도들은, 쿠데타가 여전히 세계 곳곳에서 민주주의를 위협하는 현재 진행형의 문제임을 보여준다.

쿠데타는 민주주의라는 나무의 뿌리를 잘라내는 행위다. 한번 성공하면 오랜 시간 암흑기를 가져오고, 설사 미수에 그치더라도 사회에 깊은 불신과 상처를 남긴다. 한국 현대사는 쿠데타의 비극을 두 번이나 겪었고, 2024년 겨울에는 그 문턱까지 가는 아찔한 경험을 했다. 이 역사는 우리에게 민주주의가 얼마나 깨지기 쉬운 약속인지, 그리고 군대의 정치적 중립과 문민 통제라는 원칙이 왜 그토록 중요한지를 다시 한번 가르쳐준다. 쿠데타의 망령을 영원히 잠재우는 길은, 제도적 방비와 함께, 권력의 오만을 경계하고 민주주의 원칙을 지키려는 시민들의 깨어있는 눈과 행동에 달려 있다.

더 깊이 읽기

MBC, 『제5공화국』 (드라마, 2005)
12·12 군사반란과 5·17 쿠데타 등 한국 현대사의 굵직한 사건들을 극화하여 보여준다. 역사적 사실을 기반으로 한 만큼 당시 상황을 이해하는 데 도움이 될 수 있다. (다만 드라마적 각색이 포함됨을 감안해야 한다.)

미국 1월 6일 의사당 폭동 조사위원회 보고서
2021년 1월 6일, 전 세계는 미국 민주주의의 상징인 국회의사당이 폭력적으로 유린당하는 장면을 충격 속에 목격했다. 이 보고서는 바로 그날의 진실을 규명하기 위해 미국 연방 하원이 구성한 1·6 국회의사당 공격 조사 특별위원회가 수개월간의 면밀한 조사, 방대한 증거 수집, 그리고 수백 명의 증언을 바탕으로 작성한 공식 최종 기록이다.

보고서는 도널드 트럼프 당시 대통령과 그의 핵심 동맹 세력이 2020년 대통령 선거 결과를 뒤집기 위해 어떤 구체적인 계획을 세우고 다방면에 걸쳐 압력을 행사했는지, 그리고 이러한 일련의 시도들이 어떻게 의사당 점거라는 초유의 폭력 사태로 이어졌는지를 날카롭게 파헤친다. 단순한 사건의 나열을 넘어, 민주주의 제도가 어떻게 내부로부터 위협받고 헌법적 가치가 훼손될 수 있는지를 보여주는 심층 분석 자료로서, 미국 현대사에서 민주주의가 직면했던 가장 심각한 위기의 본질과 그 교훈을 이해하려는 이들에게 가장 권위 있고 필수적인 문헌으로 평가받는다.

영화 『서울의 봄』 (2023)
1979년 12월 12일, 전두환을 중심으로 한 신군부 세력이 일으킨 군사 반란(내란죄의 특별 형태) 당일의 긴박했던 9시간을 스크린에 재현한 영화다. 권력을 찬탈하려는 자들과 이를 막으려는 군인들 사이의 숨 막히는 대립을 통해, 내란이라는 사건이 실제 어떻게 전개될 수 있는지, 그리고 그 과정에서의 개인들의 고뇌와 선택을 생생하게 보여준다. 한국 현대사의 비극적 분기점을 이해하는 데 도움을 준다.

14. 시민 불복종 – 더 큰 가치를 위한 삐딱선

시민 불복종(Civil Disobedience). 이는 개인이 자신의 양심에 비추어 특정 법률이나 정부 정책이 심각하게 부당하다고 판단할 때, 처벌을 감수하더라도 '공개적으로, 그러나 비폭력적인 방법으로' 해당 법을 위반하는 행위를 말한다. 단순히 법을 어기는 범죄 행위와는 다르다. 시민 불복종은 더 높은 도덕적 가치나 헌법 정신에 근거하여, 사회적 양심에 호소하고 부당한 법이나 정책의 변화를 이끌어내려는 의도적인 정치적 행위다.

『월든』의 저자로도 유명한 헨리 데이비드 소로가 이 개념의 상징적 인물이다. 그는 월든 호숫가에서의 자립적 삶을 통해 문명이나 국가의 요구보다 개인의 양심과 자연의 원리를 따르는 것이 중요하다고 믿었다. 이러한 철저한 자기 성찰과 신념에 따라, 소로는 노예 제도와 멕시코 전쟁에 항의하며 인두세 납부를 거부했고, 이로 인해 하룻밤 감옥에 갇히는 경험을 하기도 했다. 이 경험은 훗날 그의 유명한 에세이, 『시민 불복종』의 사상적 바탕이 되었다. 그의 사상은 시간을 넘어 마하트마 간디와 마틴 루터 킹 주니어 같은 20세기의 위대한 비폭력 저항 운동가들에게 깊은 영감을 주었다. 시민 불복종의 핵심에는 법에 대한 복종 의무와 정의 실현이라는 더 높은 가치 사이의 깊은 갈등이 자리한다. 개인의 양심과 국가 권력 사이의 이러한 근본적인 긴장은 프랑스 혁명과 같은 격동의 시대에도 핵심적인 질문이었다.

2024년 12월 3일 밤, 윤석열 당시 대통령의 비상계엄 선포 직후 대한민국 거리 곳곳에서 벌어진 풍경은 시민 불복종의 현대적 의미를 다시금 생각하게 했다. 계엄 포고령으로 집회·시위가 금지되었음에도 불구하고, 수많은 시민들이 휴대전화 불빛을 밝히고 거리로 나와 "계엄령 반대", "민주주의 수호"를 외쳤다. 일부 시민들은 계엄군의 이동을 막아서거나, 온라인 공간을 통해 계엄의 부당성을 알리고 저항을 조직했다. 비록 명백한 법 위반(계엄 포고령 위반)이었지만, 많은 이들은 이를 헌정 질서를 파괴하려는 권력에 맞선 정당한 저항, 즉 시민 불복종의 한 형태로 받아들였다. 이처럼 국가의 명령이 시민의 양심 및 헌법 정신과 정면으로 충돌할 때, 불복종은 때로 민주주의를 지키는 마지막 수단이 될 수 있다.

　이러한 행위의 정당성을 둘러싼 논쟁은 뜨거웠다. 시민 불복종을 옹호하는 측은 강하게 주장했다. "법이 스스로 정의롭기를 포기했을 때, 침묵은 죄악이다. 계엄이라는 이름으로 민주주의를 질식시키려는 시도에 맞서, 시민들이 보여준 용기 있는 불복종은 헌법 수호의 의지이자 살아있는 민주주의 그 자체였다." 이들은 시민 불복종이 단순한 법 위반이 아니라, 폭력 없이 부당함에 항거하고 사회적 각성을 촉구하는 고도의 정치적 행위라고 본다. 헌법의 기본 정신이나 양심과 같은 더 높은 규범에 따라 악법이나 부당한 명령을 거부하는 것은 시민의 권리이자 때로는 의무라는 것이다.

　반면, 법질서의 안정을 강조하는 신중론 혹은 비판론도 만만치 않다. "아무리 좋은 명분이라도 법을 어기는 행위가 용인되기 시작하면 사회 혼란은 불가피하다. 기준은 누가 정하는가? 모든 이가 자신의 양심을 내세워 법을 거부한다면 법치주의는 설 자리를 잃는다. 평화적 시위는 보장되지만, 불법까지 정당화될 수는 없다." 이들은 시민 불복종이 자칫 무정부 상태나 법치주의의 근간을 흔들 수 있다는 점을 우려한다. 또한, '정의'나 '양심'이라는 주관적 기준이 남용될 가능성, 그리고 비폭력 원칙이 지켜지지 않을 경우의 파괴력 등을 경고하며 법의 테두리 안에서의 해결을 우선시해야 한다고 주장한다.

시민 불복종의 역사는 한국 현대 민주화 운동 과정과도 깊이 얽혀 있다. 유신 독재 시절, 긴급조치라는 이름 아래 집회·시위의 자유가 억압되었을 때, 학생과 시민들은 체포와 투옥을 각오하고 거리로 나섰다. 이는 명백한 법 위반이었지만, 민주주의를 향한 열망을 표현하는 저항의 방식이었다. 2008년 광우병 촛불 시위나 2016년 박근혜 대통령 탄핵 촛불 시위 역시, 집회 및 시위에 관한 법률의 경계를 넘나드는 양상을 보이기도 했지만, 거대한 비폭력적 시민 참여를 통해 정치적 변화를 이끌어냈다는 평가를 받는다. 한편, 트럼프 행정부 시절 미국에서는 인종차별 반대 시위(BLM; Black Lives Matter)나 기후 위기 대응 촉구 시위 등에서 도로 점거, 업무 방해 등 시민 불복종의 형태가 나타나기도 했다. 이러한 사례들은 시민 불복종이 특정한 시대나 국가를 넘어, 사회적 갈등과 변화의 요구가 분출될 때 나타나는 보편적인 현상임을 보여준다.

결국 시민 불복종은 민주주의 사회가 안고 있는 영원한 딜레마, 즉 안정적인 법질서 유지와 정의로운 사회 실현이라는 두 가치 사이의 긴장을 드러낸다. 법은 사회 질서의 기반이지만, 때로는 그 자체가 불의의 도구가 될 수도 있다. 시민 불복종은 바로 이러한 법의 불완전성에 대한 시민적 응답이며, 민주주의가 끊임없이 스스로를 성찰하고 발전하도록 추동하는 힘이 되기도 한다. 하지만 그 행사는 언제나 깊은 고민과 책임감을 요구한다. 비폭력 원칙을 지키며, 최후의 수단으로서, 공동체의 양심에 호소하려는 진정성을 가질 때, 시민 불복종은 단순한 법 위반을 넘어 민주주의를 한 단계 성숙시키는 계기가 될 수 있을 것이다.

더 깊이 읽기

『시민 불복종 (Civil Disobedience)』 및 『월든 (Walden)』, 헨리 데이비드 소로,

『시민 불복종』은 국가의 부당한 요구에 대한 개인적 양심의 우위를 주장하며 비폭력 저항의 논리를 제시한 선언문과 같은 에세이다. 단순히 세금 납부를 거부한 행위를 넘어, 개인이 국가의 법보다 더 높은 도덕법에 따라 행동해야 할 때가 있음을 역설한다. 함께 읽으면 좋은 『월든』은 소로가 추구했던 자립적 삶과 자연 속 성찰을 보여주며, 왜 그가 사회적 관습이나 국가 권력보다 개인의 도덕적 판단과 자유를 중시했는지 그 철학적 배경을 깊이 이해하게 해준다. 이 두 저작은 현대 시민 불복종 논의의 중요한 출발점이자 영감의 원천이 되었다.

『뜻으로 본 한국 역사』, 함석헌, 2016

한국의 대표적인 민주화 운동가이자 독창적인 사상가인 함석헌 선생의 글들은 권위주의적 통치와 외세에 대한 깊은 성찰을 바탕으로, 민중("씨알")의 주체적인 역할과 비폭력 저항 정신을 강조했다. 그의 역사 해석과 사회 비판 속에는 부당한 권력에 맞서는 양심적 개인의 고뇌와 용기, 그리고 평화적 저항의 힘에 대한 믿음이 깊이 배어 있다. 그의 저작들은 직접적으로 시민 불복종을 다루지 않더라도, 한국적 상황 속에서 불의에 항거했던 저항의 역사를 이해하고 그 정신적 배경을 탐구하는 데 중요한 사상적 자원을 제공한다."

15. 국민 저항권 – 어디까지 저항할 수 있나

국민 저항권(Right of Resistance)은 국가 권력이 헌법의 기본 원리를 파괴하거나 국민의 기본권을 본질적으로 침해할 때, 주권자인 국민이 최후의 수단으로 그 권력에 저항할 수 있다는 사상 또는 권리다. 헌법에 명문으로 규정되어 있지 않더라도, 헌법 제정 이전부터 존재하는 자연권적 권리 혹은 헌법의 근본 원리에서 도출되는 초헌법적 권리로 이해되곤 한다.

이 '저항'이라는 관념은 인류 역사만큼이나 오래되었다. 그러나 이를 체계적인 '권리'로 이론화하고 민주주의의 핵심 원리로 끌어올린 결정적 계기는 철학자 존 로크(John Locke)였다. 그는 『통치론』(1689)에서 정부는 인민의 생명, 자유, 재산을 보호하기 위해 그들의 동의(신탁)를 받아 세워진 것이라고 주장했다. 만약 정부가 이 신탁을 배반하고 인민의 권리를 짓밟는 폭군으로 변한다면 어떻게 될까? 로크는 단호하게 답했다. 그럴 때 인민에게는 그 정부를 해체하고 새로운 정부를 세울 권리, 즉 '저항권'이 있다는 것이다. 이는 왕권신수설이 지배하던 시대에 인민이 최종적인 저항의 주체가 될 수 있음을 선언한 혁명적인 발상이었다.

로크의 이 생각은 약 100년 뒤, 대서양 건너 아메리카 대륙에서 울려 퍼졌다. 영국 국왕 조지 3세의 과도한 세금과 통치에 신음하던 식민지 미국의 주민들은 마침내 독립을 결심한다. 1776년 토머스 제퍼슨이 기초한 미국 독립선언서는 로크의 목소리를 빌려 이렇게 선언한다. "모든 사람은 평등하게 창조되었고… 생명, 자유, 그리고 행복 추구라는 양도할 수 없는 권리를 부여받았다…

이러한 권리를 확보하기 위하여 인류는 정부를 조직했으며, 정부의 정당한 권력은 인민의 동의로부터 유래하는 것이다. 어떠한 형태의 정부이든 이러한 목적을 파괴할 때에는, 언제든지 정부를 변혁하거나 폐지하여 인민의 안전과 행복을 가장 효과적으로 가져올 수 있는 그러한 원칙에 기초를 두고 그러한 형태로 기구를 갖춘 새로운 정부를 조직하는 것은 인민의 권리다."

이러한 저항권 사상은 한국 현대사에서도 역사의 물줄기를 바꾼 극적인 순간들로 증명되었다. 1960년 4·19 혁명 당시, 부정선거와 독재에 분노한 학생과 시민들은 이승만 정권의 총탄 앞에서도 "부정선거 다시 하라!", "독재 타도!"를 외치며 거리로 나섰다. 1980년 5월 광주에서는 신군부의 불법적인 권력 장악과 비상계엄 확대에 맞서 시민들이 계엄군에 대항했다(5·18 민주화 운동). 대법원은 훗날 이 광주 시민들의 행위를 '국헌문란 행위에 항의하는 국민의 헌법 수호 행위'로 평가했다. 1987년 6월 민주 항쟁 역시, "호헌 철폐, 독재 타도!"를 외친 거대한 시민들의 함성이 대통령 직선제를 쟁취해냈다. 이 사건들은 모두 불의한 국가 권력에 맞선 국민 저항권 행사의 역사적 사례로 대한민국 헌법 전문의 '불의에 항거한 4·19 민주 이념 계승'이라는 문구에 그 정신이 살아 숨 쉬고 있다.

극우 지지자들의 국민 저항권

그러나 2025년 4월 현재, 바로 이 '국민 저항권'이 또 다른 논란의 중심에 섰다. 윤석열 대통령 파면 이후, 일부 극우 세력과 단체들이 헌법재판소의 결정 자체를 '사법 쿠데타'로 규정하며 이에 불복하고 저항해야 한다고 주장하고 나선 것이다. 그들의 목소리는 절박하고 때로는 격렬하다. "헌법재판소의 좌파 판사들이 공모하여 합법적인 대통령을 몰아낸 것은 사법 쿠데타다! 헌법 수호를 위해 판결 불복종과 국민 저항에 나설 수밖에 없다!" 이들은 헌법재판소의 판결이 오히려 헌법 질서를 파괴하는 행위이므로, 그 판결에 저항하는 것이야말로 진정한 헌법 수호라고 주장한다.

이에 대해 법조계와 대다수 정치 세력, 시민사회는 정반대의 입장을 보인다. 국민 저항권 개념은 그렇게 사용될 수 없다는 것이다. "국민 저항권은 국가 권력의 반헌법적 폭거에 맞서는 시민의 최후 수단이지, 헌법이 정한 최고 사법기관의 최종 판결을 뒤집기 위한 도구가 아니다. 헌재 판결에 불복하는 것은 저항이 아니라 법치주의 부정이다." 이들은 저항권이 '헌법 수호'를 위한 것이지, 헌법 기관의 '합법적 결정'을 뒤엎기 위한 수단이 될 수 없다고 본다. 헌재 판결에 대한 불만 표출이나 정치적 비판은 가능하지만, 이를 '저항권'의 이름으로 불복하는 것은 그 권리의 본질을 왜곡하고 남용하는 것이라는 입장이다.

국민 저항권 개념의 오용 또는 그 경계에 대한 논란은 해외에서도 나타난다. 2021년 1월 6일, 미국에서는 도널드 트럼프 당시 대통령 지지자들이 대선 결과를 '도둑맞았다'고 주장하며 의사당에 난입하는 초유의 사태가 벌어졌다. 그들 중 일부는 자신들의 행위를 부정선거라는 '불의'에 맞선 '애국적 저항'이라고 강변했다. 하지만 대다수 미국인들과 법조계는 이를 민주주의 선거 제도와 평화적 정권 이양이라는 헌법적 가치에 대한 폭력적 공격으로 규정했다. 이는 '저항'이라는 이름이 얼마나 쉽게 민주주의 자체를 공격하는 논리로 변질될 수 있는지 보여주는 위험한 사례다.

더 깊이 읽기

『통치론』, 존 로크 (원제: Two Treatises of Government)

"국민의 동의 없는 권력은 폭력일 뿐"이라고 외쳤던 17세기 영국. 존 로크는 이 기념비적인 저작에서 정부는 국민의 생명, 자유, 재산을 지키기 위한 '신탁'에 의해 존재하며, 만약 정부가 이 약속을 어기고 폭정을 행한다면 국민에게는 이에 저항하고 새로운 정부를 구성할 신성한 권리가 있음을 뜨겁게 논증한다. 현대 민주주의와 저항권 사상의 이론적 초석을 놓은 불멸의 고전이다.

『버밍햄 감옥으로부터의 편지』, 마틴 루터 킹 주니어

인종차별에 맞선 비폭력 시위 중 체포된 킹 목사가 감옥에서 쓴 이 편지는, 왜 부당한 법에 복종할 수 없는지, 그리고 시민 불복종이 어떻게 정의를 향한 여정에서 정당한 수단이 될 수 있는지를 강력하고 감동적으로 역설한다. 시민 불복종과 저항권의 철학적, 윤리적 근거를 이해하는 데 필독서로 꼽히는 고전이다.

16. 우리는 왜 국가의 말을 따라야 하는가

우리는 왜 법을 지키고, 세금을 내고, 때로는 국가의 명령에 따라야 할까? 국가나 정부는 도대체 어떤 권리로 우리에게 이런 것들을 요구할까? 아주 오래전부터 사람들은 이 질문에 답을 찾으려 애썼다. 그 과정에서 나온 가장 흥미롭고 중요한 대답 중 하나가 바로 사회계약론(Social Contract Theory)이다. 아주 간단히 말하면 이렇다.

이 생각은 국가와 시민 사이에 일종의 '약속' 또는 '계약'이 있다고 본다. 마치 우리가 어떤 모임의 규칙을 함께 정하고 지키기로 약속하는 것처럼, 사회 구성원들이 더 안전하고 나은 삶을 위해 각자의 자유 일부를 조금씩 양보하고, 대신 국가(또는 정부)라는 공동의 힘을 만들어 서로를 보호하고 질서를 유지하기로 암묵적으로 혹은 명시적으로 합의했다는 이야기다. 즉, 왕이나 지배자가 신에게서 권력을 받은 것이 아니라, 바로 우리, 평범한 사람들의 '동의'가 국가 권력의 진짜 주인이라는 생각이다.

이 '사회 계약'이라는 아이디어는 갑자기 튀어나온 것이 아니다. 특히 17세기 유럽은 전쟁과 혁명으로 극심한 혼란을 겪고 있었다. 영국 내전의 참상을 목격한 철학자 토머스 홉스(Thomas Hobbes)는 상상했다. 만약 아무런 규칙도, 강력한 힘도 없다면 세상은 어떨까? 그는 아마 늑대처럼 서로를 물어뜯는 끔찍한 상태, 즉 '만인의 만인에 대한 투쟁'이 벌어질 것이라 생각했다. 그래서 그는 『리바이어던』(1651)이라는 책에서, 이 공포에서 벗어나기 위해 사람들이 스스로의 안전을 위해 강력한 괴물(리바이어던)

같은 절대 군주에게 모든 권리를 넘기고 복종하는 계약을 맺어야 한다고 주장했다. 조금 무서운 계약이지만, 혼란보다는 강력한 질서가 낫다는 절박함이 담겨 있었다.

하지만 영국에서 또 다른 혁명(명예혁명)을 겪은 존 로크(John Locke)는 생각이 달랐다. 그는 『통치론』(1689)에서 이렇게 주장했다.

"사람들에게는 하늘이 내려준 빼앗을 수 없는 권리(생명, 자유, 재산)가 있으며, 정부는 바로 이 권리를 지키기 위해 사람들의 '동의'를 얻어 세워진 대리인일 뿐이다."

만약 정부가 이 약속을 어기고 독재자가 된다면? 당연히 그 계약은 깨진 것이고, 사람들에게는 저항할 권리가 있다. 로크는 이렇게 주장했다.

이후 프랑스의 장자크 루소(Jean-Jacques Rousseau)는 『사회계약론』(1762)에서 한 걸음 더 나아가, 계약이란 단순히 권력자를 세우는 것을 넘어, 모든 시민이 평등하게 참여하여 '일반의지'(모두의 이익을 위한 공동의 뜻)에 따라 스스로를 다스리는 공동체를 만들어야 한다고 꿈꿨다. 이처럼 사회계약론은 시대의 아픔 속에서 '더 나은 사회는 어떻게 가능한가'를 고민했던 철학자들이 만들어낸 이야기이자, 현대 민주주의의 중요한 밑그림이 되었다.

오늘날 각 나라의 헌법 속에는 사회 계약의 그 정신이 깊게 담겨 있다고 볼 수 있다. 헌법은 시민과 국가가 서로에게 무엇을 약속하고 기대하는지를 적어 놓은 공식적인 계약서와 같기 때문이다. 2024년 12월 3일, 윤석열 당시 대통령이 비상계엄을 선포했을 때 많은 사람들이 분노했던 이유는, 바로 이 가장 근본적인 계약을 대통령 스스로 파기했다고 느꼈기 때문이다. 대통령은 취임하며 "헌법을 지키고 국가를 보위하며 국민의 자유와 복리를 위해" 일하겠다고 엄숙히 약속한다. 그런데 헌법재판소가 지적했듯, 그 위임받은 힘으로 오히려 국민의 대표기관인 국회를 멈춰 세우고 헌법 질서를 무너뜨리려 한 행위는 이 계약의 근본적인 배신으로 여겨졌다.

이 상황을 사회계약론의 시선으로 바라본 이들은 목소리를 높였다. "대통령은 국민과의 계약을 배신했다. 헌법 수호라는 가장 기본적인 의무를 저버리고 국민 위에 군림하려 했다. 계약을 파기한 통치자에게 복종할 의무는 없다. 이제 국민이 직접 나서 계약 조건을 바로잡아야 한다." 이들에게 계엄 사태는 통치자가 계약 조건을 위반했을 때 발생하는 저항권(로크적 관점) 또는 계약 자체의 무효화를 보여주는 극단적인 사례였다. 대통령의 선서 위반과 헌법 파괴 행위는 계약의 근본적인 신뢰를 깨뜨렸다는 것이다.

물론 다른 시각도 존재했다. "국가 운영은 이상적인 계약 이론만으로 되는 것이 아니다. 위기 상황에서는 질서 유지가 우선일 수 있다. 설령 절차적 문제가 있었더라도, 국가 시스템의 연속성을 지키는 것이 더 중요하며, 계약 파기 운운은 과도한 해석이다." 이들은 사회 계약이 현실에서는 늘 명확하게 작동하는 것이 아니며, 국가 존속이라는 더 큰 틀에서 통치 행위를 평가해야 한다고 주장한다. 또한, 무엇이 '계약 파기'에 해당하는지에 대한 해석이 다를 수 있으며, 이를 둘러싼 정치적 갈등이 심화될 수 있음을 우려한다.

사회계약은 쉽게 말해 시민과 정부가 "우리는 이렇게 함께 살아간다"고 약속하는 규칙집이다. 한국은 해방 후 1948년 헌법에 "주권은 국민에게 있다"는 문장을 넣어 국민이 최종 결정권자라는 약속을 새로 썼다.

미국에서는 2020년 대선에서 도널드 트럼프가 패배를 인정하지 않으면서, "선거 결과를 지면 승복한다"는 암묵적 합의가 흔들렸다. 이 논쟁은 과거 오바마케어처럼 "정부가 어디까지 도와주는 것이 맞나"를 두고 벌인 줄다리기보다 훨씬 근본적이었다. 이번에는 약속 자체가 깨질 수 있느냐가 문제였던 셈이다.

비슷한 일이 영국에서도 벌어졌다. 브렉시트 국민투표 이후 패배한 쪽이 결과를 쉽사리 받아들이지 않으면서, 민주주의가 굴러가려면 '패자의 동의(loser's consent)'가 꼭 필요하다는 교훈이 나왔다.

결국 사회계약은 헌법 조항처럼 딱 한 번 쓰고 끝나는 글이 아니라, 역사적 위기마다 다시 읽고, 서로 확인하는 살아 있는 약속임을 보여준다.

더 깊이 읽기

『리바이어던』, 토머스 홉스

17세기 중반 영국은 악몽과 같았다. 왕을 지지하는 사람들과 의회를 지지하는 사람들이 서로 죽고 죽이는 내전을 벌였다. 마을은 불타고, 농지는 황폐해졌으며, 어제의 친구가 오늘의 적이 되었다. 법은 힘을 잃었고, 사람들은 언제 닥칠지 모르는 폭력과 굶주림 속에서 하루하루를 공포에 떨어야 했다. 토머스 홉스는 바로 이런, 모든 것이 무너져 내리는 듯한 시대를 직접 겪었던 인물이다. 그 처절한 경험 속에서 그의 기념비적인 저작, 『리바이어던』이 탄생했다.

홉스는 상상했다. 만약 국가라는 울타리가 없다면? 그는 법 없는 '자연 상태'를 모든 이가 서로의 적이 되는 '만인의 만인에 대한 투쟁'이라 그렸다. 그 끔찍한 불안과 공포에서 벗어날 길은 오직 하나, 바로 '사회 계약'이라고 그는 주장했다. 사람들이 생존을 위해 자신의 자유 대부분을 포기하고, 대신 막강한 힘을 지닌 절대 주권자(성경 속 괴물 '리바이어던'에 비유한)에게 모든 것을 맡겨 질서를 유지하는 것이다. 이 책은 다소 어려울 수 있지만, 그만큼 깊은 지적 만족감을 선사할 것이다.

『정의란 무엇인가』, 마이클 샌델

앞서 소개되었던 책이다. 하버드대 명강의를 바탕으로 쓰인 이 책은 사회 계약의 개념뿐 아니라 정의, 도덕, 공동체 등 다양한 철학적 질문들을 흥미로운 사례와 함께 던지며 우리의 생각을 자극한다. 사회 계약의 의미와 한계를 비판적으로 되돌아보게 하는 명작이다.

17. K-민주주의와 응원봉 그리고 촛불혁명

촛불혁명(Candlelight Revolution), 또는 촛불집회/촛불항쟁. 이는 21세기 한국 민주주의를 상징하는 독특하고 강력한 시민 참여 방식이다. 주권자인 시민들이 국가 권력의 심각한 문제나 위기에 직면했을 때, 특정 지도부 없이 자발적으로 광장에 모여 촛불을 들고 외치는 거대하고 지속적인 비폭력 저항을 일컫는다. 서울 광화문 광장을 가득 메운 수십, 수백만 개의 일렁이는 촛불 바다, 남녀노소 가릴 것 없이 손팻말을 들고 한목소리로 구호를 외치고 노래하는 모습은 그 자체로 압도적인 광경이자, '아래로부터의 민주주의'를 생생하게 보여주는 장면이었다.

해외 언론과 학계에서도 종종 한국의 촛불 현상을 평화로우면서도 질서정연하게, 그러나 강력한 힘으로 정치적 변화를 이끌어낸 시민 참여 민주주의의 성공 사례로 주목한다. 특히 2016년 가을부터 2017년 봄까지 이어진 박근혜 대통령 퇴진 요구 시위는, 극심한 정치적 위기를 폭력이 아닌 압도적인 규모의 평화 집회와 헌법적 절차(탄핵)를 통해 해결하며 대통령 파면이라는 결과를 이끌어냈고, 이는 세계적으로도 드문 민주적 성취이자 때로는 'K-민주주의'의 역동성을 상징하는 사례로 언급되며 '촛불혁명'이라는 이름으로 불리게 되었다.

그 촛불의 기억은 2024년 12월 3일 밤, 비상계엄이라는 어둠이 대한민국을 덮쳤을 때 다시 살아났다. 윤석열 당시 대통령의 계엄 선포와 포고령 발표 직후, SNS는 순식간에 "광장으로 모이자", "촛불을 들자"는 외침으로 들끓었다.

촛불로 상징되는 시민 직접 행동의 힘에 대한 평가는 열광적이다. "수백만 시민이 든 촛불 앞에서는 그 어떤 권력도 무력했다. 폭력 없이 평화롭게 세상을 바꾸는 힘, 이것이야말로 가장 위대한 민주주의의 모습이다. 촛불은 국민이 주인임을 선언한 위대한 혁명이었다." 이러한 입장은 촛불집회가 보여준 압도적인 규모와 질서정연함, 비폭력성, 그리고 결국 정치적 변화(대통령 파면 등)를 이끌어낸 효능성을 높이 평가한다. 광장의 시민들이 직접 민주주의를 실현하고 역사를 바꾼 주체였다는 자부심이 담겨 있다.

여기에 더해, 특히 젊은 세대를 중심으로 자신이 지지하는 정치인이나 특정 메시지를 담은 형형색색의 '응원봉'을 들고 참여하는 모습도 눈에 띄었다. 이는 K팝 팬덤 문화에서 익숙한 응원 도구를 정치적 의사 표현의 수단으로 활용한 새로운 현상으로, 기존의 엄숙한 시위 문화와는 다른, 보다 개인화되고 감성적인 참여 양상을 보여주었다. 이들은 응원봉을 흔들며 구호를 외치고 노래를 부르며, 탄핵 찬성의 열기를 뜨겁게 달구었다. 탄핵을 반대하는 맞불 집회에서는 주로 태극기가 물결을 이룬 것과 대조되었다. 응원봉은 새로운 정치 참여 양상의 등장을 보여주는 시대의 단면이었다.

촛불 현상에 대한 우려와 비판의 목소리 또한 존재한다. "광장의 함성이 늘 옳은 것은 아니다. '촛불 민심'이라는 이름 아래 헌법적 절차나 소수의 목소리가 무시될 수 있다. 감성에 치우친 여론재판이 법치주의를 위협하고, 특정 정치 세력이 순수한 시민 열망을 이용하려 들 수도 있다. 직접 민주주의 요소는 필요하지만, 대의 민주주의의 근간을 흔들어서는 안 된다." 이들은 촛불집회가 가진 잠재적 위험성, 즉 '광장 정치'의 함정을 경고한다. 대중의 열기가 때로는 포퓰리즘으로 흐르거나, 법적 절차를 경시하고, 사회적 갈등을 심화시킬 수 있다는 점을 지적하며, 제도 정치와의 균형을 강조한다.

촛불집회는 2008년 미국산 쇠고기 수입 반대 시위에서도 그 원형을 찾아볼 수 있지만, 2016-17년의 경험은 그 규모와 지속성, 정치적 파급력 면에서 독보적이었다. 이는 1987년 6월 항쟁 등 과거 민주화 운동의 경험 위에 디지털 소통 방식이 결합된 새로운 형태의 시민 참여였다. 해외 사례와 비교해 볼 때, 미국 트럼프 행정부 출범 직후 열렸던 거대한 규모의 '여성들의 행진(Women's March)' 등과 평화적 대규모 동원이라는 측면에서 유사성을 찾을 수 있다. 하지만 특정 이슈에 대한 일회성 시위를 넘어, 장기간 지속되며 최고 권력자의 퇴진을 압박하고 결국 관철했다는 점에서 한국의 촛불은 독특한 성공 사례로 평가받는다. 이는 선거 결과 불복과 폭력으로 얼룩졌던 2021년 미국 1.6 의사당 사태와는 극명한 대조를 이룬다.

결국 '촛불혁명' 또는 촛불집회는 현대 한국 민주주의의 중요한 자산이자 끊임없이 성찰해야 할 과제를 동시에 안고 있다. 그것은 부패하거나 무능한 권력에 대해 시민들이 직접 나서서 평화적으로 책임을 묻고 변화를 요구할 수 있다는 강력한 힘을 보여주었다. 동시에, 광장의 에너지가 어떻게 제도 정치와 조화를 이루며 법치주의의 원칙을 훼손하지 않을 수 있을지에 대한 질문을 남긴다. 서부지법 폭동 사태처럼 광기와 폭력으로 번지지 않으려면 우리의 노력이 필요하다.

촛불은 여전히 타오르고 있지만, 그 빛이 가리키는 방향에 대한 건강한 토론과 성찰이 계속될 때, 한국 민주주의는 더욱 단단해질 수 있을 것이다.

더 깊이 읽기

<"시위 갈 때 쓸 아이돌 응원봉 삽니다" 응원봉이 탄핵 집회에 등장한 이유>, 유튜브 채널 크랩

여의도 탄핵 촉구 집회 현장에는 K-팝 팬들이 BTS·뉴진스 같은 아이돌 응원봉을 들고 나와 형형색색 빛을 비추며 새로운 '빛 촛불' 시위를 선보였다. 영상은 굿즈 거래, 응원봉 판매 부스, 현장 인터뷰, 몸짓과 구호까지 콘서트를 연상시키는 배경음악이 깔린 촬영 장면을 담아, 젊은 세대가 친숙한 대중문화 도구로 평화적 민주 시위 문화를 진화시키고 있음을 보여준다.

18. 프로파간다와 선동

프로파간다(Propaganda, 선전) 그리고 선동(Agitation). 이 두 단어는 보통 부정적인 의미로 쓰이지만, 우리 주변의 정치나 광고, 심지어 일상 대화 속에도 교묘하게 스며들어 있다.

프로파간다는 단순히 정보를 전달하는 것을 넘어, 특정한 목적을 가지고 사람들의 생각이나 감정, 행동을 원하는 방향으로 이끌려는 체계적인 설득 활동을 의미한다. 카드 속임수처럼 사실의 일부만 보여주거나, 감정에 호소하거나(공포 조장, 애국심 자극), 듣기 좋은 말로 포장하는(빛나는 일반화) 등 다양한 기법이 동원된다.

선동은 여기서 한 걸음 더 나아가, 강렬한 감정(분노, 증오, 불안 등)을 자극하여 사람들을 즉각적인 행동으로 나서게 만들려는, 더 직접적이고 때로는 파괴적인 방식을 뜻한다. 이 둘은 모두 객관적인 진실 전달보다는 특정한 '의도'를 관철하는 것이 목적이다. 건전한 토론이나 교육과는 거리가 멀다.

예를 들어보자. 특정 정치인이나 집단을 향해 '종북', '빨갱이', '토착왜구', '수박'처럼 모욕적인 이름표를 반복적으로 붙이는 것은 사람들의 반감을 자극하고 이성적인 판단을 흐리게 만든다. 반대로 '자유민주주의 수호', '국민 통합', '정의 실현'처럼 대부분의 사람이 동의할 만한 가치를 내세워 자신의 주장을 포장하는 것(빛나는 일반화)은 반론을 어렵게 한다. 존경받는 인물이나 상징(태극기, 촛불 등)을 자신의 주장과 연결시키는 것(전이)도 효과적이다. 유명인의 지지 선언(증언)이나, 지도자가 서민적인 모습을 연출하며 '보통 사람들과 같다'고 강조하는 것(평범한 사람 기법) 역시 심리적 거리를 좁혀 설득력을 높인다. 이 모든 기법 뒤에는 사람들의 심리를 이용하여 진실을 가리고 원하는 반응을 얻으려는 계산이 숨어 있다.

이러한 선전·선동의 역사는 상당히 오래되었다. 과거 제국들은 식민지배를 정당화하기 위해, 혹은 전쟁 중인 국가들은 적을 악마화하고 국민의 희생을 독려하기 위해 대대적인 프로파간다를 활용했다. 특히 20세기 나치 독일의 선전상 괴벨스는 라디오와 영화 등 당시 신기술을 이용하여 대중의 광기를 부추기고 홀로코스트를 정당화하는 끔찍한 선동의 사례를 남겼다. 냉전 시대 미국과 소련 역시 서로를 비방하고 체제의 우월성을 선전하는 치열한 이념 전쟁을 벌였다. 한국 역시 일제강점기의 황국신민화 정책, 박정희 유신 시대의 '총화단결' 구호나 '땡전 뉴스'로 불렸던 대통령 동정 보도, 선거 때마다 등장하는 흑색선전과 '북풍(北風)' 공작 등 프로파간다와 선동의 그늘에서 자유롭지 못했다.

2024-2025년 윤석열 대통령 탄핵 정국은 현대 한국 사회에서 프로파간다와 선동이 얼마나 강력하게 작동할 수 있는지 보여주는 생생한 사례였다. 탄핵을 추진했던 측과 반대했던 측 모두 각자의 지지층을 결집하고 상대방을 공격하기 위해 치열한 여론전을 펼쳤다. 유튜브 채널, 온라인 커뮤니티, SNS 등에서는 확인되지 않은 정보나 자극적인 주장이 넘쳐났다. 탄핵 찬성 측은 '독재자', '헌법 파괴', '국정 농단' 등의 프레임을 사용하여 대통령과 정부를 비판했고, 시민들의 분노와 저항을 촉구했다. 반면 탄핵 반대 측은 '종북 세력의 음모', '사법 쿠데타', '마녀사냥' 등의 프레

임을 내세워 탄핵의 부당성을 주장하고 지지층의 위기감과 결집을 유도했다. 양측 모두 감정에 호소하고 상대를 악마화하는 선동적인 레토릭을 사용하며, 사회적 갈등과 분열의 골은 더욱 깊어졌다.

이러한 현실 앞에서 우리는 질문하게 된다. 어디까지가 정당한 주장이고 어디부터가 위험한 선동인가? 이렇게 주장하는 사람들이 있다. "비판과 선동은 종이 한 장 차이다. 자신과 다른 의견을 모두 '가짜뉴스'나 '프로파간다'로 몰아붙이는 행태 자체가 민주적 토론을 불가능하게 만든다. 표현의 자유는 최대한 보장되어야 하며, 무엇이 선동인지는 시민들이 스스로 판단할 영역이다." 이들은 프로파간다 규제가 자칫 비판적인 목소리를 억압하는 수단으로 악용될 수 있음을 경계하며, 자유로운 사상의 경쟁 시장을 강조한다.

하지만 다른 쪽에서는 반대로 이야기한다. "혐오 발언과 명백한 허위 정보까지 '표현의 자유'라는 이름으로 용인될 수는 없다. 감정만 자극하고 사회적 불신과 증오를 퍼뜨리는 악의적인 프로파간다와 선동은 민주주의를 병들게 하는 바이러스다. 이에 맞서 팩트를 확인하고 비판적으로 정보를 해독하는 시민적 노력과 함께, 플랫폼 기업 등의 사회적 책임도 요구되어야 한다." 이들은 가짜뉴스와 선동이 초래하는 실질적인 사회적 해악을 지적한다.

디지털 시대의 프로파간다와 선동은 더욱 교묘하고 강력해졌다. 소셜 미디어 알고리즘은 우리를 보고 싶은 정보만 보여주는 '필터 버블'에 가두고, '가짜 뉴스'는 진짜 뉴스보다 더 빠르게 퍼져나간다. 인공지능을 이용한 '딥페이크' 기술은 현실과 허구의 경계마저 무너뜨리고 있다. 2016년 미국 대선 당시 러시아의 선거 개입 의혹이나 케임브리지 애널리티카 스캔들은 빅데이터와 소셜 미디어가 어떻게 유권자 심리를 조작하는 데 악용될 수 있는지 보여주었다. 도널드 트럼프의 선거 운동과 재임 기간 동안 보여준 트위터 정치, 반복적인 구호 사용, 주류 언론에 대한 공격('가짜 뉴스' 딱지 붙이기) 등은 현대 포퓰리즘 정치가 어떻게 프로파간다 기법을 효과적으로 활용하는지를 보여주는 대표적인 사례다.

결국 프로파간다와 선동은 우리가 정보를 접하는 모든 곳에 스며들어 있다. 그것은 때로는 노골적인 구호로, 때로는 세련된 이미지나 감동적인 이야기의 모습으로 다가온다. 중요한 것은 그 이면에 숨겨진 의도를 읽어내려는 비판적인 자세다. 누가, 어떤 목적으로 이 이야기하고 있나? 제시된 근거는 사실인가, 아니면 감정에 호소하거나 특정 측면만 부각하는가? 나에게 어떤 감정이나 행동을 유도하려 하는가? 이러한 질문을 끊임없이 던지고 정보를 교차 확인하며, 감정적인 반응 대신 이성적인 판단을 내리려는 노력. 그것이 정보의 홍수 속에서 길을 잃지 않고 민주 시민으로서 건강한 판단력을 지키는 유일한 방법일 것이다.

더 깊이 읽기

빛나는 일반화 (Glittering Generalities)

'빛나는 일반화(Glittering Generalities)'란 듣는 이의 마음을 사로잡는 아름답고 긍정적인 단어나 문구를 사용하여, 특정 인물, 정책, 상품 혹은 이념에 대해 깊이 생각하지 않고 무조건적으로 받아들이게 만들려는 선전·설득 기법이다. 예를 들어, 정치인이 선거 연설에서 "위대한 국민과 함께 희망찬 미래로!", "모두가 행복한 정의로운 사회 건설!", "국민을 위한 진정한 변화!" 같은 구호를 외치는 것이 대표적이다. '위대함', '희망', '행복', '정의', '변화' 같은 단어들은 대부분의 사람이 좋아하고 거부감을 느끼지 않는, 그 자체로 긍정적인 가치를 담고 있는 듯 보인다.

이러한 '빛나는' 단어들은 마치 마법 주문처럼 작용하여, 구체적인 증거나 논리적 설명 없이도 듣는 이의 감정에 직접 호소한다. 광고에서는 "프리미엄", "혁신 기술", "친환경 명품", "100% 천연" 같은 단어로 제품의 가치를 실제 이상으로 부풀려 포장하고, 기업은 사회적 책임을 다한다는 이미지를 위해 "지속 가능한 성장", "함께하는 미래"와 같은 구호를 내건다. 정책 결정 과정에서는 반대가 예상되는 사안조차 "국민 통합을 위한 불가피한 결단" 또는 "미래 세대를 위한 역사적 투자"라는 이름으로 포장되어 반대 의견을 잠재우려 하기도 한다. 심지어 논란이 많은 외교 정책이나 군사적 행동조차 '자유 수호', '평화를 위한 전쟁', '애국적 선택'이라는 거창한 수식어로 정당화될 때, 사람들은 그 이면에 숨겨진 복잡한 문제점이나 희생을 간과하고 그럴듯한 명분에 쉽게 동조하는 경향이 있다. 결국 이 기법의 핵심은, 반짝이는 가치 뒤에 숨어 비판적 사고를 무력화시키고, 묻지도 따지지도 않는 동의를 얻어내는 것이다. 따라서 이러한 표현을 접할 때는 항상 '구체적으로 무엇을 의미하는가?', '누구에게 이로운 주장인가?', '나의 어떤 감정을 자극하는가?'라는 질문을 던지며 그 실체를 파악하려는 노력이 필요하다.

『프로파간다』, 에드워드 버네이스

'PR의 아버지'로 불리는 버네이스가 쓴 고전이다. 프로파간다의 작동 원리와 기법을 체계적으로 분석한다. 다소 오래된 책이지만, 여론 조작과 대중 설득의 본질을 이해하는 데 여전히 중요한 통찰을 제공한다.

대한민국 현대사의 주요 프로파간다

1. '반공'이라는 이름으로… (이승만 정부 시대)

한국 전쟁으로 폐허가 된 대한민국에 '반공'은 종교나 다름 없었다. 이승만 정부는 북의 공산주의를 악마화하며 모든 비판자와 정적에게 '빨갱이'라는 낙인을 찍었다. 그 서슬 퍼런 구호 아래 수많은 이들이 스러져 갔지만, 정권은 국민적 공포를 자양분 삼아 뿌리내렸다. 강력한 반공 국가는 정권 안정을 가져왔으나, 자유와 민주주의는 질식했다. 오늘날까지 한국 사회를 옥죄는 깊은 레드 콤플렉스는 이때 새겨진 상처다.

2. '반공'이라는 이름으로… (이승만 정부 시대)

"새벽종이 울렸네, 새 아침이 밝았네." 박정희 정부는 '잘 살아보세' 구호와 함께 새마을 깃발을 전국에 꽂았다. 라디오, TV, 교과서까지 총동원된 선전 속에서 초가집이 사라지고 마을길이 넓어졌다. 국민들은 허리띠를 졸라매며 '한강의 기적'을 향해 뛰었다. 농촌 환경 개선과 소득 증대라는 가시적 성과와 함께 국민적 자긍심을 높이며 정권의 강력한 지지 기반을 만들었다. 그러나 그 눈부신 발전의 그늘에는 획일적인 동원과 희생, 깊어가는 도시-농촌 격차의 신음이 있었다.

3. 유신, 얼어붙은 민주주의 (박정희 정부 '유신 체제')

1972년 10월, 민주주의는 총칼 아래 '유신(維新)'이란 이름으로 얼어붙었다. 박정희 정부는 이를 '한국적 민주주의'라 포장하며 영구 집권을 정당화했다. 언론은 권력의 찬양가를 불렀고, 자유를 갈망하는 목소리는 '긴급조치'라는 재갈에 물려 신음했다.
숨 막히는 질서 속에서 권력은 공고해졌지만, 그 토대 아래서는 민주주의를 향한 저항의 불씨가 조용히 타들어가고 있었다. 결국 부마항쟁과 10.26이라는 파국으로 치달았다.

4. 화면 속 태평성대, 거리의 불신 (전두환 정부 '땡전 뉴스')

광주의 피가 채 마르기도 전, 언론은 권력의 나팔수가 되었다. 통폐합된 방송사의 저녁 9시 뉴스는 어김없이 "전두환 대통령은 오늘…"로 시작했다('땡전 뉴스'). 철저한 보도 지침 아래, 화면 속 대한민국은 평온했지만 거리는 그렇지 않았다. 정권은 정보를 통제하며 한동안 안정된 통치를 유지하는 듯 보였다. 하지만 국민들은 화면과 현실의 괴리 속에서 언론에 대한 깊은 불신을 키워갔다. 그러나 진실은 지하에서 숨 쉬며 다른 기회를 찾고 있었다는 것을 기억해야 한다.

5. 선거철의 북풍, 흔들리는 민심 (선거철의 단골 메뉴)

중요한 선거철만 되면 어김없이 휴전선 너머에서 찬 바람('북풍')이 불어왔다. 때로는 실제 도발이, 때로는 출처 불명의 위기설이 언론을 뒤덮었다. '안보'라는 절대 가치 앞에서 다른 모든 쟁점은 뒷전으로 밀려났다. 안보 불안 심리는 보수층을 결집시키고 부동층의 표심을 흔드는 효과적인 카드가 되었다. 민주주의의 축제여야 할 선거가 종종 냉전 시대의 망령과 이념 전쟁의 연장선이 되풀이되는 결과를 낳았다.

19. 4·19 혁명과 대한민국 헌법

　1960년 4월 19일 화요일, 역사는 그날을 '피의 화요일'로 기록한다. 3·15 부정선거에 항거하며 거리로 나섰던 마산상고 학생 김주열의 참혹한 시신이 눈에 최루탄이 박힌 채 마산 앞바다에 떠오르면서, 들불처럼 번지던 시민들의 분노는 절정에 달했다. 이날 교복 입은 학생들이 서울 시내를 가득 메웠다.

　"부정선거 다시 하라!", "이승만 정권 물러가라!" 목이 터져라 외치는 학생과 시민들의 비무장 행렬을 향해 경찰은 무차별 총격을 가했다. 첫 발포로 최소 20명 이상이 즉사하고 전국 사망자가 180여 명에 달했다. 하지만 총칼의 위협도 민주주의를 향한 열망을 꺾지 못했다. 학생들의 용기에 시민들이 합류했고, 교수단까지 시위에 나섰다. 결국 4월 26일, 12년간 장기 집권했던 이승만 대통령은 하야 성명을 발표해야 했다. 자진 사임을 발표한 것이다. 이것이 바로 대한민국 민주주의의 분수령이 된 4·19 혁명이다.

　이 피 흘린 혁명의 정신은 오늘날 대한민국 헌법에 고스란히 새겨져 있다. 현행 헌법 전문은 "유구한 역사와 전통에 빛나는 우리 대한국민은 3·1운동으로 건립된 대한민국임시정부의 법통과 불의에 항거한 4·19민주이념을 계승하고…"라고 선언한다. 이는 대한민국 헌법의 정통성이 단순히 법 조문에만 있는 것이 아니라, 독재와 불의에 맞서 싸웠던 시민들의 '저항'에 그 뿌리를 두고 있음을 명백히 밝힌 것이다. 4·19 혁명은 단순한 과거 사건이 아니라, 국가 권력이 국민의 뜻을 거스를 때 국민이 스스로 나서서 바로잡을 수 있다는 민주주의의 살아있는 원칙으로서 헌법 속에 영원히 기록되었다.

이 헌법 정신은 60여 년이 흐른 2024-2025년의 대한민국에서도 다시 한번 그 의미를 되새기게 했다. 윤석열 당시 대통령의 비상계엄 선포와 국회 봉쇄 시도는 부정선거와 권위주의로 국민 주권을 짓밟았던 이승만 정권과는 다른 형태였다. 그렇다 하더라도 결국 민주적 헌정 질서를 파괴하려 했다는 점에서 그 본질은 다르지 않았다. 12월 3일 밤, 계엄군에 맞서 국회 앞으로 모여들었던 시민들의 모습과, 이후 헌법재판소가 대통령의 행위를 '헌법 수호 의무 위반'으로 규정하며 파면을 결정한 것은, 바로 헌법 전문에 담긴 '불의에 항거한 4·19 민주 이념'이 오늘날에도 여전히 작동하고 있음을 보여준다. 즉, 시민과 헌법 기관이 힘을 합쳐 민주주의를 위협하는 권력에 맞서 싸운, 또 다른 형태의 '4·19 정신'의 발현으로 해석될 수 있다.

이처럼 4·19 정신은 현재 진행형의 의미를 지니며, 종종 현실 정치 논쟁 속으로 소환된다. 권력의 부당함에 맞서는 시민 행동을 옹호하는 측은 4.19를 중요한 근거로 제시한다. "헌법 전문의 4·19 정신은 박제된 역사가 아니다. 국가 권력이 국민의 기본권을 침해하고 민주주의를 후퇴시키려 할 때, 4.19의 학생들이 그러했듯 불의에 침묵하지 않고 행동하는 것은 헌법이 우리에게 부여한 권리이자 책무이다." 이들은 4.19가 단순히 반독재 투쟁을 넘어, 어떤 형태의 '불의'에 대해서도 시민들이 깨어 저항해야 한다는 보편적인 민주주의 원칙을 상징한다고 본다.

반면, 4·19 정신의 의미를 신중하게 해석해야 한다는 목소리도 있다. "4.19는 자유당 정권의 노골적인 부정선거와 폭압이라는 극단적인 상황에서 일어난 혁명이다. 모든 종류의 정부 정책 반대나 정치적 시위를 4.19에 빗대는 것은 역사의 무게를 가볍게 만드는 일이다. 숭고한 4·19 정신이 특정 집단의 정치적 주장을 정당화하는 수단으로 남용되어서는 안 된다." 이들은 4.19의 역사적 특수성을 강조하며, 그 정신을 현재의 모든 갈등 상황에 무분별하게 적용하는 것을 경계한다. 역사적 상징이 정치적 구호로 소모될 때 그 본래 의미가 퇴색될 수 있다는 주장이다.

4·19 혁명은 이후 한국 민주화 운동의 중요한 원형이 되었다. 1980년 5·18 광주 민주화 운동, 1987년 6월 항쟁, 그리고 2016-17년 촛불 혁명에 이르기까지, 시민들은 독재 권력이나 부패한 권력에 맞서 끊임없이 저항하며 민주주의를 발전시켜왔다. 그 방식은 시대와 상황에 따라 변화했지만(학생 중심 시위에서 전 국민적 촛불 참여로, 때로는 격렬한 물리적 충돌에서 평화적 비폭력 기조로), 국가 권력의 정당성은 국민에게서 나오며 부당한 권력에는 저항할 수 있다는 4·19의 핵심 정신은 면면히 이어져 왔다.

한편 미국에서 있었던 2021년 1월 6일 트럼프 지지자들의 의사당 난입 사태는, 민주주의의 근간인 선거 결과에 대한 불복과 폭력적 저항 시도가 오히려 민주주의를 어떻게 위협할 수 있는지를 보여준다. 4.19와 같은 '불의에 대한 항거'와는 다소 반대의 성격을 보여준다.

결국 대한민국 헌법 전문에 새겨진 '4·19 민주 이념 계승'은 단순한 역사적 사실의 기록이 아니다. 그것은 대한민국 민주주의가 어디에 뿌리를 두고 있으며, 어떤 가치를 지향해야 하는지를 끊임없이 상기시키는 살아있는 규범이다. 4·19 혁명은 국가 권력이 국민 위에 군림할 수 없으며, 불의 앞에서는 평범한 시민들의 용기 있는 저항이 역사를 바꿀 수 있다는 사실을 증명했다. 오늘날 우리가 이 정신을 어떻게 기억하고 실천할 것인가는, 여전히 우리 앞에 놓인 중요한 과제다.

더 깊이 읽기

KBS『역사저널 그날』4·19혁명 60주년 기획 "피의 일주일, 4.19부터 하야까지" (2020년 4월 14일 방영)

4·19혁명이 시작되기 직전 가장 앞서 시위에 나선 건 10대 청소년, 학생들이었다. 특히 2월 28일 대구에선 이승만 정권의 독재에 항거해 고등학생들이 시위에 나선다. 마산에서 이어진 3·15 부정선거 규탄시위에 참여한 이들도 17살 김주열을 포함한 학생들이었다. "학원의 자유를 달라", "학생을 정치도구로 이용하지 말라"는 구호를 외칠 수밖에 없었던 1960년대 정치적 상황을 들여다보고, 투표권 없는 학생들이 거리로 나선 이유를 알아본다.

20. 5·18 민주화운동과 한강의 소설

1980년 5월, 봄기운 완연한 남도의 도시 광주. 누구도 이런 일이 벌어질 거라고는 상상하지 못했으리라.

박정희 대통령은 18년간 강력한 권한으로 국가를 이끌며 경제 성장을 이루었지만 동시에 민주주의를 억눌렀다. 특히 1972년 선포한 '유신' 헌법 체제는 대통령에게 막강한 권력을 부여하고 장기 집권의 길을 열어 '독재'라는 비판을 받았다. 전년도인 1979년 10월, 박정희 대통령은 최측근이었던 중앙정보부장 김재규의 총격으로 갑작스럽게 사망했다. 그의 죽음 이후 한국 사회는 잠시 정치적 억압에서 벗어나 민주화에 대한 희망에 부풀었다. 대학가에서는 학내 민주화 요구가 터져 나오고, 사회 곳곳에서 자유로운 토론이 시작되었으며, 사람들은 이 짧은 해빙기를 마치 체코슬로바키아의 민주화 운동에 빗대어 '서울의 봄'이라 불렀다. 길고 길었던 권위주의 통치의 겨울이 끝나고 드디어 진정한 민주주의의 봄이 오리라고 생각했다.

그러나 그 희망은 오래가지 못했다. 군내 사조직 '하나회'를 이끌던 전두환 보안사령관은 1979년 12월 12일 군사 반란을 일으켜 군 지휘권을 실질적으로 장악했다. 그리고 1980년 5월 17일, 신군부는 국정 전반을 장악하기 위해 비상계엄을 전국으로 확대하고 김대중 등 민주화 운동 지도자들을 대거 체포하며 다시금 민주주의의 시계를 거꾸로 돌리려 하고 있었다. 계엄 철폐와 민주화를 외치며 광주에서 거리로 나선 시민들의 평화로운 함성이 핏빛 절규로 바뀔 줄이야….

대한민국 현대사 가장 깊은 상처 중 하나, 5·18 민주화운동의 비극적인 시작이었다.

학생들이 먼저 '비상계엄 해제', '전두환 퇴진'을 외치며 거리로 나섰다. 돌아온 것은 무자비한 폭력이었다. 적군의 지휘부로 침투하는 훈련을 받은 공수부대가 남녀노소를 가리지 않고 곤봉과 대검으로 시민들을 공격했다. 분노한 시민들이 합세했다. 그중 일부는 예비군의 무기고를 열어 총을 들었다. 며칠간 광주는 시민들의 손으로 지켜졌다. 주먹밥을 나누고 서로를 위로하며 민주주의 공동체를 꿈꿨지만, 계엄군의 탱크는 결국 도청 앞 광장을 짓밟았다. 공식 기록으로도 수백 명의 사망자와 행방불명자. 열흘간의 항쟁은 피로 끝맺었다.

수십 년이 흘러도 그날의 상처는 아물지 않았다. 국가 폭력의 기억은 때로 외면당하고, 왜곡되기도 했다. 바로 그 기억의 심연을 파고든 작품이 소설가 한강의 『소년이 온다』(2014)이다. 이 소설은 당시 희생된 어린 소년 '동호'의 눈을 빌리고, 그 주변 인물들의 고통스러운 증언을 따라가며, 폭력 속에서도 인간의 존엄을 지키려 했던 이들의 이야기를 처절하고 아름다운 문장으로 되살려 냈다. 단순히 사건을 고발하는 것을 넘어, 폭력이 인간의 영혼에 남기는 깊은 상흔과 그럼에도 불구하고 인간이 지키고자 하는 가치가 무엇인지를 묻는다. 이 책은 5·18을 경험하지 못한 세대에게 그날의 아픔을 생생하게 전달하고, 역사적 트라우마를 문학적으로 승화시킨 기념비적 작품으로 평가받으며 국내외에 큰 반향을 일으켰다. (나는 한강 작가의 아버지인 소설가 한승원 씨의 친구이자, 한강 작가의 유년 시절 주치의를 자처했던 정진홍 작가의 출판을 함께 작업했다.『우리, 하루의 기적을 말하다』를 쓴 정진홍 작가는 광주 사람이다. 우리 모두가 직접 광주를 겪은 것은 아니지만, 소위 '한 다리 건너면' 누구나 광주와 닿아 있다. 대한민국의 집단 무의식에는 광주가 있다.)

그리고 2024년 겨울, 비상계엄 선포와 군대 동원이라는 데자뷰 앞에서 많은 이들은 1980년 5월 광주의 기억을 떠올렸다.

5·18 민주화운동은 국가기념일로 지정되고 관련 기록물이 유네스코 세계기록유산으로 등재되는 등 역사적 평가는 상당 부분 이루어졌다. 그러나 그 진실을 둘러싼 싸움은 아직도 끝나지 않았다. 특히 일부 극우 세력과 국회의원은 5.18을 '북한의 사주를 받은 빨갱이들의 폭동' 혹은 '좌파 반란'으로 매도하며, 심지어 '북한군 특수부대가 개입했다'는 북한군 개입설을 조직적으로 유포했다. 한강의 소설은 바로 이처럼 현재에도 계속되는 기억과 망각의 투쟁, 그리고 온전한 치유와 화해의 가능성에 대해 문학의 언어로 깊은 질문을 던지고 있는지도 모른다.

국가 권력이 자국민에게 총구를 겨눈 비극은 세계사 곳곳에 존재한다. 1989년 중국 베이징 톈안먼 광장에서 민주화를 요구하던 학생과 시민들을 향해 탱크와 장갑차가 투입되어 수많은 희생자를 냈다. 이 사건은 5·18 광주와 자주 비교되곤 한다. 두 사건 모두 평화적 시위에 대한 국가의 무력 진압이라는 공통점을 가지며, 이후 진상 규명과 기억 투쟁이 오랫동안 이어지고 있다는 점도 유사하다. 이러한 비극적 역사는 국가 폭력의 재발을 막기 위해 진실을 기억하고 기록하는 일이 얼마나 중요한지를 보여준다.

광주의 5월은 아직 끝나지 않았다. 시민들이 보여준 용기와 민주주의에 대한 열망은 1987년 6월 항쟁으로 이어져 군사독재를 종식시키는 중요한 동력이 되었으며, 이후 한국 사회가 인권과 민주주의 가치를 더욱 중요하게 여기는 계기가 되었다. 아프지만 외면할 수 없는 목소리에 귀 기울이는 것, 국가 폭력의 기억 앞에서 침묵하거나 왜곡에 동조하지 않고 함께 슬퍼하고 성찰하며 그 역사적 의미를 되새기는 것. 그것이 바로 5·18이 남긴 과제를 안고 더 나은 민주주의로 나아가는 길일 것이다.

더 깊이 읽기

한겨레 신문 기사 『5·18을 모르는 당신을 위해 엄선한 영화·소설·웹툰 8가지』

1980년 5월 광주, 그 열흘간의 비극과 이후 남겨진 상처를 어떻게 마주해야 할까? 5·18 민주화운동 36주년을 맞아 한겨레신문이 소개한 이 기획 기사는 좋은 길잡이가 된다. 영화『화려한 휴가』『박하사탕』 소설『소년이 온다』 웹툰『26년』 등 8편의 대중적인 문화 콘텐츠를 엄선하여, 각 작품이 5.18의 어떤 얼굴을 비추고 있는지 핵심 줄거리와 함께 명료하게 안내한다.

영화『택시운전사 (A Taxi Driver)』, 2017

그저 돈 벌러 광주로 향했던 평범한 서울 택시기사. 그의 눈에 비친 국가의 잔혹함과, 이름도 몰랐던 사람들이 지키려 했던 인간의 얼굴. 역사의 거대한 비극 앞에서, 속물이었던 한 소시민이 뜨겁게 각성해가는 과정을 따라간다.

황석영 외, 『죽음을 넘어 시대의 어둠을 넘어』

총칼의 감시 아래, 목숨을 걸고 기록한 5월 광주의 진실. 금기의 시대에 터져 나온 이 증언 문학은 단순한 기록을 넘어, 학살의 현장과 스러져간 이들의 절규를 생생하게 고발한다. 묻혀버릴 뻔했던 역사의 목소리를 처음으로 세상에 끄집어낸, 시대의 기념비적 작품이다. 국가 폭력의 실상을 구체적으로 드러낸 이 책은 국내에서 5·18을 이해하는 필독서로 평가받는다.

21. 1987년 6월 민주항쟁 "탁 치니 억 하고 죽었다"

1987년 1월, 스물두 살 서울대 언어학과 학생 박종철은 경찰에 붙잡혀 남영동 대공분실이라는 무시무시한 곳으로 끌려갔다. 당시 수배 중이던 민주화 운동 선배 박종운의 행방을 알아내기 위해서다. 경찰은 박종운이 어디 있는지 대라며 그를 거칠게 다그쳤다. 하지만 박종철은 끝까지 입을 열지 않았다. 모진 물고문 끝에 그는 결국 욕조의 차가운 물속에서 숨을 거뒀다. 그러자 경찰은 믿기 힘든 발표를 내놓았다.

"책상을 '탁' 치니 '억' 하고 죽었습니다."

당시 막강한 힘을 휘두르던 전두환 군사 독재 정권의 잔인함과 진실을 덮으려는 뻔뻔함을 보여주는 이 발표는, 그러나 잠자던 시민들의 분노를 깨우는 기폭제가 되었다. 진실은 용기 있는 의사, 부검의, 교도관, 그리고 언론인들의 손을 거쳐 조금씩 세상에 알려졌다.

그 분노는 같은 해 6월, 마침내 거대한 함성으로 터져 나왔다. 전두환 정권은 국민들의 대통령 직선제 개헌 요구를 거부하는 '4.13 호헌 조치'를 발표했다. 6월 9일에는 연세대생 이한열이 시위 도중 경찰이 쏜 최루탄에 머리를 맞아 쓰러졌다 (그는 결국 7월 5일 사망했다). 항쟁의 불길은 전국으로 타올랐다. 서울 명동 거리는 물론, 부산, 광주, 대전 등 전국 주요 도시는 "호헌 철폐! 독재 타도!"를 외치는 학생과 시민들로 뒤덮였다 (당시 영상을 보면 "호헌 철폐, 독재 타도"라는 구호가 계속 반복되는 것을 볼 수 있다). 뿌연 최루가스 속에서, 흰 헬멧을 쓴 진압 경찰 '백골단'의 무자비한 폭력에 맞서 넥타이를 맨 회사원들까지 거리로 뛰쳐나와 학생들과 어깨를 걸었다. '넥타이 부대'의 등장은 6월 항쟁이 더 이상 특정 집단의 시위가 아닌, 민주주의를 원하는 모든 시민의 간절한 외침임을 보여주는 상징적인 장면이었다.

결국 거센 민심의 압력 앞에 군사정권은 항복했다. 6월 29일, 당시 여당 대표였던 노태우는 대통령 직선제 개헌 수용과 김대중 사면복권 등 민주화 요구를 대부분 받아들이는 '6.29 선언'을 발표했다. 이는 광장의 시민들이 피와 땀, 그리고 눈물로 직접 얻어낸 소중한 승리였다. 이 6월 항쟁의 결과로 대한민국 헌법은 대통령 직선제를 핵심으로 하는 지금의 모습(1987년 헌법)으로 바뀌게 된다. 헌법 조문 하나하나에는 그해 6월 뜨거웠던 거리의 함성이 녹아 있는 것이다.

"탁 치니 억 하고 죽었다"는 국가 권력의 거짓말과 폭력에 대한 기억은, 2024년 12월 비상계엄 사태 때 다시 한번 한국 사회에 깊은 경각심을 일깨웠다. 대통령의 갑작스러운 계엄 선포와 군대 동원, 그리고 그 과정에서 제기된 여러 의혹들은 많은 국민에게 1987년의 아픈 기억, 즉 국가가 국민을 속이고 억압할 수 있다는 불신을 떠올리게 했다. 시민들이 그토록 신속하고 광범위하게 저항에 나설 수 있었던 데는, 이러한 과거 국가 폭력과 거짓말에 대한 경험과 교훈이 중요한 배경으로 작용했다. 2025년 헌법재판소의 대통령 파면 결정은, 6월 항쟁이 그토록 요구했던 '진실'과 '법 절차 존중'이라는 가치가 대한민국 헌법 질서의 핵심임을 다시 한 번 확인시켜 주었다.

국가 권력의 거짓말과 그에 대한 시민 저항이라는 이야기는 세계 곳곳에서 반복된다. 베트남 전쟁 당시 미국 정부의 '통킹만 사건' 조작이나, 2003년 이라크 침공 명분이 되었던 '대량살상무기' 정보 논란 등은 정부가 어떻게 진실을 왜곡할 수 있는지 보여주는 사례다. 도널드 트럼프 행정부 시절의 수많은 '가짜 뉴스' 논란과 '대안적 사실' 주장은 국가 최고 지도자조차 진실 개념 자체를 흔들 수 있음을 보여주며 큰 충격을 안겼다. 이는 "탁 치니 억" 사건과는 상황이 다르지만, 권력이 진실을 다루는 방식과 그에 대한 시민 사회의 대응이 민주주의의 건강성을 보여주는 중요한 지표임을 말해준다.

"탁 치니 억 하고 죽었다"는 한마디는 단순한 거짓말을 넘어, 한국 현대사에서 국가 폭력의 잔인함과 진실을 향한 시민들의 끈질긴 투쟁을 상징하는 말이 되었다. 6월 항쟁은 그 거짓의 탑을 무너뜨리고 민주주의를 한 걸음 나아가게 한 역사적 승리였다. 그러나 그 승리가 모든 것을 해결해 준 것은 아니다. 국가 권력의 투명성을 요구하고 감시하며, 진실을 존중하고, 불의에 맞섰던 그날의 용기를 기억하고 실천하는 것. 그것이 6월 항쟁이 오늘 우리에게 남긴, 여전히 중요한 숙제다.

더 깊이 읽기

영화 『1987』, 장준환 감독

1987년 박종철 고문치사, 그리고 "탁 치니 억"이라는 국가의 거짓말. 영화는 진실을 은폐하려는 박처장(김윤석)에 맞서, 검사(하정우), 교도관(유해진) 등 평범했던 이들의 용기가 어떻게 6월 항쟁의 불씨를 당겼는지 숨 막히게 그려낸 영화.

KBS 다큐 〈6·10 민주항쟁 20년〉 (1부 '스무 날의 기억')

제작진은 당시 사진·16mm 필름 속 인물 100여 명을 찾아가 현재의 삶과 기억을 인터뷰하고, 명동·부산 등 현장 영상을 교차 편집해 "시민이 역사를 바꾼 20일"을 체험적으로 복원한다. 음악·뉴스필름과 함께 '넥타이부대' 등장, 최루탄 속 연세대 앞 이한열 부상 장면 등을 집중 조명해 항쟁의 결정적 순간과 의미를 정리한다.

22. 권력 견제 - 삼권분립

권력은 그 속성상 끊임없이 비대해지려 한다. 권력이 한 개인이나 집단에 집중될 때 그것은 흉기가 되어왔다. 쓰라린 역사를 통해 우리가 배운 내용이다. 그래서 고안해낸 지혜가 바로 권력을 나누고 서로 감시하게 만드는 것이다. 18세기 프랑스 사상가 몽테스키외는 『법의 정신』에서 밝혔다. 국가의 힘을 법 만드는 입법부, 법을 집행하는 행정부, 법을 판단하는 사법부로 나누고(삼권분립), 서로의 발목을 잡고 제동을 걸 수 있도록(견제와 균형) 설계하자는 것이다. 이는 마치 항해하는 배가 폭풍우 속에서도 균형을 잃지 않도록 여러 개의 닻과 돛, 그리고 키를 분산시킨 것과 같다. 절대 권력의 폭정을 막고 시민의 자유라는 보석을 지키기 위한, 민주주의의 가장 정교한 안전장치다.

1787년 여름 미국의 필라델피아, 영국 왕 조지 3세의 압제에서 막 벗어난 미국으로 가보자. 건국의 아버지들은 바로 이 설계도를 펼쳐놓고 치열하게 고민했다. 왕 같은 독재자의 재림도, 통제받지 않는 군중의 변덕(중우정치)도 모두 두려웠기 때문이다. 그들은 대통령에게 행정권을 주되, 의회에는 법률 제정권과 예산 통제권, 그리고 대통령을 자리에서 끌어내릴 탄핵소추권을 부여했다. 이 모든 것을 최종적으로 심판할 권한은 독립된 사법부에 맡겼다. 대통령의 거부권, 의회의 탄핵권, 사법부의 위헌심사권이라는 시스템을 통해, 권력이 서로를 끊임없이 의심하고 견제하도록 만들었다. 이 시스템은 이후 200년 넘게 수많은 위기 속에서도 미국 민주주의를 지탱하는 핵심 기둥이 되었다.

하지만 이 정교한 설계도가 한국 땅에서 뿌리내리기까지 험난한 가시밭길을 걸어야 했다. 물론 1948년 제헌 헌법에는 삼권분립 원칙이 담겨 있다. 그러나 이승만 정권의 사사오입 개헌, 박정희 유신 독재, 전두환 신군부 시대를 거치며 그 정신은 유명무실했다.

대통령 1인에게 모든 권력이 집중되었고, 국회는 '통법부'나 '거수기'로, 사법부는 '정권의 시녀'로 전락했다는 자조 섞인 비판이 터져 나왔다. 견제와 균형은 실종되었고, 최고 권력자의 의지가 곧 법이 되는 시대였다. 1987년 6월, 목이 터져라 "호헌 철폐! 독재 타도!"를 외쳤던 시민들의 함성은 바로 이 무너진 삼권분립을 복원하고, '제왕적 대통령'이 아닌, 헌법 아래 국민에게 책임지는 진정한 공화국을 만들고자 했던 노력이었다.

그로부터 37년이 흘렀다. 2024년 겨울.

어렵게 세운 한국의 삼권분립 시스템은 다시 한번 거센 도전에 직면했다. 윤석열 당시 대통령의 비상계엄 선포와 군 병력 동원을 통한 국회 기능 마비 시도, 헌법기관 개입 의혹은 행정부 수반이 헌법 질서 자체를 파괴하려 한 사건으로 기록되었다. 2025년 헌법재판소의 파면 결정은 바로 이 삼권분립 원칙의 중대성을 다시 한번 확인시켜 주었다. 탄핵을 이끌었던 측은 외쳤다. "대통령이 헌법 위에 군림하며 국회와 사법부를 무력화하려 한 것은 민주주의의 자기 파괴 행위였다. 탄핵은 폭주하는 권력을 멈춰 세운, 헌법적 견제 시스템의 정당한 작동이었다!" 법치주의가 승리했다는 안도감이 사회 곳곳에 퍼졌다.

그러나 다른 한편에서는 이 사태를 다른 시각으로 해석하며 깊은 우려를 표했다. "거대 야당의 입법 독주와 사법부의 정치화 역시 삼권분립의 위협이다. 견제가 정쟁으로 변질되어 국정이 마비된다면, 그 피해는 고스란히 국민에게 돌아간다. 균형 잃은 견제는 또 다른 독재일 뿐이다!" 이들은 견제와 균형이 특정 세력의 정치적 무기로 남용될 때의 위험성을 경고하며, 한국 민주주의 시스템의 취약성을 지적했다.

권력 분립과 견제의 긴장은 미국에서도 끊임없이 이어지는 드라마다. 버락 오바마 행정부 시절, 공화당이 장악한 의회는 정부 예산안 처리를 거부하며 연방정부 셧다운을 감행했다. 업무가 정지되었다는 말이다. 오바마는 행정명령을 통해 의회를 우회하려 하면서 충돌했다. 도널드 트럼프 행정부 때는 대통령이 사법부 판결을 공개 비난하고, 의회의 탄핵 소추가 두 번이나 이루어지는 등 각 권력 기관 간의 대립이 극으로 치달았다.

삼권분립 시스템이 때로는 극심한 정치적 교착 상태를 유발하기도 하지만, 바로 그 '불편함'이 어느 한쪽 권력의 독주를 막고 끊임없는 자기 성찰과 조정을 요구하는 민주주의의 본질이기도 하다.

삼권분립과 견제와 균형은 결코 완성된 조각품이 아니다. 그것은 권력의 속성과 인간의 야망, 그리고 시대 상황 속에서 끊임없이 조율되고 시험받는, 살아 숨 쉬는 과정이다. 때로는 시끄럽고 비효율적으로 보일지라도, 권력이 한곳에 고여 썩는 것을 막는 이 장치야말로 시민의 자유를 위한 최후의 보루다.

한국의 2024년 겨울이 남긴 교훈은 명료하다. 권력은 나누어야 하고, 서로 감시해야 하며, 그 어떤 권력도 헌법 위에 군림할 수 없다는 것. 이 불편하지만 필수적인 원칙을 지켜내려는 시민들의 각성과 노력이 계속될 때, 민주주의는 비로소 안전하게 항해할 수 있다.

더 깊이 읽기

『국가란 무엇인가』, 유시민, 2017 (개정판)

앞서 언급했던 책이다. 국가의 기원과 역할, 권력의 정당성 문제 등을 다양한 정치철학 사상(홉스, 로크, 루소, 마르크스 등)을 통해 알기 쉽게 설명한다. 삼권분립과 같은 국가 운영 원리가 왜 등장했고 어떤 의미를 갖는지 폭넓은 시각에서 이해하는 데 도움을 주는 대중적인 교양서다. 유시민 작가의 정치적 의견과 관계 없이, 다양한 개념들이 알기 쉽게 설명된 작품이다.

영화 『남산의 부장들』, 우민호 감독, 2020

박정희 정권의 마지막 40일을 그린 영화로, 절대 권력의 심장부였던 중앙정보부 내부의 숨 막히는 암투와 공포를 생생하게 묘사했다. 권력자 주변 인물들의 심리와 선택을 통해, 1인에게 과도하게 집중된 권력이 결국 어떻게 스스로를 파멸로 이끄는지 보여준다.

23. 극우 포퓰리즘과 태극기 부대

 서울 도심 한복판, 확성기에서는 군가(軍歌)나 복음성가가 울려 퍼지고, 연단에 선 누군가는 목소리를 높여 '빨갱이 척결', '종북 좌파 국회 해산'을 외친다. 희끗한 머리를 한 참가자들의 얼굴에는 깊은 우려와 결연한 분노, 때로는 눈물마저 서려 있다. 2016년 박근혜 전 대통령 탄핵 반대 시위를 기점으로 본격적으로 등장해 한국 사회에 강렬한 인상을 남긴 이들, 이른바 '태극기 부대'. 이들의 등장은 한국 사회에 뿌리 깊게 자리 잡은 극우 포퓰리즘의 한 단면을 극명하게 보여준다.
 '극우 포퓰리즘'이란 무엇인가.
 강한 민족주의와 권위주의적 리더십을 내세우며, '순수하고 애국적인 우리 국민'과 '부패하고 국가를 위협하는 엘리트(기성 정치인, 좌파 지식인, 편향된 언론 등)'를 날카롭게 구분하며 대립시킨다. 복잡한 사회 문제를 외세나 특정 내부의 적으로 돌린다. 이를 테면 종북 세력이나 불법 이민자 등이다. 때로는 검증되지 않은 정보나 음모론을 적극적으로 유포하며 지지층을 결집시킨다. 이들은 종종 기존의 민주주의 제도 자체를 불신하며, 자신들만이 '진정한 국민의 목소리'를 대변한다고 주장한다.
 한국의 태극기 부대는 이러한 극우 포퓰리즘의 보편적 특징에 더해, 냉전 시대의 강력한 반공주의 이데올로기, 박정희 시대로 대표되는 권위주의적 발전 국가에 대한 향수, 그리고 한미동맹에 대한 절대적인 신념이라는 한국 현대사의 특수한 맥락이 강하게 녹아들어 있다. 2016-17년, 그들은 박근혜 전 대통령 탄핵을 '종북 좌파 세력과 부패 언론이 공모한 정치적 음모이자 국정 쿠데타'로 규정하며 촛불 집회에 격렬히 맞섰다.

그들에게 탄핵은 법치주의의 회복이 아니었다. '위대한 지도자'를 억울하게 끌어내리려는 불순한 시도였다. 촛불 광장은 '거짓 선동에 놀아나는 철없는 군중'의 모습이었다.

시간이 흘러 2024년 겨울, 윤석열 전 대통령의 비상계엄 선포와 탄핵이라는 또 다른 헌정 위기 국면에서도 태극기 부대(또는 그 흐름을 잇는 극우 세력)는 어김없이 광장에 등장했다. 그들은 윤 전 대통령의 비상계엄 선포를 '나라를 망치려는 종북 좌파 국회와 선거 조작 세력으로부터 자유 대한민국을 지키기 위한 대통령의 용기 있는 결단'이라고 치켜세우며 적극 옹호했다. 한 집회 참가자는 성조기와 태극기를 함께 흔들며 목소리를 높였다.

"선거를 도둑맞고 나라가 공산화될 판인데, 대통령이 계엄령이라도 선포해서 바로잡아야지! 윤 대통령님 힘내십시오!"

이들에게 촛불 집회는 여전히 '대한민국을 부정하는 반국가 세력의 난동'이었고, 대통령 탄핵은 '좌파의 영구 집권 음모'의 연장선이었다. 심지어 2025년 헌법재판소의 파견 결정이 내려진 이후에는 전광훈 씨 등이 "헌재마저 종북 좌파에게 매수되었다! 사법 쿠데타 판결에 불복하고 국민 저항권을 발동해야 한다!"고 외치며, 헌법이 정한 사법부의 최종 판단마저 정면으로 부정하는 극단적인 모습을 보였다. 이들은 헌재의 결정을 정당한 법적 판단이 아닌, '종북 좌파' 세력의 정치적 음모로 규정하며, 이에 대한 '저항'이 곧 애국이라고 주장했다.

태극기 부대의 목소리에는 한국 사회의 급격한 변화에 대한 노년 세대의 불안감, 과거 권위주의적 안정에 대한 막연한 그리움, 북한 체제와 진보 세력에 대한 뿌리 깊은 적대감, 그리고 자신들이 주류 사회로부터 인정받지 못하고 소외되었다는 피해의식 등이 복합적으로 뒤섞여 있는 것으로 분석된다. 특히 유튜브와 같은 온라인 플랫폼은 이들의 인식을 강화하고 서로를 확인하며 결집시키는 매우 중요한 통로였다.

이러한 극우 포퓰리즘과 지지층 결집 현상은 미국의 '트럼프 현상'과 놀라울 정도로 닮은꼴을 보여준다. '미국을 다시 위대하게(MAGA)'를 외치며 기성 정치와 언론을 '국민의 적'으로 몰아붙인 트럼프의 방식은, 한국 극우 세력이 '종북 좌파'와 '부패 엘리트'를 공격하는 방식과 흡사하다.

성조기와 트럼프 깃발(혹은 태극기와 성조기)을 흔드는 열광적인 집회, 가짜 뉴스와 음모론이 판치는 유튜브 등 대안 매체를 통한 지지층 결집, 선거 결과나 사법부 판결 등 기존 제도에 대한 불신과 공격, 강력한 지도자에 대한 맹목적인 지지 등이다. 2021년 1월 6일, 성조기와 트럼프 깃발을 든 지지자들이 민주주의의 심장인 의사당에 난입했던 장면은, 국가 상징(태극기)을 앞세워 헌법 기관(헌재)의 결정을 부정하는 한국 일부 극우 세력의 모습과 위태롭게 겹쳐 보인다. 이는 극우 포퓰리즘이 특정 국가를 넘어선 시대적 현상일 수 있음을 시사한다.

태극기 부대로 상징되는 한국의 극우 포퓰리즘은 우리 사회 내부에 존재하는 깊은 이념적, 세대적, 역사적 갈등을 드러내는 동시에, 이를 더욱 증폭시키고 정치적 담론을 극단으로 몰아가는 중요한 요인 중 하나다. 그들의 거친 함성이 과연 '침묵하는 다수의 외침'을 일부라도 대변하는 것인가, 아니면 민주주의의 필수 요소인 관용과 합리적 토론을 위협하는 '위험한 소음'에 불과한가? 그들의 깊은 분노와 불안의 근원은 무엇이며, 우리 사회는 어떻게 이들과 소통하고 공존의 길을 모색해야 하는가? 단순히 혐오하거나 배제하는 것을 넘어, 그 현상의 뿌리를 성찰하고 이해하려는 노력 속에서 이 질문에 대한 답을 찾아가는 과정이, 양극화된 한국 민주주의가 풀어야 할 또 다른 어려운 숙제가 되고 있다.

더 깊이 읽기

극우 유튜브 채널

'극우 성향'으로 분류되거나 태극기 집회 등에서 많이 언급되었던 대표적인 유튜브 채널들은 이렇다. 『신의한수』 『공병호TV』 어떤 채널을 '극우'로 규정할지는 보는 시각에 따라 다를 수 있으며, 해당 채널 운영자들은 스스로를 '우파' 또는 '애국 보수' 등으로 지칭하는 경우가 많다. 이런 채널에서 어떤 주장이나 정보를 제공하는지 살펴보자.

영화 『국제시장』 (윤제균 감독, 2014)

한국전쟁부터 베트남 파병, 서독 파견, 이산가족 상봉까지 격동의 현대사를 관통하며 살아온 한 아버지의 삶을 그린 영화다. 태극기 집회 참여자 다수가 공유하는 역사적 경험과 정서, 즉 '고난 속에서 가족과 나라를 위해 헌신했다'는 세대의 기억과 자부심을 이해하는 중요한 문화적 맥락을 제공할 수 있다. 천만 영화이므로 재미까지 보장한다.

24. 민주주의와 비선실세

자유민주주의(Liberal Democracy). 다수가 원하면 무엇이든 할 수 있다는 뜻이 아니다. 자유민주주의의 핵심은 국가 권력으로부터 개인의 자유와 권리(사상, 표현, 집회, 신체 등)를 최대한 보장하고, 법에 의한 통치, 즉 법치주의를 확립하는 데 있다.

현대 대부분의 민주 국가는 시민이 직접 모든 정책을 결정하는 대신, 자신의 대표자를 선출하여 그들에게 국가 운영을 맡기는 대의민주주의(Representative Democracy) 방식을 택한다. 여기서 중요한 점은 선출된 대표가 국민에게 '책임'을 지고, 그 결정 과정이 '투명'하게 공개되어야 한다는 약속이다. 이것이 우리가 교과서에서 배우는 민주주의의 기본 원칙이다.

하지만 현실 정치는 늘 이 이상대로만 움직이지 않았다.

때때로 공식적인 직함이나 책임 없이, 대통령 등 최고 권력자와의 개인적인 친분이나 관계를 바탕으로 막후에서

국정에 강력한 영향력을 행사하는 인물이나 집단이 등장한다. 우리는 이들을 '비선실세(Behind-the-Scenes Influencer)'라고 부른다. 이들은 공식적인 회의나 보고 라인을 건너뛰고 최고 권력자에게 직접 의견을 전달하거나, 심지어 인사나 정책 결정에 깊숙이 개입하기도 한다. 이 '보이지 않는 손'의 가장 큰 문제는 투명성과 책임성의 부재다. 그들의 영향력은 국민에게 공개되지 않고, 그 결과에 대해 법적·정치적 책임을 지지 않는다. 이는 대의민주주의의 근간을 흔드는 심각한 위협이 될 수 있다.

한국 현대사에서 이 비선실세의 그림자가 가장 짙게 드리웠

던 사건은 바로 박근혜-최순실 국정농단 사태다 (2016-2017). 대통령의 오랜 친구였던 최순실 씨가 아무런 공직 없이 대통령 연설문 작성부터 장관 인사, 정부 정책, 심지어 기업으로부터의 자금 출연까지 국정 전반에 걸쳐 막대한 영향력을 행사했다는 사실이 드러나면서 온 나라는 충격에 빠졌다.

주권자인 국민이 선출한 대통령이 아니라, 베일에 싸인 한 개인이 국정을 좌지우지했다는 사실은 대의민주주의에 대한 국민적 신뢰를 뿌리째 흔들었다. 결국 이런 사건들은 헌정사상 초유의 대통령 파면(2017)으로 이어졌다.

이는 비단 박근혜 정부만의 문제는 아니었다. 과거 권위주의 정권 시절은 물론, 민주화 이후에도 대통령의 친인척이나 측근들이 비선실세로 지목되어 국정 개입 논란을 일으켰던 사례는 끊이지 않았다.

2024년 겨울의 비상계엄 사태와 이어진 윤석열 대통령 탄핵 국면에서도 비선실세 논란은 배경처럼 깔려 있었다. 물론 헌법재판소의 파면 결정(2025)은 계엄 선포 과정에서의 명백한 헌법 위반(삼권분립 훼손 등)에 초점을 맞추었지만, 사태 전후로 대통령의 주요 결정 과정에 공식 라인이 아닌 특정 인물들의 입김이 과도하게 작용한 것 아니냐는 의혹이 언론과 정치권에서 끊임없이 제기되었다. 헌재가 판결에서 "대통령은 헌법과 법률에 따라 국가를 보위하고 직책을 성실히 수행할 의무"를 강조한 것은, 역설적으로 비선실세에 휘둘리지 않고 공식적인 헌법 기관과 절차를 존중해야 한다는 민주주의의 기본 원칙을 재확인한 것으로 읽힐 수 있다.

비선실세 논란이 불거질 때마다, 권력의 중심에 있는 이들이나 그 지지자들은 종종 이렇게 항변한다. "대통령도 인간인데, 모든 것을 딱딱한 공식 라인을 통해서만 논의할 수는 없다. 신뢰하는 지인에게 편하게 조언을 구하는 것까지 '비선'이나 '국정농단'으로 몰아가는 것은 지나친 정치 공세일 뿐이다. 국정 운영의 복잡한 현실을 외면한 주장이다." 이들은 공식적인 의사 결정 과정 외의 비공식적 조언이나 관계의 필요성을 인정해야 하며, 모든 비공식적 영향력을 문제 삼는 것은 현실과 맞지 않다고 주장한다.

그러나 민주주의 원칙을 강조하는 쪽에서는 단호하게 반박한다. "대통령의 사적인 조언자와 국정에 개입하는 비선실세는 명백히 다르다. 공식적인 직책과 책임 없이 국가 중대사에 영향력을 행사하는 것은 투명성과 책임성이라는 민주주의의 생명을 갉아먹는 행위다. 사적 이익이 개입될 여지가 크고, 결국 시스템을 망가뜨리는 암적 존재일 뿐이다." 이들은 비선실세의 존재 자체가 공적 의사결정 과정을 왜곡하고, 밀실 정치를 조장하며, 결국 국민의 신뢰를 무너뜨린다고 비판한다. 따라서 비공식적 조언은 참고 수준에 그쳐야 하며, 실제 결정은 반드시 공식 라인과 책임 있는 공직자를 통해 이루어져야 한다는 것이다.

이런 고민은 미국 정치에서도 중요한 화두다. 합법적인 로비스트나 강력한 이익 집단, 싱크탱크 등의 활동은 때로 정책 결정 과정에 막대한 영향력을 행사하며 '합법화된 비선'이라는 비판을 받기도 한다. 로비가 합법적으로 인식되는 미국에서는 특히 그렇다.

도널드 트럼프 행정부 시절에는 대통령의 딸 이방카와 사위 재러드 쿠슈너가 백악관 고위직을 맡아 핵심 정책에 깊숙이 관여하면서, '가족 정치'와 '측근 정치'가 공적 시스템을 대체하는 것이 아니냐는 논란이 거셌다. 이는 공식적인 자격이나 검증 절차 없이 개인적 관계에 기반한 인물들이 국정에 영향을 미치는 '비선실세' 문제와 유사한 우려를 낳았다.

자유민주주의와 대의민주주의라는 이상과, 현실 정치에 필연적으로 존재하는 비공식적 관계 및 영향력 사이의 긴장은 민주주의가 안고 가야 할 숙명과도 같다. 핵심은 그 '보이지 않는 손'이 어디까지 허용될 수 있는지 경계선을 설정하고, 그것이 공적 시스템을 압도하거나 왜곡하지 않도록 끊임없이 감시하고 견제하는 것이다.

더 깊이 읽기

SBS 『그것이 알고싶다』 '최순실 국정농단' 관련 에피소드

대한민국을 뒤흔든 비선실세 국정농단 사건의 실체를 끈질기게 파헤친 대표적인 탐사보도 프로그램이다. 최순실(최서원) 씨와 그 주변 인물들이 어떻게 국정에 개입하고 사익을 추구했는지, 그리고 대통령과의 관계는 어떠했는지 등 감춰진 진실을 대중에게 알리는 데 결정적인 역할을 했다. '비선실세'가 민주주의 시스템을 어떻게 마비시키고 헌정 질서를 유린할 수 있는지 생생하게 고발한 기록이다. (SBS 웹사이트 또는 주요 OTT 플랫폼에서 해당 시기 '최순실', '국정농단' 키워드로 검색)

『망국-무엇이 문제였는가』, 고정휴, 2025

고정휴 포스텍 명예교수의 저서로, 1910년 대한제국의 멸망 원인을 분석하며 당시 지배층의 무능과 시대 인식 부족을 지적한다. 이 책은 조선왕조의 붕괴를 단순히 외세의 침략으로 보지 않고, 내부적인 문제와 시대적 변화에 대한 대응 부족까지 통합적으로 설명한 작품이다. 저자는 이를 통해 현재 대한민국이 과거의 과오를 반복하지 않기 위한 교훈을 제공한다. 역사가 단순한 과거의 사건이 아니라 이 시대를 비춰볼 수 있는 훌륭한 거울이라는 점을 새삼 깨닫게 해주는 책이다. (나는 고정휴 명예교수와 함께 이 책을 출판하였다. 작가 홈페이지 '고정휴.com'에서 작가의 인터뷰 내용 전문을 읽어볼 수 있다.)

『대통령의 시간』, 이명박. 『문재인의 운명』, 문재인.

전직 대통령 회고록은 대통령 본인이 국정 운영 과정에서 어떤 인물들과 어떻게 소통하고 의사결정을 했는지 엿볼 수 있는 자료다. 물론 주관적인 기록이지만, 공식 라인 외의 관계나 조언이 어떻게 작동했는지 행간을 읽어볼 수 있다.

25. 그놈의 특검, 특검

특검(특별검사, Special Prosecutorl). 이름 그대로 '특별한 검사'다. 일반적인 검찰 조직의 지휘를 받지 않고, 오직 특정 사건의 수사를 위해 임명되어 독립적으로 활동한다.

왜 이런 제도가 필요할까?

검찰 스스로 '제 식구 감싸기'를 하거나, 대통령처럼 살아있는 권력의 눈치를 보느라 진실을 밝히기 어려울 것이라는 깊은 불신 때문이다. 즉, 검찰의 정치적 중립성이나 공정성이 의심받는 중대한 사건에서, 국민적 의혹을 해소하고 '성역 없는 수사'를 통해 정의를 바로 세우기 위한 최후의 칼날로 고안된 제도다.

한국에서 특검 제도는 1999년 '옷로비 사건' 수사를 위해 처음 도입되었다 (국민의 정부 시절 최순영 신동아그룹 회장의 부인 이형자가 당시 김태정 검찰총장 부인의 옷값을 대신 내 주었다는 의혹이 제기되었다. 때문에 '옷값대납사건'이라고 불리기도 한다. 의혹만으로 정권을 흔들었던 사건이지만 1997년 외환 위기 직후 국민들이 힘들었던 시기라 분노와 배신감이 적지 않아 당시 국민의 정부가 입은 상처는 매우 컸다). 그 이후 굵직한 권력형 비리 의혹이 터져 나올 때마다 등장했다. 2007년 대선을 앞두고 이명박 후보를 겨냥했던 'BBK 특검', 노무현 전 대통령의 연루 의혹을 파헤쳤던 '박연차 게이트 특검', 그리고 2016년 '박근혜-최순실 국정농단 특검' 등이 대표적이다.

특히 국정농단 특검은 당시 수사팀장이었던 윤석열 검사를 일약 스타로 만들고 박근혜 대통령 탄핵의 결정적 증거들을 찾아내는 성과를 거두기도 했다. 하지만 모든 특검이 성공적이었던 것은 아니다. 'BBK 특검'처럼 면죄부 논란을 낳거나, 막대한 예산을 쓰고도 별다른 성과 없이 끝나거나, 오히려 정치적 논란만 증폭시킨 사례도 적지 않았다. 특검은 그 자체로 양날의 검이었다.

아이러니하게도, 특검 수사로 명성을 얻어 대통령 자리에 오른 윤석열 자신 또한 재임 기간 내내 각종 특검 요구에 직면했다. 특히 2023년 집중호우 실종자 수색 중 순직한 해병대 채 상병 사건 처리 과정에서 대통령실 등 권력 핵심부의 수사 외압 의혹이 불거지자, 야당은 진상 규명을 위한 특검 도입을 강력히 추진했다. 국회에서 특검법이 통과되었지만, 윤석열 대통령은 거부권(재의요구권)을 행사하며 이를 막아섰다. 이 특검법 거부는 2024년 비상계엄 사태 이전에 이미 행정부와 입법부 간의 극심한 갈등을 보여주는 상징적인 사건이었으며, 대통령이 자신과 관련된 의혹에 대한 독립적인 수사를 회피하려 한다는 비판을 촉발했다.

미국 역시 '특별검사' 또는 '특별 카운슬(Special Counsel)' 제도를 통해 권력형 비리나 정치적 스캔들을 수사해왔다. 1970년대 워터게이트 사건 당시, 닉슨 대통령의 방해에도 불구하고 꿋꿋하게 수사를 밀어붙여 결국 대통령 사임까지 이끌어낸 아치볼드 콕스 특별검사는 독립적인 검사의 상징으로 남아있다. 1990년대 빌 클린턴 대통령의 '화이트워터 스캔들'을 수사했던 케네스 스타 특검은 수사 범위 확대로 논란을 빚기도 했다.

가장 최근에는 도널드 트럼프 대통령의 러시아 스캔들 의혹을 수사한 로버트 뮬러 특검이 미국 사회를 뒤흔들었다. 뮬러 특검 보고서는 막대한 파장을 일으켰지만, 그 해석과 정치적 공방은 여전히 진행 중이다. 이는 특검/특별 카운슬 수사가 진실 규명에 기여하기도 하지만, 동시에 극심한 정치적 양극화와 논쟁을 피하기 어렵다는 것을 보여준다.

결국 특검 제도는 검찰 등 기존 수사기관에 대한 국민적 불신이 깊을 때 소환되는, 민주주의의 '필요악' 같은 존재일지도 모른다. 살아있는 권력을 견제하고 진실을 규명할 강력한 무기이지만, 동시에 정치적으로 오염되거나 남용될 위험 또한 크다.

더 깊이 읽기

박근혜-최순실 국정농단 특검 (2016-17)

박근혜 정부의 비선실세 최순실 등의 국정 개입 및 부패 의혹을 수사했다. 대통령 탄핵의 결정적 증거를 확보하고, 이재용 삼성 부회장 등 관련자 다수를 기소하여 유죄 판결을 이끌어내며 현직 대통령 파면의 결정적 계기를 마련했다. 최종적으로 박근혜 대통령은 헌법재판소에서 파면되었고 이후 구속 수감되었으며, 최순실 등 핵심 관련자들 역시 실형을 선고받고 수감되었다.

특검을 통해 이름이 알려진 윤석열이 정치를 할 수 있었던 계기가 된 것은 역사의 아이러니입니다. 여기에 대해서는 이효성 작가의 『폭정에서 민주주의 구하기』의 '작가 인터뷰'를 권한다. 문재인 정부 시절 방송통신위원장(장관급)을 역임한 이효성 작가는, 윤석열을 그렇게 키운 요인 중 하나는 문재인 정부의 자책이었다고 말했다. (나는 해당 작품을 이효성 작가와 함께 출판하며 인터뷰를 진행했다. 해당 인터뷰는 '이효성.com'에서 무료로 읽어볼 수 있다.)

'드루킹' 댓글 조작 사건 특검 (2018)

유력 정치인(김경수 전 경남지사) 연루 의혹이 있던 온라인 댓글 여론 조작 사건을 수사했다. '드루킹' 김동원 씨 일당과 김 전 지사의 공모 관계 및 유죄를 밝혀내며, 정치적으로 민감한 사건의 실체 규명에 성공했다는 평가를 받았다. 특검 수사 결과, 김경수 전 지사는 징역형을 선고받고 법정 구속되어 도지사직을 상실했으며 '드루킹' 김동원 씨 등 주범들도 실형을 살았다.

워터게이트 사건 특별검사 (1973-74)

민주당 선거본부 도청 사건(워터게이트)과 닉슨 행정부의 조직적인 은폐 공작을 수사했다. 리처드 닉슨 대통령의 사임을 이끌어내고 관련자 다수를 기소하며, '법 앞에는 대통령도 예외일 수 없다'는 원칙을 확립한 가장 상징적인 성공 사례다. 결국 리처드 닉슨 대통령은 하원의 탄핵 표결 직전 스스로 사임했고, 다수의 백악관 핵심 참모들은 기소되어 징역형을 선고받고 옥고를 치렀다.

26. 검찰공화국과 검찰 개혁

검찰 공화국. 이는 대한민국 검찰이 가진 막강한 힘이 때로는 행정부, 입법부, 사법부를 압도하며 국가 운영 전반에 걸쳐 과도한 영향력을 행사한다는 비판적인 시각을 담은 별칭이다. 왜 이런 말이 나왔을까?

한국 검찰은 범죄 수사를 시작하고(수사권), 재판에 넘길지 결정하며(기소권), 그 과정에서 수사에 필요한 영장을 법원에 청구하는(영장청구권) 등 수사부터 기소까지 거의 모든 형사사법 절차에 대한 권한을 한 손에 쥐고 있다.

다른 나라에서는 경찰이나 별도 수사기관이 수사를 전담하고 검찰은 기소와 공소 유지에 집중하는 경우가 많은 것과 대조적이다. 이처럼 막강한 권한이 한 기관에 집중되다 보니, 검찰이 정치적 중립성을 잃고 권력의 도구가 되거나, 반대로 스스로 권력화된다.

'살아있는 권력'에는 소극적이면서도 자신들의 기득권은 철저히 지키기 때문에 '제 식구 감싸기'라는 논란이 끊이지 않았다.

이 강력한 검찰 권력은 어디에서 시작되었을까? 그 뿌리는 일제강점기 시절, 식민 통치를 효율적으로 뒷받침했던 검사 제도로 거슬러 올라간다. 해방 이후에도 이 구조는 큰 변화 없이 이어졌고, 특히 군사 독재 정권 시절에는 정권의 안보 논리 아래 검찰의 권한이 더욱 강화되었다. 검찰은 때로는 정권의 반대 세력을 탄압하는 도구로, 때로는 사회의 거악(巨惡)을 척결하는 정의의 상징으로 양면적인 모습을 보여왔다.

1987년 민주화 이후에도 검찰의 막강한 힘은 여전했고, 역대 정부마다 검찰 개혁은 뜨거운 감자였다. 노무현 전 대통령은 검찰의 정치적 중립과 권력 분산을 위해 강하게 맞섰지만("검사와의 대화"는 그 상징적 장면이다), 번번이 검찰 조직의 강한 저항에 부딪혔다. 검찰 개혁은 한국 민주주의의 풀리지 않는 숙제처럼 남았다.

이 오랜 숙제는 문재인 정부를 거쳐 윤석열 정부 시기에 다시 한번 폭발적인 갈등의 중심에 섰다. 이와 관련해 문재인 정부의 방통위원장이었던 이효성 작가와 인터뷰한 내용을 보면, 문재인 정부 역시 검찰 개혁을 시도했으나 실패했고 그 결과로 윤석열 검찰총장이 대통령이 되도록 길을 열어주었다고 평가했다. 자세한 내용은 이효성.com에서 무료로 읽어볼 수 있다.

검찰의 직접 수사권을 대폭 축소하는 이른바 '검수완박'(검찰 수사권 완전 박탈) 입법이 강행되었고, 이에 대한 검찰 조직의 반발은 거셌다. 한편, 검찰 권력을 견제하기 위해 탄생한 고위공직자범죄수사처(공수처)는 출범 이후에도 수사력 부족과 정치적 중립성 논란에 시달리며 기대만큼의 역할을 하지 못한다는 비판에 직면했다. 아이러니하게도, 검찰총장 출신으로 '공정과 상식'을 내세우며 대통령이 된 윤석열 자신과 그 정부 핵심 인사들, 그리고 가족(김건희 여사)을 둘러싼 여러 의혹들에 대해 검찰과 공수처의 수사가 미진하거나 정치적이라는 논란이 끊이지 않았다.

검찰 개혁을 외치는 목소리는 절박하다. "수사하고, 기소하고, 영장까지 청구하는 무소불위의 칼자루를 한 손에 쥔 검찰이 정치를 하고 있다. 명백한 검찰 공화국이다! 수사권과 기소권을 분리하고 검찰 권력을 분산시키는 근본적인 개혁만이 살길이다."

이들은 검찰 권력의 비대화가 정치적 중립성을 해치고 인권 침해 소지를 낳으며, 다른 국가기관과의 건강한 견제와 균형을 불가능하게 만든다고 주장한다. 따라서 수사는 경찰이나 공수처 등 다른 기관에 맡기고, 검찰은 기소와 공소 유지라는 본연의 역할에 집중해야 한다고 강조한다.

반면, 검찰의 강력한 힘을 옹호하거나 개혁에 신중해야 한다는 입장도 만만치 않다. "거대한 조직 범죄나 권력형 비리, 부패 카르텔 같은 거악(巨惡)과 싸우려면 그에 걸맞은 강력한 수사 능력이 필수다. 검찰 개혁이라는 이름으로 무작정 검찰의 힘을 빼는 것은 결국 범죄자들만 이롭게 할 뿐이다. 문제는 권력이 아니라 정치적 중립성이다. 정치권이 검찰을 흔들지 않고 독립성만 보장하면 된다." 이들은 한국 사회의 특수성을 고려할 때 검찰의 직접 수사 역량이 여전히 중요하며, 섣부른 개혁이 오히려 사법 시스템의 혼란과 수사력 약화를 초래할 수 있다고 우려한다.

해외 사례를 보면, 검찰의 역할과 권한은 나라마다 매우 다양하다. 미국은 연방 검찰이 기소권을 갖지만 실제 수사는 주로 FBI 같은 수사기관이 담당한다. 그럼에도 불구하고 법무부 장관 임명이나 특정 사건 수사에 대한 정치적 개입 논란은 끊이지 않는다. 특히 도널드 트럼프 행정부 시절에는 러시아 스캔들 특검 수사, 법무부 장관 해임 등 법무부/검찰의 독립성을 둘러싼 극심한 갈등이 벌어졌다.

프랑스나 독일 등 유럽 대륙법계 국가 중에는 한국처럼 검사가 수사를 지휘하거나 직접 수사하는 경우도 있지만, 기소 결정의 적절성을 통제하는 장치가 상대적으로 발달되어 있기도 하다.

이는 검찰 권력의 '정답' 모델이 있다기보다는, 각국의 역사와 사회적 합의 속에서 끊임없이 균형점을 찾아가야 하는 문제임을 보여준다.

결국 '검찰 공화국' 논쟁은 한국 민주주의가 안고 있는 오랜 딜레마의 한 표현이다. 강력한 검찰은 때로 정의 실현의 칼이 되지만, 때로는 통제받지 않는 권력의 그림자가 드리운다. 검찰 개혁은 단순히 검찰 조직만의 문제가 아니라, 한국 민주주의의 성숙도를 가늠하는 시험대다. 특히 대한민국에서는 그렇다.

더 깊이 읽기

영화 『더 킹』(한재림 감독, 2017)

비록 픽션이지만, 한국 검찰 조직 내부의 권력 다툼, 정치와의 유착 가능성, 정의로운 검사와 시스템의 딜레마 등을 흥미롭게 그려내어 현실의 논쟁을 다른 각도에서 생각해보게 한다.

'검사와의 대화'(2003년) 영상 및 관련 기록

노무현 당시 대통령과 평검사들이 검찰 개혁과 독립성을 놓고 벌였던 역사적인 토론 장면은, 검찰 권력의 속성과 개혁의 어려움을 생생하게 보여주는 중요한 기록이다.

27. 종북 세력과 레드 콤플렉스

레드 콤플렉스(Red Complex). 이는 한국 사회 구성원들의 의식 저변에 깊이 자리 잡은, 공산주의와 북한 정권에 대한 극도의 반감과 공포, 그리고 이와 관련된 모든 것을 적으로 규정하려는 집단적인 심리 또는 강박을 뜻한다.

종북(從北). 문자 그대로는 '북한을 따른다'는 뜻이지만, 실제로는 북한 정권에 동조하거나 그 이익을 위해 활동한다고 의심되거나 비난받는 개인 또는 집단을 낙인찍는, 매우 강력하고 때로는 폭력적인 정치적 딱지다. 이 두 개념은 한국 현대사의 비극, 즉 분단과 전쟁, 그리고 이어진 냉전과 독재라는 경험 속에서 태어나고 강화되었다.

그 시작은 끔찍했던 전쟁의 기억에서 출발한다. 1950년의 한국전쟁은 한민족끼리 총부리를 겨누고 수백만 명의 목숨을 앗아간 참극이었다. 피난길의 공포, 눈앞에서 가족을 잃은 슬픔, 그리고 '빨갱이'라는 이름으로 자행된 무자비한 학살의 기억은 남북 모두에게 깊은 상처와 함께 서로에 대한 극도의 불신과 적대감을 남겼다. 전쟁 이후, 남한에서는 '반공(反共)'이 단순한 정치 구호를 넘어 국가의 생존 논리이자 거의 종교와 같은 신념 체계로 자리 잡았다.

이승만, 박정희, 전두환으로 이어진 권위주의 정권들은 바로 이 강력한 반공 이데올로기를 정권 유지와 정적 탄압의 가장 효과적인 도구로 활용했다. 앞서 설명한 프로파간다에서 설명한 것처럼 말이다.

국가보안법이라는 이름 아래, 정부에 비판적인 목소리를 내거나 통일을 이야기하는 것만으로도 '용공(容共)' 또는 '간첩'으로 몰려 고문당하고 투옥되는 일이 비일비재했다. 수많은 '간첩단 사건'들이 터져 나왔고, 그중 상당수는 훗날 고문으로 조작되었거나 과장된 것으로 밝혀졌다. 이 어두운 역사는 한국 사회에 레드 콤플렉스라는 깊은 내상을 남겼다.

1987년 민주화 이후, 노골적인 '용공' 딱지 붙이기는 줄어들었지만, 레드 콤플렉스는 사라지지 않았다. 대신 '종북'이라는 이름으로 변주되며, 주로 보수 세력이 진보적인 정책이나 대북 포용론, 또는 자신들의 정치적 반대파를 공격하는 무기로 사용되었다. 특히 선거철이나 정치적 위기 국면에서 그 위력은 더욱 거세졌다. 진보 정권의 대북 정책은 '퍼주기'로 매도되었고, 노동 운동이나 통일 운동은 '북한의 사주를 받은 것'으로 의심받았다. 합리적인 토론보다는 이념적인 낙인찍기가 앞서는 경우가 많았다.

이 '종북'이라는 이름표는 검찰총장 출신으로 보수 진영의 기대를 받으며 등장한 윤석열 대통령 시대에 다시 한번 정치 전면에 등장했다. 윤석열 정부와 그 지지 세력은 이전 정부의 대북 정책을 비판하고 '자유민주주의 수호'를 강조하며, 종종 정치적 반대파나 비판 세력을 향해 '종북 주사파'라는 날 선 언어를 사용했다. 특히 2024년 12월 3일, 비상계엄을 선포하며 발표한 담화문에서는 그 표현이 극에 달했다.

'자유 대한민국을 부정하고 전복하려는 종북 세력과 그들을 추종하는 반국가 세력들을 척결'하는 것이 계엄의 목적이었다.

'종북'이라는 딱지를 둘러싼 논쟁은 여전히 현재 진행형이다.

한쪽에서는 북한의 실질적인 위협과 남한 내 이념 동조 세력의 존재를 강조한다. "김정은 정권은 핵무기로 우리를 위협하고 주민을 억압하는 반인륜 집단이다. 이들과 연계하여 대한민국의 자유민주주의 체제를 흔들려는 종북 세력은 분명히 존재하며, 이에 대한 경계는 국가 안보의 기본이다." 이들은 휴전 상태라는 엄연한 현실과 과거 간첩단 사건 등을 근거로, 안보 불감증을 경계하고 국가 정체성을 위협하는 세력에 대해서는 단호하게 대처해야 한다고 주장한다.

반면, 다른 쪽에서는 '종북'이라는 용어 자체가 민주주의를 억압하는 '마녀사냥' 도구라고 강력하게 비판한다. "분단 현실을 악용하여 평화 통일을 이야기하거나 정부 정책을 비판하면 무조건 '종북' 딱지를 붙이는 것은, 매카시즘 광풍과 다를 바 없는 비열한 색깔론 공세다. 이는 다양한 목소리를 억압하고 민주주의를 질식시키는 행위다." 이들은 '종북'의 기준이 모호하고 자의적이며, 실제 위협이 과장되어 정치적 반대파를 탄압하는 데 악용되어 왔다고 주장한다. 표현의 자유와 사상의 자유라는 민주주의 기본 원칙을 지켜야 한다는 것이다.

레드 콤플렉스와 '색깔론'은 비단 한국만의 문제는 아니다. 냉전 시절 미국을 휩쓸었던 '매카시즘 광풍'은 공산주의자라는 낙인 아래 수많은 지식인, 예술가, 공직자들이 직업을 잃고 사회적으로 매장당했던 비극적인 역사다. 당시 상원 의원 조지프 매카시는 명확한 증거 없이 무분별한 의혹 제기만으로 공포 분위기를 조장하며 미국 사회를 극심한 분열로 몰아넣었다. 이는 이념 대립 상황에서 '내부의 적'을 상정하고 마녀사냥식 공격을 가하는 방식이 얼마나 위험한지를 보여주는 대표적인 사례다. 도널드 트럼프 시대에 다시 등장한 '사회주의자' 공격이나 특정 집단에 대한 음모론적 비난 역시, 형태는 다르지만 정치적 반대자를 악마화하고 사회적 분열을 이용한다는 점에서 유사한 측면을 가진다.

결국 레드 콤플렉스와 종북 논쟁은 한국 사회가 겪어온 분단과 전쟁, 독재라는 깊은 트라우마의 산물이자, 여전히 청산되지 못한 냉전 시대의 유산이다. 북한의 실질적인 위협과 민주주의 체제 수호라는 과제는 분명 존재한다. 하지만 동시에, 안보 논리나 이념 공세가 시민의 자유와 민주주의의 기본 원칙을 억압하는 도구로 악용될 위험 또한 상존한다. 중요한 것은 실체적 위협과 정치적 수사를 냉철하게 구분하고, '색깔론'의 유혹을 넘어 합리적인 토론과 비판이 가능한 사회를 만드는 것이다. 이는 한국 민주주의가 한 단계 더 성숙하기 위해 반드시 넘어서야 할 과제다.

더 깊이 읽기

MBC 〈PD수첩〉 "저는 간첩이 아닙니다" (2022.6.21) - 정보기관 간첩 조작 사건 피해자 증언

MBC 〈PD수첩〉은 2022년 6월 21일 방영된 '저는 간첩이 아닙니다' 편에서 정보기관의 간첩 조작 사건 피해자들의 증언을 통해 레드 콤플렉스가 초래한 인권 침해의 실상을 조명했다. 해당 방송은 유튜브에서도 시청할 수 있다. 이렇게 간첩이나 '빨갱이'로 몰려 피해를 입은 사례들은 한국의 비극적인 역사를 말해주는 증거다.

28. 악의 평범성 - 깊이 생각하지 않은 죄

악(惡)은 어떤 얼굴을 하고 있을까? 우리는 흔히 악을 저지르는 사람은 특별히 사악한 괴물일 것이라 상상한다. 그러나 20세기 유대인 철학자 한나 아렌트(Hannah Arendt)는 우리에게 매우 불편하고도 충격적인 질문을 던졌다. 거대한 악은, 놀랍도록 평범하고 성실해 보이는 사람들을 통해 작동하는 것은 아닐까?

이 질문은 1961년 예루살렘에서 열린 나치 전범 아돌프 아이히만(Adolf Eichmann)의 재판 과정에서 시작되었다. 아이히만은 수백만 명의 유대인을 죽음의 수용소로 보내는 '최종 해결책'의 실무 책임자였다. 말하자면 조폭의 행동대장이었다고나 할까.

아렌트는 재판정에서 아이히만은 악마적 광신자가 아닌, 그저 상부의 명령을 충실히 따르고 승진에 골몰했던 지극히 평범하고 관료적인 한 남자일 뿐이라는 사실을 알고 충격에 빠졌다. 그는 자신이 한 일의 의미를 깊이 생각하지 않았고, 단지 '명령에 따랐을 뿐'이라고 항변했다. 이 모습에서 아렌트는 '악의 평범성(Banality of Evil)'이라는 개념을 포착했다. 심지어 그는 자녀들에게도 좋은 아버지였다.

악의 평범성이란, 악 그 자체가 평범하다는 뜻이 아니다. 오히려 스스로 생각하기를 멈춘 '무사유(Thoughtlessness)'가 얼마나 끔찍한 악의 원인이 될 수 있는지를 경고하는 개념이다. 아렌트가 본 아이히만의 죄는 그가 특별히 사악해서가 아니라, 자신의 행동이 타인에게 어떤 결과를 가져올지 상상하고 그 옳고 그름을 스스로 판단하기를 멈췄다는 데 있었다.

그는 주어진 명령과 규칙을 기계적으로 따르는 데 급급했을 뿐, 그 명령이 향하는 끔찍한 현실에 대해서는 생각하지 않으려 했다. 즉, 악의 평범성은 거대한 시스템 속에서 개인이 비판적 사고 능력을 상실하고 그저 '성실한 부품'으로 전락할 때, 얼마나 끔찍한 결과가 초래될 수 있는지를 보여준다.

이 '악의 평범성'이라는 렌즈는 한국 현대사의 비극을 돌아보는 데도 중요한 시사점을 던진다. 유신 독재 시절, 중앙정보부나 경찰에서 자행된 고문과 인권 탄압에 가담했던 이들, 혹은 1980년 5월 광주에서 시민들을 향해 총구를 겨누었던 군인들 중 상당수는 훗날 "나는 그저 명령에 따랐을 뿐"이라고 말했다. 물론 그들 중에는 확신범도 있었겠지만, 아렌트의 관점에서 보면, 상부의 부당한 명령 앞에서 스스로의 인간적 양심과 판단을 마비시킨 채 그저 조직의 논리에 순응했던 '평범한 악'의 모습 또한 발견할 수 있다. 이는 가해자 개인의 책임을 면제하는 것이 아니라, 악이 작동하는 또 다른 방식을 이해하게 한다.

2024년 12월, 비상계엄 선포라는 초유의 사태 속에서 우리는 다시 한번 이 불편한 질문과 마주하게 된다. 당시 명백히 위헌적인 명령들이 오고 갔다는 정황 속에서, 일부 지휘관이나 병사들이 왜 그 명령에 의문을 제기하거나 저항하지 않고 따랐는지(물론 소극적 저항이나 명령 불복종 사례도 일부 보고되었다)에 대해 '악의 평범성' 개념은 조심스러운 질문을 던지게 한다. 물론 개개인의 구체적인 상황과 동기는 다를 것이며, 성급한 단정은 금물이다. 하지만 아렌트의 개념은 위기 상황과 위계질서 속에서 '생각하지 않음'이 어떤 결과를 낳을 수 있는지, 그리고 개인의 양심적 성찰과 책임이 왜 중요한지를 다시 한번 숙고하게 만든다.

'악의 평범성' 논의는 시야를 넓혀 다른 역사적 사건들을 바라보게 한다. 베트남 전쟁 중 미군이 민간인 수백 명을 학살한 '미라이 학살 사건'(1968)의 가해자들 역시 "상부의 명령을 따랐을 뿐"이라고 항변했다. 2000년대 이라크 '아부 그라이브 교도소 학대 사건'에 가담했던 미군 병사들의 모습에서도 비슷한 문제가 제기되었다. 최근에는 도널드 트럼프 행정부 시절 강경한 이민 정책(아동 격리 등)을 집행했던 관료들이나, 선거 결과에 대한 불복 주장에 동조했던 공직자들의 행위를 '악의 평범성' 관점에서 분석하려는 시도도 있었다. 이는 그들의 행동이 반드시 깊은 악의나 이념적 확신에서 비롯된 것이 아니라, 조직 논리에 대한 순응, 경력 관리, 혹은 비판적 사고의 부재에서 기인했을 수 있다는 문제 제기다.

결국 한나 아렌트의 '악의 평범성'은 우리에게 매우 불편하지만 외면할 수 없는 질문을 던진다. 가장 끔찍한 악이 특별한 괴물이 아닌, 우리 주변의 평범한 사람들에 의해. 바로 '생각 없음'을 통해 저질러질 수 있다는 경고다. 가장 무서운 것은, 나 역시 그 거대한 '악마'가 될 수 있다는 사실이다.

더 깊이 읽기

한나 아렌트, 『예루살렘의 아이히만: 악의 평범성에 대한 보고서』

'악의 평범성' 개념이 탄생한 바로 그 책이다. 아렌트가 직접 목격한 아이히만 재판 과정과 피고인의 모습, 그리고 그에 대한 날카로운 분석과 철학적 성찰을 담고 있다. 다소 어려울 수 있지만, 개념의 원전을 접하는 것이 가장 중요하다. (나는 '마작가의 공부방'이라는 온라인 공부방을 1년간 진행했다. 매주 다양한 인문학 주제를 다루었는데, 그중 많은 참여자들이 '의외였다'고 말했던 주제가 바로 이 "예루살렘의 아이히만"이다.)

29. 공수처가 뭐라고

공수처 – 고위공직자범죄수사처. 이름 그대로 판사, 검사, 고위 경찰 간부 등 우리 사회 최고위층 공직자들의 부정부패 범죄를 전문적으로 수사하고 기소하기 위해 만들어진 독립된 국가기관이다.

뉴스에 자주 언급되었던 공수처…. 이게 뭐라고, 왜 이런 별도의 기관이 필요했을까? 시민들의 의심 때문이다.

대한민국 검찰이 가진 막강한 힘, 그리고 그 힘이 제대로 통제되지 않고 때로는 '살아있는 권력'의 비리마저 덮어준다는 국민적 불신이 깊게 자리하고 있기 때문이다. 즉, '성역 없는 수사'를 통해 고위층의 부패 고리를 끊어내고, 검찰 권력을 견제하려는 오랜 염원이 공수처라는 형태로 마침내 탄생한 것이다.

공수처 설립은 결코 순탄한 과정이 아니었다. 그 필요성은 이미 1990년대부터 제기되었지만, 번번이 정치적 이해관계와 검찰 조직 등의 반발에 부딪혀 좌절되었다. 노무현 전 대통령이 검찰 개혁의 일환으로 공수처와 유사한 '공직비리수사처' 설치를 강하게 추진했지만 끝내 이루지 못했다.

시간이 흘러 2016년 겨울, 광장을 가득 메운 촛불은 '국정농단'의 책임자 처벌과 함께 '검찰 개혁'을 강력하게 외쳤다. 이 거대한 시민의 요구를 동력 삼아, 문재인 정부 시기 국회는 여야의 극심한 대립과 필리버스터 공방 끝에 마침내 2019년 말 공수처 설치법을 통과시켰다. 수십 년간의 논의와 좌절 끝에, 검찰 개혁의 상징과도 같은 공수처가 마침내 세상에 나오게 된 것이다.

2021년 1월, 공수처가 공식 출범했다. 하지만 현실은 녹록지 않았다. 초대 공수처장 인선 과정부터 정치적 중립성 논란이 일었고, 부족한 인력과 예산, 수사 경험 부족 문제 등이 겹치며 초반부터 삐걱거리는 모습을 보였다. 야심 차게 시작했던 주요 사건 수사들은 지지부진하거나 무혐의 처분으로 끝나는 경우가 많았고, 때로는 수사 과정에서의 미숙함이나 피의사실 공표 논란 등으로 비판받기도 했다. '식물 공수처', '공수처 무용론' 같은 뼈아픈 비판들이 쏟아졌다. 출범 당시의 기대감은 점차 실망감으로 바뀌어 갔다.

이러한 상황은 검찰총장 출신인 윤석열 대통령이 집권하면서 더욱 복잡하고 미묘한 국면으로 접어들었다. 공수처는 법적으로 대통령을 포함한 고위공직자를 수사할 수 있는 기관이다. 그러나 윤석열 정부 하에서 공수처는 해병대 채 상병 순직 사건 수사 외압 의혹, 김건희 여사의 도이치모터스 주가 조작 연루 의혹 등 정권 핵심부를 겨냥한 여러 중요 사건 수사에서 뚜렷한 성과를 보여주지 못한다는 비판에 직면했다. 검찰을 견제하기 위해 만든 기관이 오히려 검찰 출신 대통령 아래서 제 역할을 못 하는 것 아니냐는 의구심이 제기된 것이다. 공수처의 존재 이유와 그 위상이 다시 한번 시험대에 오르게 되었다.

해외에도 고위공직자 부패를 전담하는 독립 수사기구가 있는 경우가 있지만, 그 형태와 성공 여부는 다양하다. 미국은 공수처 같은 단일 기관은 없다. FBI, 법무부, 각 부처 감찰관실, 그리고 필요시 임명되는 특별 카운슬 등이 역할을 분담한다. 이는 고위층 부패 수사의 독립성과 효율성을 확보하는 방식에 정답이 없으며,

각국의 역사적 경험과 제도적 환경에 따라 다른 해법을 모색하고 있음을 보여준다.

결론적으로 공수처는 한국 사회의 오랜 염원과 격렬한 정치적 타협 속에서 태어난, 여전히 진행 중인 '제도적 실험'이다.

그 짧은 역사는 기대와 실망, 가능성과 한계를 동시에 보여주었다. 과연 공수처가 설립 취지대로 검찰 권력을 효과적으로 견제하고 고위공직자 부패를 근절하는 독립적인 사정 기관으로 자리매김할 수 있을지, 아니면 정치적 논란 속에 표류하다 존재 이유를 잃어버릴지는 정치 뉴스를 볼 때 꽤 재밌는 관전 포인트가 될 것이다.

더 깊이 읽기 - 주요 공수처 수사 사례

임성근 전 부장판사 '사법농단' 연루 의혹 사건:
공수처의 '1호 기소' 사건으로, 임성근 당시 부산고법 부장판사가 특정 재판에 개입하는 등 사법행정권을 남용했다는 혐의였다. 공수처는 2021년 임 전 부장판사를 직권남용 권리행사방해 혐의로 기소했습다. 하지만 1심과 2심 법원은 모두 "직권남용죄가 성립한다고 보기 어렵다"며 무죄를 선고했고, 이는 2024년 대법원에서 최종 확정되었다. 비록 유죄 판결을 이끌어내지는 못했지만, 공수처가 사법부 고위 인사를 직접 기소했다는 점에서 주목받았다.

'고발 사주' 의혹 사건 (손준성 검사장)
2020년 총선을 앞두고 당시 대검찰청 수사정보정책관이었던 손준성 검사가 여권 인사들에 대한 고발을 야당 측에 사주했다는 의혹이 일었다. 검찰의 정치적 중립성 훼손 및 선거 개입 논란으로 큰 파장을 일으켰다. 공수처는 2022년 손준성 당시 대구고검 차장검사(검사장)를 공직선거법 위반, 공무상비밀누설 등 혐의로 기소했다. 1심 재판부(서울중앙지법)는 2024년 1월, 일부 혐의를 유죄로 인정하여 징역 1년을 선고했다. 공수처가 현직 검사장을 기소하여 1심 유죄 판결까지 이끌어냈다는 점에서 중요한 사건으로 평가된다.

이처럼 공수처는 몇몇 중요 사건에서 수사 및 기소를 진행했지만, 최종적인 유죄 확정이나 국민들이 기대했던 '성역 없는 수사'의 명확한 성과를 보여주었다고 평가하기에는 논란의 여지가 많다.

30. 영부인의 정치적 역사 – 보이지 않는 권력

　영부인(領夫人), 즉 대통령 배우자. 대한민국 헌법 어디에도 그 역할이나 권한이 명시되어 있지 않다. 공식 직함도, 법적 책임도 없다. 하지만 현실 속에서 영부인은 대통령 가장 가까이에서 국정 전반에 걸쳐 알게 모르게 영향을 미칠 수 있는, 매우 독특하고 민감한 위치에 서게 된다. 조용히 대통령을 내조하는 그림자 역할에 머물러야 할까, 아니면 자신의 경력과 전문성을 살려 적극적으로 공적 활동에 나서야 할까? 이 질문은 역대 정권마다 끊임없이 반복되며 때로는 격렬한 사회적 논쟁을 불러일으켰다.

　한국 현대사 속 영부인의 모습은 시대에 따라 변해왔다. 이승만 대통령의 외국인 아내 프란체스카 도너 여사는 비교적 조용한 행보를 보였다. 총탄에 스러진 비운의 육영수 여사는 '국모(國母)' 이미지와 함께 적극적인 사회 활동(육영재단 등)으로 깊은 인상을 남겼지만 그 역할은 전통적인 현모양처의 틀을 크게 벗어나지 않았다. 전두환 대통령 부인 이순자 여사는 화려한 활동만큼이나 각종 구설과 비리 의혹으로 논란의 중심에 섰다. 이후 김영삼, 노태우 대통령의 부인들은 조용한 내조형에 가까웠다.

　김대중 대통령 부인 이희호 여사는 여성운동가로서의 경력을 바탕으로 여성 및 인권 문제에 적극적으로 목소리를 내며 '동지적 관계'의 새로운 모델을 보여주었다. 때로는 정치적 영향력 행사 논란에 휘말리기도 했다.

　노무현, 이명박 대통령의 부인들은 비교적 조용한 행보를 보인 가운데, 문재인 대통령 부인 김정숙 여사는 '유쾌한 정숙씨'라는 별명과 함께 활발한 대외 활동을 펼쳤다. 그러나 해외 순방 시 의전 비용 논란 등으로 구설에 오르기도 했다.

이러한 역사의 흐름 속에서, 윤석열 대통령의 부인 김건희 여사의 등장은 그야말로 전례 없는 논란과 파장을 몰고 왔다. 대통령 선거 운동 기간부터 도이치모터스 주가 조작 연루 의혹, 허위 학력 및 경력 기재 의혹 등이 끊이지 않았다. 이는 대통령 취임 이후에도 계속해서 그의 발목을 잡는 최대 아킬레스건이 되었다. 공식적인 지원과 관리 시스템 부재 속에서, 김 여사는 해외 명품 가방 수수 장면이 몰래 촬영되어 공개되는(이른바 '디올백 스캔들') 등 사적 영역에서의 부주의한 처신이 곧바로 국정 운영의 부담으로 이어지는 상황을 반복적으로 노출했다. 또한, '샤머니즘과 정치' 항목에서 다룬 것처럼, 천공이나 건진법사 같은 역술인들과의 관계 및 국정 개입 의혹 역시 끊임없이 제기되며 대통령 부부의 공사(公私) 구분에 대한 근본적인 질문이 제기되었다.

'김건희 리스크'는 윤석열 대통령의 국정 지지율 하락의 주요 원인이 되었다. 이는 야당이 김건희 여사 관련 의혹에 대한 특별검사(특검)를 추진하는 강력한 명분이 되었다. 대통령이 이 특검법에 거부권을 행사하면서 여야 관계는 극한으로 치달았고, 이는 2024년 비상계엄 사태와 이어진 탄핵 정국의 중요한 정치적 배경으로 작용했다. 결과적으로 헌법재판소의 탄핵 결정은 계엄 관련 위헌 행위에 초점을 맞추었지만, 탄핵 정국 내내 김건희 여사를 둘러싼 논란은 대통령의 리더십과 국정 운영의 공정성에 대한 국민적 신뢰를 심각하게 훼손시키는 요인이었다. 동시에, 대통령 배우자의 역할과 활동을 어떻게 관리하고 통제할 것인가에 대한 사회적 논의를 촉발시키는 계기가 되었다.

이 논쟁의 한가운데에는 대통령 배우자의 바람직한 역할에 대한 근본적인 질문이 놓여 있다. 한쪽에서는 이렇게 주장한다. "영부인도 사회적 경험과 전문성을 가진 인격체다. 무조건 그림자처럼 조용히 내조만 강요하는 것은 시대착오적이다. 오히려 제2부속실 같은 공식적인 지원 시스템을 통해 공적 활동을 투명하게 관리하고 국익에 기여하도록 하는 것이 바람직하다." 이들은 영부인의 잠재력을 긍정적으로 활용하되, 시스템을 통해 투명성과 책임성을 확보해야 한다는 입장이다.

반면, 다른 쪽에서는 우려의 목소리를 높인다. "대통령 배우자는 국민이 선출하지 않은 권력이다. 그 영향력이 커질수록 비선실세 논란이나 이권 개입의 위험성도 커진다. 제2부속실은 오히려 그 권력을 공식화하고 세금 낭비를 초래할 수 있다. 논란을 원천 차단하기 위해서는 공적 활동을 최소화하고 조용한 내조에 집중하는 것이 맞다." 이들은 '조용한 영부인' 모델을 선호하며, 선출되지 않은 권력의 개입 가능성을 원천적으로 차단해야 한다고 주장한다.

해외 사례를 보면, 특히 미국의 '퍼스트 레이디(First Lady)'는 오랜 역사를 통해 제도화된 역할을 수행한다. 백악관 이스트윙에 독자적인 사무실(Office of the First Lady)과 수십 명의 참모진을 두고, 교육, 건강, 아동 등 특정 분야의 공익 활동을 주도하며 때로는 중요한 외교 무대에도 참여한다. 미셸 오바마는 아동 비만 퇴치 운동('Let's Move!') 등으로 높은 인기를 누렸고, 멜라니아 트럼프는 아동 복지 캠페인('Be Best')을 펼쳤지만 비교적 조용한 행보를 보였다. 이처럼 미국은 영부인의 공적 역할을 인정하고 제도적으로 뒷받침하지만, 그 활동 범위나 스타일은 개인의 선택과 시대적 분위기에 따라 달라지며 여전히 때때로 논란의 대상이 되기도 한다.

더 깊이 읽기

『이희호 자서전 동행』, 이희호, 웅진지식하우스
여성운동가이자 김대중 대통령의 동지적 배우자였던 이희호 여사가 직접 기록한 자서전. 격동의 현대사 속에서 영부인으로서 겪었던 경험과 고민, 여성 및 인권 문제에 대한 신념, 그리고 때로는 정치적 논란의 중심에 섰던 순간까지 생생하게 담겨 있다. '참여하는 영부인' 모델을 이해하는 귀중한 1차 자료다.

31. 페미 논쟁

페미니즘(Feminism). 단순히 여성 우월주의나 남성 혐오를 뜻하는 말이 아니다.

본질적으로 페미니즘은 성별로 인해 발생하는 모든 차별과 억압에 반대하고, 정치·경제·사회·문화적으로 남성과 여성이 동등한 권리와 기회를 누리는 '성 평등(Gender Equality)' 사회를 이루려는 다양한 이론과 실천 운동을 통칭한다. 즉, 오랫동안 남성 중심으로 짜여 온 사회 구조(가부장제)의 문제점을 인식하고 이를 변화시켜, 성별에 관계없이 모든 인간이 동등하게 존중받고 잠재력을 실현할 수 있는 세상을 만들자는 생각이다.

물론 그 안에는 다양한 분파와 시각이 있다.

서구에서는 19세기 말 ~ 20세기 초가 첫 번째 물결(1세대 페미니즘)이었다. 여성들이 남성들과 동등한 투표권을 요구하며 싸웠던 시대다. 이후 1960~70년대에는 법적인 평등을 넘어 교육, 직업, 가정 등 삶의 모든 영역에서의 실질적인 평등과 여성 해방을 외치는 두 번째 물결(2세대 페미니즘)이 일어났다.

1990년대 이후에는 인종, 계급, 성적 지향 등 여성 내의 다양한 차이를 고려하고, 문화적 영역까지 비판의 범위를 넓힌 세 번째, 네 번째 물결(3, 4세대 페미니즘)이 디지털 기술과 만나 새로운 방식으로 전개되고 있다.

한국에서의 페미니즘 운동 역시 질곡의 현대사와 함께했다. 일제 강점기 나혜석 같은 선각자들이 있었지간, 본격적인 운동은 해방 이후와 특히 민주화 과정 속에서 성장했다. 여성들은 민주화 운동의 동지였지만, 동시에 가부장적 사회 구조와 민주화 운동 내부의 성차별에도 맞서 싸워야 했다. 2005년, 여성들의 오랜 투쟁 끝에 남성 가장 중심의 가족 제도였던 '호주제'가 마침내 폐지된 것은 한국 페미니즘 역사의 중요한 이정표였다. 2010년대 중반 이후에는 온라인 공간을 중심으로 젊은 세대의 디지털 페미니즘이 폭발적으로 성장했고, 2018년 서지현 검사의 폭로로 촉발된 한국판 '#미투(Me Too)' 운동은 사회 곳곳에 만연했던 성폭력 문제를 공론화하며 큰 사회적 파장을 일으켰다.

하지만 이러한 성 평등을 향한 움직임은 거센 반작용에 직면했다. 특히 2010년대 후반부터 온라인을 중심으로 젊은 남성들 사이에서 '페미니즘이 남성을 혐오하고 역차별을 조장한다'는 인식이 확산되었다.

격렬한 젠더 갈등이 벌어졌다. 이러한 갈등은 2022년 대선 국면에서 핵심적인 정치 쟁점으로 부상했다. 당시 보수 진영 후보였던 윤석열 대통령은 '여성가족부 폐지'를 공약으로 내걸며 이른바 '이대남(20대 남성)' 표심에 호소했고, 당선 이후에도 젠더 갈등을 조장한다는 비판을 받는 인사를 기용하거나 정책을 추진하며 논란을 빚었다. 윤석열 정부 시기 내내 한국 사회를 뜨겁게 달궜던 이 극심한 젠더 갈등은 당시 정치·사회적 불안정성을 심화시킨 중요한 배경 중 하나였다.

오늘날 페미니즘을 둘러싼 논쟁은 여전히 평행선을 달린다. 페미니즘의 필요성을 역설하는 목소리는 단호하다. "여성이라는 이유만으로 낮은 임금을 받고, 승진에서 차별받으며, 디지털 성범죄와 가정 폭력의 공포에 시달리는 것이 엄연한 현실이다. 페미니즘은 더 이상 선택의 문제가 아닌, 모든 인간의 존엄과 평등을 위한 필수적인 인권 운동이다." 이들은 여전히 견고한 성차별 구조를 지적하며, 성 평등 사회를 이루기 위한 지속적인 노력과 연대가 필요하다고 강조한다.

반면, 현재의 페미니즘 운동에 비판적인 시각 또한 분명히 있다. "이미 한국 사회는 충분히 평등하거나 오히려 남성이 역차별 받고 있다. 지금의 페미니즘은 피해 의식에 기반한 남성 혐오일 뿐이며, 건전한 토론 대신 사회 분열만 부추긴다. 능력에 따른 공정한 경쟁이 우선되어야 한다." 이들은 페미니즘이 남성 전체를 잠재적 가해자로 몰아가고, #미투 운동 등에서 무고한 피해자가 발생할 수 있다고 주장하며, '과격해진' 페미니즘에 대한 반감을 노골적으로 드러낸다.

젠더를 둘러싼 정치적·사회적 갈등은 세계적인 현상이기도 하다. 미국에서는 버락 오바마 행정부가 여성의 동등 임금을 위한 '릴리 레드베터 공정임금법' 제정, 여성 건강권 보장 등에 힘썼던 반면, 도널드 트럼프 행정부는 여성 혐오적 발언 논란과 함께 보수적인 연방대법관 임명을 통해 여성의 재생산권(낙태권)을 보장했던 '로 대 웨이드' 판결을 뒤집는 결과를 가져왔다.

전 세계적으로 확산된 #미투 운동은 성폭력 문제에 대한 경각심을 높였지만, 동시에 각국에서 격렬한 반발과 논쟁을 촉발하기도 했다. 이는 성 평등 문제가 단지 여성만의 문제가 아니라, 사회 전체의 권력 구조, 문화, 그리고 정치적 지형과 복잡하게 얽혀 있음을 보여준다.

결국 페미니즘은 단순히 '여성을 위한' 사상이 아니라, '성별'

이라는 이유로 가해지는 모든 차별과 억압에 맞서 모든 인간의 자유와 평등을 확장하려는 생각이다.

더 깊이 읽기

『우리에겐 언어가 필요하다』(이민경 저, 봄알람), 『저는 남자고, 페미니스트입니다』(최승범·권김현영 공저, 동녘)

페미니즘을 처음 접하거나 오해하고 있는 독자들이 읽기에 좋은 입문서들이다. 일상 속 성차별 사례를 통해 페미니즘의 기본 개념을 쉽게 설명하고, 남성 페미니스트의 시각 등 다양한 목소리를 담고 있다.

EBS 『다큐 시선』 '이름들 - 호주제 폐지 그 후 10년' (2015년 방송)

호주제 폐지 이후 가족 관계의 변화, #미투 운동의 영향, 디지털 성범죄 문제 등 한국 사회의 구체적인 젠더 이슈들을 심층 취재한 다큐멘터리는 현실을 깊이 있게 이해하는 데 도움을 준다.

키워드 '이대남 현상', '젠더 갈등'

2010년대 후반부터 한국 사회의 핵심 갈등으로 부상한 '젠더 갈등', 그 중심에는 종종 '이대남 현상'이 자리한다. '이대남'은 주로 20대 남성을 지칭하며, 이들은 치열한 경쟁, 사회경제적 불안, 페미니즘에 대한 반발심 등이 복합적으로 작용하며 독특한 정치·사회적 목소리를 형성했다. 온라인 커뮤니티를 통해 확산된 이들의 주장은 때로 거친 언어와 극단적 대립으로 나타났고, 윤석열 정부의 '여성가족부 폐지' 공약은 이 갈등을 더욱 증폭시키는 계기가 되었다.

32. 탈진실 - 사실은 중요하지 않다?

탈진실(Post-Truth). 2016년 옥스퍼드 사전이 '올해의 단어'로 선정하며 세계적인 화두가 된 이 용어는, 여론을 형성할 때 객관적인 사실(fact)보다 개인적인 신념이나 감정에 호소하는 것이 더 큰 영향력을 발휘하는 현상을 뜻한다.

단순히 거짓말이 늘어났다는 뜻이 아니다.

그것은 마치 "이제 와서 사실이 뭐가 중요해? 내 믿음이, 우리 편의 이야기가 더 중요하지!"라고 외치는 듯한, 진실 그 자체의 가치가 평가절하되고 객관적인 현실 인식이 파편화되는 시대적 분위기를 의미한다. 진실과 거짓의 경계가 흐릿해지고, 사람들은 보고 싶은 것만 보고 믿고 싶은 것만 믿는 세상이다.

어떻게 이런 시대가 되었을까? 하나의 원인만 꼽기는 어렵다. 과거 소수의 방송사와 신문사가 뉴스를 독점하던 시대가 가고, 인터넷과 소셜 미디어가 정보 유통의 중심이 되면서 변화는 시작되었다. 누구나 정보를 생산하고 유통할 수 있게 되었지만, 동시에 검증되지 않은 정보와 '가짜 뉴스'가 넘쳐나기 시작했다. 특히 소셜 미디어의 알고리즘은 내가 좋아할 만한 정보, 내 기존의 생각과 비슷한 정보만을 계속해서 보여주며 사람들을 '필터 버블'이나 '에코 체임버'에 가두는 경향이 있다.

여기에 더해 정치, 언론, 전문가 집단 등 기존 권위에 대한 깊은 불신, 그리고 사회경제적 양극화가 심화되면서 커진 '우리 편'과 '저쪽 편'을 가르는 극심한 정치적 대립은 사람들이 객관적 사실보다는 '우리 편의 이야기', '내 감정을 대변하는 목소리'에 더 귀 기울이게 만들었다. 또한 의도적인 허위 정보 유포와 여론 조작 역시 이 탈진실 현상을 부추기는 중요한 요인이 되었다.

한국 사회 역시 이러한 탈진실의 그림자에서 자유롭지 않다. 물론 과거 권위주의 정권 시절에도 정부는 정보를 통제하고 왜곡하며 국민들에게 일방적인 시각을 주입하려 했지만, 인터넷 시대 이전에는 정보의 유통 자체가 제한적이었다.

2000년대 이후 인터넷이 보급되면서 상황은 달라졌다. 2008년 광우병 촛불 시위 당시, 과학적 사실과 확인되지 않은 괴담이 뒤섞여 온라인 공간을 통해 확산되며 사회적 혼란을 겪었던 경험은 한국 사회가 탈진실 현상의 초기 모습을 경험한 사례 중 하나다.

2024-2025년 윤석열 대통령 탄핵 정국은 이러한 탈진실 정치가 얼마나 극단으로 치달을 수 있는지를 보여주는 듯했다. 탄핵 찬반 양측은 각자의 지지층이 주로 이용하는 유튜브 채널, 온라인 커뮤니티, SNS 등을 통해 상반된 정보와 주장을 쏟아냈다. 객관적인 사실이나 법리적 해석보다는, '사법 쿠데타', '종북 세력 척결' 대 '독재 타도', '헌법 수호'와 같은 강렬한 구호와 감정적인 프레임(이는 전형적인 프로파간다 및 선동 기법에 해당한다)이 지지층을 결집시키는 데 더 효과적으로 작동하는 모습이 나타났다. 마치 두 개의 다른 현실 속에 사는 것처럼, 같은 사건을 두고도 정반대의 '진실'을 믿는 사람들이 서로를 혐오하고 비난하며 공통의 대화 기반을 찾기 어려워했다. 헌법재판소의 최종 결정조차 각자의 신념에 따라 왜곡되거나 부정되는 현상이 나타났다.

그렇다면 이 도전에 어떻게 맞서야 할까?

한쪽에서는 시민 개개인의 노력을 강조한다. "가짜뉴스에 속지 않고 진실을 갈망하는 시민들의 깨어있는 노력이 무엇보다 중요하다. 넘쳐나는 정보 속에서 비판적으로 질문하고, 다양한 출처를 교차 확인하며, 감정적인 반응 대신 이성적으로 판단하려는 '미디어 리터러시'를 키워야 한다."

디지털 시대의 프로파간다와 선동은 더욱 교묘하고 강력해졌다. 소셜 미디어 알고리즘은 우리를 보고 싶은 정보만 보여주는 '필터 버블'에 가두고, '가짜 뉴스'는 진짜 뉴스보다 더 빠르게 퍼져나가며, 인공지능을 이용한 '딥페이크' 기술은 현실과 허구의 경계마저 무너뜨리고 있다. 2016년 미국 대선 당시 러시아의 선거 개입 의혹이나 케임브리지 애널리티카 스캔들은 빅데이터와 소셜 미디어가 어떻게 유권자 심리를 조작하는 데 악용될 수 있는지 보여주었다. 도널드 트럼프의 선거 운동과 재임 기간 동안 보여준 트위터 정치, 반복적인 구호 사용, 주류 언론에 대한 공격('가짜 뉴스' 딱지 붙이기) 등은 현대 포퓰리즘 정치가 어떻게 프로파간다 기법을 효과적으로 활용하는지를 보여주는 대표적인 사례다.

더 깊이 읽기

『포스트투루스』, 리 매킨타이어, 두리반

'탈진실'이라는 다소 어려운, 그렇기 때문에 매력적인 이 개념을 대중적으로 알린 대표적인 책이다. 탈진실 현상의 원인(인지 편향, 미디어 환경 변화 등)과 특징, 그리고 과학 부정 등의 구체적인 사례를 통해 그 위험성을 명료하게 분석한 작품이다.

33. 신자유주의 - 시장이라는 종교

신자유주의(Neoliberalism). 지난 수십 년간 세계 경제와 우리 삶을 지배해 온 가장 강력한 이념 중 하나다. 어렵게 들리지만, 핵심 아이디어는 비교적 단순하다.

"시장에 맡겨라! 정부는 가능한 한 작게 유지하고, 개인과 기업의 자유로운 경쟁을 최대한 보장하는 것이 사회 전체의 부(富)를 늘리는 가장 좋은 길이다."

즉, 세금은 낮추고(감세), 정부 규제는 풀고(규제 완화), 공기업은 민간에 팔고(민영화), 국가 간 무역 장벽은 없애(자유 무역) 시장의 효율성을 극대화하자는 생각이다. 이는 20세기 중반까지 많은 국가가 채택했던, 정부가 시장에 적극 개입하여 복지를 늘리고 경제를 안정시키려 했던 생각(케인스주의, 복지국가)과는 상당히 다른 길이다.

이 신자유주의 바람은 언제부터 불기 시작했을까? 1970년대, 전 세계가 오일 쇼크 등으로 경제 침체와 물가 상승(스태그플레이션)을 겪으며 기존의 정부 주도 경제 모델에 대한 의문이 커졌다. 이때 하이에크, 밀턴 프리드먼 같은 경제학자들은 '정부 실패'를 비판하며 '자유 시장'의 복원을 외쳤고, 이 목소리에 힘이 실리기 시작했다. 결정적인 전환점은 1980년대 영국의 마거릿 대처 총리와 미국의 로널드 레이건 대통령이었다. 대처는 강력한 노조를 제압하고 국영 기업을 대거 민영화했으며, 레이건은 대규모 감세와 규제 완화를 밀어붙였다. 이러한 '대처리즘'과 '레이거노믹스'는 신자유주의 정책의 상징이 되었고, 이후 국제통화기금(IMF)이나 세계은행(World Bank) 등을 통해 전 세계로 확산되며 거스를 수 없는 시대정신처럼 여겨졌다.

한국 사회가 이 신자유주의 파도를 온몸으로 맞닥뜨린 것은 1997년, 잊을 수 없는 IMF 외환위기 때였다. 국가 부도 직전까지 몰린 대한민국은 IMF로부터 구제 금융을 받는 대가로 그들의 혹독한 요구 조건을 받아들여야 했다. 기업들은 살아남기 위해 수많은 노동자를 길거리로 내몰았고(구조조정, 정리해고), 공기업들이 민간에 매각되었으며(민영화), 금융 시장은 외국 자본에 활짝 열렸다. 노동 시장은 더욱 유연화되어 비정규직이 급증했다. 김대중 정부에서 시작된 이러한 변화는 이후 노무현, 이명박, 박근혜 정부를 거치며 조금씩 속도와 방향을 조절하기는 했지만, '시장 중심, 경쟁 우선'이라는 큰 흐름 자체는 계속 이어졌다. 그 결과 한국 경제는 위기를 극복하고 외형적으로 성장했지만, 동시에 소득 불평등과 자산 격차 심화(양극화), 고용 불안정, 각자도생의 사회 분위기라는 깊은 그늘을 드리우게 되었다.

이러한 신자유주의적 질서는 이후 한국 정치의 중요한 갈등 축이 되었다. 규제 완화와 시장 경쟁 심화는 효율성과 성장을 가져왔다는 평가와 함께, 승자와 패자를 명확히 가르며 사회경제적 양극화를 심화시켰다는 비판을 동시에 받았다. 이러한 깊어진 사회 갈등 구조와 경제적 불안감은 정치적 불만과 불신을 증폭시키는 토양이 되었고, 때로는 극단적인 정치적 대립이나 위기 상황을 촉발하거나 격화시키는 배경으로 작용하기도 했다.

검찰총장 출신으로 '공정과 상식', '자유'를 내세우며 집권한 윤석열 정부 역시 경제 정책 면에서는 신자유주의적 색채가 엿보였다. 정부는 '민간 주도 성장'을 강조하며 법인세 인하, 부동산 등 각종 규제 완화, 노동 시장 유연화 등을 추진했다. 이러한 정책 방향을 두고 찬반 논쟁은 뜨거웠다. 지지하는 측은 기업 활동의 자유를 넓혀 투자와 성장을 촉진할 것이라 기대했고, 비판하는 측은 불평등 심화와 사회 안전망 약화를 우려했다. 흥미로운 점은, 경제적 자유를 강조하는 신자유주의적 기조가 때로는 사회 질서 유지를 위한 '강한 국가' 요구와 결합되기도 한다는 것이다. '법치'를 유독 강조했던 윤석열 정부의 성격과, 극단적인 형태로나마 국가 권력의 강제력을 동원하려 했던 비상계엄 시도는 이러한 복합적 맥락(경제는 자유, 질서는 통제)에서 살펴볼 여지가 있다.

신자유주의를 둘러싼 해묵은 논쟁은 지금도 계속된다. 그 옹호론자들은 여전히 시장의 힘을 믿는다. "정부의 과도한 개입과 규제야말로 시장의 효율성을 해치고 혁신을 가로막는 주범이다. 자유로운 경쟁과 기업가 정신이 최대한 발휘될 수 있도록 정부는 '작은 정부'를 지향하고 시장의 자율성을 존중해야 한다. 그것만이 파이를 키워 모두에게 혜택이 돌아가게 하는 길이다." 이들은 개인의 자유로운 선택과 책임, 그리고 경쟁을 통한 효율성 극대화를 최선의 가치로 여긴다.

하지만 수십 년간 신자유주의 시대를 살아온 많은 이들은 이제 그 한계를 지적하며 다른 목소리를 낸다. "시장은 결코 완벽하지 않다. 무한 경쟁은 승자독식을 낳고 불평등을 심화시켜 공동체를 파괴한다. 2008년 전 세계를 덮친 금융 위기는 규제 없는 시장이 얼마나 위험한지를 보여주지 않았나. 국가는 시장 실패를 바로잡고, 사회 안전망을 통해 약자를 보호하며, 환경과 같은 공공의 가치를 지켜야 할 책임이 있다." 실제로 신자유주의가 초래한 경제적 어려움과 사회적 소외감은, 기성 체제에 대한 반감을 자양분 삼는 포퓰리즘(본 부록 '극우 포퓰리즘과 태극기 부대' 항목 참조)이 확산되는 중요한 배경이 되기도 한다.

2008년 미국발 금융 위기는 신자유주의 모델에 대한 전 세계적인 성찰을 불러왔다. 당시 버락 오바마 미국 행정부는 대규모 재정 투입(경기 부양책)과 금융 규제 강화(도드-프랭크법) 등으로 위기에 대응하며 신자유주의의 일부를 수정하려는 모습을 보였다. 반면, 이후 등장한 도널드 트럼프 행정부는 신자유주의의 핵심인 '세계화'와 '자유 무역'에는 반기를 들면서도(보호무역, 반이민), 국내적으로는 감세와 규제 완화 등 전통적인 신자유주의 정책을 추진하는 모순적인 행보를 보이기도 했다. 이는 신자유주의가 여전히 강력한 영향력을 가지면서도, 동시에 여러 방향에서 도전을 받으며 그 미래가 불투명해지고 있음을 보여준다.

더 깊이 읽기

『나쁜 사마리아인들』, 장하준

세계적인 경제학자 (그래서 자랑스러운) 장하준 교수가 신자유주의적 세계화와 자유 무역 논리의 허점을 날카롭게 파헤치며 대안적인 발전 모델을 제시한다. 다소 어려울 수 있지만, 신자유주의를 비판적으로 이해하는 데 매우 중요한 시각을 제공한다.

『송곳』, 최규석 (웹툰)

2000년대 초, 불 꺼지지 않는 화려한 조명 아래 비정규직 노동자들의 고된 삶이 숨겨진 프랑스계 대형 마트 '푸르미'. 이곳의 육사 출신 중간 관리자 이수인은 "인간에 대한 예의"를 저버리라는, 즉 나이 든 여성 계산원들을 부당하게 해고하라는 지시를 받는다. 양심의 가책을 느낀 그는 까칠하지만 노련한 노동 상담가 구고신과 손잡고, 생전 처음 '노동조합'이라는 낯선 깃발 아래 모인 평범한 마트 노동자들과 함께 골리앗 같은 회사에 맞선다. 웹툰은 회사의 집요한 탄압과 분열 공작, 조합원들의 두려움과 갈등, 그럼에도 불구하고 불의 앞에서 '송곳처럼' 튀어나와 연대하고 저항하는 보통 사람들의 존엄을 숨 막힐 듯 사실적으로 포착한다.

『자본주의』, EBS 다큐프라임 팀

'올해의 프로그램 상' 등 각종 상을 휩쓴 EBS의 다큐멘터리를 책으로 만든 작품. 신자유주의를 포함해, 왜 자본주의에서는 물가가 오를 수밖에 없는가 등 피부에 와닿는 주제를 쉽게 설명한 수작이다.

에필로그

  이 책을 왜 쓰기로 했나 생각해 본다. 단지 한 번의 정치적 사건을 해설하거나 특정 입장을 변호하기 위한 것이 아니다. 윤석열 대통령 탄핵이라는 '살아있는 교과서'를 통해 내가 궁극적으로 말하고자 했던 것은, 그 사건 이면에 숨겨진 권력의 속성과 인간의 본성이었다. 때로는 영웅적이고 때로는 지극히 평범하게 악을 행하는 게 인간이기 때문이다.
  조금 더 욕심을 부리자면 이 책은 독자들이 혼란스러운 정보와 감정적인 선동 속에서도 남들의 무지와 그럴듯한 분위기에 휩쓸리지 않고, 스스로 질문하고 생각하며 판단하는 힘, 즉 '비판적 지성'을 단련시키는 데 도움을 주고 싶었다. 이 책을 통해 독자가 스스로 더 관심이 가는 부분을 발견했으면 좋겠다. '공부할 거리'나 '더 깊이 읽기'에서 언급한 자료들은 베이스 캠프일 뿐이다. 인터넷이나 인공지능 또는 그 분야의 저명한 전문가를 통해 더 깊이 있는 공부를 시작하면 그것이 바로 이 책의 쓸모일 것이다.

우리 사회의 복잡한 현실과 '방황'을 더 깊이 이해하고 진단하지 않으면 나아갈 수 없다. 그 속에서 '제 몫을 하는 당당한 사회인'이 되려면 최소한의 지식과 보는 눈이 필요하다. 어제보다 '더 나은 사람'으로 함께 성장하고 싶었다. 그게 다다.

탄핵의 소용돌이는 역사의 한 페이지로 넘어갈지 모른다. 하지만 권력의 유혹, 진실과 거짓의 싸움, 혐오와 차별, 우리가 그것들을 어떻게 볼 것인가의 문제는 형태를 바꿔가며 여전히 우리 곁에 남아 있을 것이다. 그리고 아마도 우리를 끊임없이 시험할 것이다.

부디 바란다.

이 책이 당신이 어떤 상황 속에서도 쉽게 흔들리거나 휩쓸리지 않고, 스스로 생각하는 힘으로 세상을 읽어내는 데에 도움이 되길 바란다. 주변의 얕은 무지와 소란스러운 분위기에 휩쓸리지 않길 바란다. 스스로의 이성과 양심으로 판단하며 당당하게 자신의 몫을 해내는 개인이 되길 바란다. 그럴 때에 우리의 삶도 더 깊어지고 단단해질 것이라 믿는다.

방황하는 사람은 특별하다. 아무나 방황하지 않는다. 끊임없이 고민하고 질문을 던지는 사람만이 고독하게 방황한다. 성찰하는 당신의 삶이 있어야만 더 나은 세상을 향한 우리의 이야기도 계속된다

이 책을 기획하면서 말하고 싶었던 핵심 메시지는 무엇인가요?

원래는 개인이 갖고 있는 고민들에 관심이 많았어요. 그래서 『방황하는 사람은 특별하다』 같은 책을 쓰고, 개인이 자기만의 길을 찾는 데에 몰두했어요. 그런데 탄핵을 보면서 새로운 생각이 들었어요. 점점 그 뒤에 있는 사회나 시스템이 보이더라고요. 탄핵과 그것을 해석하는 사람들의 갈등을 보면서, 생생한 교과서 같다는 생각이 들었어요. 이걸 좀 쉽게 풀어서 설명드리고 싶었어요. 꺼려지는 정치 사회 이야기를 먹기 쉽게 포장해서 파는 소매상처럼요. '한 입 크기'로요. 요새는 지식 소매라는 말도 있잖아요.

이 책의 핵심 메시지는 간단해요. 복잡해 보이는 민주주의나 헌법 같은 것도 사실 우리 삶이랑 딱 붙어있는 '생활 상식' 같은 거라는 거예요. 전문가만 아는 어려운 게 아니라, 누구나 알아야 할 교양이라는 걸 꼭 말하고 싶었죠. 그리고 이런 지식들이 살아가는 데에 큰 도움이 돼요. 특히 제가 평소에 주장하는 '내가 주인공으로 사는 인생'에도 도움이 돼요. 내가 보지 못한 새롭고 넓은 세상을 보여준다는 점에서, 내 고민이 인류에 의해 역사적으로 반복되어 왔다는 것에서, 그리고 그 고난을 개인이든 사회든 온 힘을 다해 극복해왔다는 점에서요.

'지식 소매' 방식이라는 표현이 흥미로운데요.

제가 좀 거창하게 '지식 소매상'이라고 표현했는데요, 별거 아니에요. 그냥 어려운 지식도 백화점처럼 진열만 해놓는 게 아니라, 동네 가게 사장님처럼 손님 한 분 한 분 눈높이에 맞춰서 "이건 이런 거고요, 저건 저런 맛이에요" 하고 쉽고 친절하게 건네드리고 싶다는 마음이죠.

그래서 이 책에서는 일부러 학술 용어나 법률 용어 같은 건 거의 안 쓰려고 정말 애를 많이 썼어요. 예를 들면, '일사부재의 원칙' 같은 어려운 개념도 "동아리 회의에서 어제 부결된 안건, 오늘 또 올리면 짜증 나잖아요? 국회도 기본은 같아요." 하는 식으로 우리 주변에서 흔히 볼 수 있는 이야기로 풀어내려 했죠. '법사위가 뭐하는 곳이냐'고 물으시면, "집 살 때 등기부등본 떼보는 거랑 비슷해요. 큰일 치르기 전에 사전 점검하는 거죠." 하는 식으로요.

그리고 제일 중요한 건, 이 모든 내용을 독자분들이 숨 가쁘지 않도록 하는 거였어요. 마치 짧은 글 여러 개 엮어 읽는 느낌으로 따라오실 수 있도록 33가지 논쟁과 10가지 핵심 개념을 각각 독립된 '생각의 단위'로 쪼개어 구성했어요. 한 번에 한두 꼭지씩, 부담 없이 '한 입 크기'로 즐기실 수 있도록요. 그게 제가 생각하는 독자를 위한 '지식 소매' 방식이에요.

주로 개인의 성장과 치유에 관한 글을 쓰셨습니다. 탄핵이라는 사건을 다루게 되신 특별한 계기가 있으신가요?

제 글쓰기가 확 바뀌었다기보다는, 제가 원래 관심 있던 '소통'과 '이해'의 연장선이라고 봐주시면 좋겠어요. 중요한 지식들이 너무 어렵게만 전달되는 게 늘 안타까웠거든요. 몇 년 전에는 '마 작가의 인문학 공부방'이라는 모임도 1년 넘게 운영했어요. 중요한 것일수록 쉽게 설명되어야 한다고 믿어요. 진실은 간소한 데에 있다고요. 구독자들을 위한 교양서를 꼭 쓰고 싶었어요. 버킷

리스트였다고나 할까요. 그런데 이렇게 좋은 소재가 눈 앞에 나타 주니, 이게 운명인가 싶었어요.

특히 탄핵 정국 때 많은 분들이 힘들어하시는 걸 보면서, 누군가는 이 복잡한 상황을 쉽고 친절하게 안내하는 '번역자'나 '안내자'가 되어야 한다고 생각했어요.

큰 사건을 겪고 난 직후야말로 우리가 뭘 경험했고 뭘 배워야 하는지 돌아볼 가장 좋은 때라고 생각해요. 혼란 속에서 다시 중심을 잡으려면, 우리 사회가 어떻게 돌아가는지 기본 원리에 대한 이해를 함께 다지는 게 꼭 필요하잖아요. 이 책이 그런 역할을 해주길 바랐습니다.

브랜드 전략가, 저자, 그리고 500권 이상 책을 만든 편집자 등 다채로운 이력이 있습니다. 이러한 다양한 경험들이 책을 집필하시는 데 어떻게 기여했나요?

정말 모든 경험이 다 도움이 됐어요. 무엇보다 500권 넘게 책을 만들었던 편집자 경험이 가장 컸어요. 어떻게 하면 어려운 내용을 독자들이 쉽게 이해할 수 있을까, 어떻게 소통해야 할까를 늘 고민했으니까요. 그게 '생활 인문학' 콘셉트를 구현하는 핵심이었어요. 잘 나가는 책을 만드는 건 어려운 일이지만, 경험상 '이렇게 하면 절대 안 된다'는 잘 알고 있었거든요. 어렵고 복잡하면 절대 안 된다고 매순간 잊지 않았어요. 그럼에도 불구하고 여전히 만족스럽진 않지만요.

책을 발행하는 과정 중에서도 저는 맨 앞단을 좋아해요. 원석을 갖고 이 책을 어떻게 요리할 거냐를 고민하는 단계요. 흔히 '기획'이라고 하죠. 저는 원래 출판에 대해 아무 지식도 없는 사람이에요. 그런데 책이 너무 좋아서 그리고 책을 기획하는 게 좋아서 여기까지 이어진 것 같아요. 그리고 그 기획에 도움이 된 건 브랜드 전략가로 일한 경험이죠. 다양한 브랜드로, 이것저것 전략적으로 시도한 것이 책을 기획할 때 가장 큰 도움이 돼요. 그런데 전략적으로 생각하려면 책이 도움이 되죠. 책을 너무 좋아하는 마음과 전략에 대한 경험이 잘 맞아 떨어진 게 지금 제 인생 같습니다.

'생활 인문학'이라는 키워드가 독자들에게 매우 친근하게 다가옵니다. 이 책이 독자들의 일상에 어떤 방식으로 스며들기를 기대하시는지요?

우리가 매일 숨 쉬는 공기처럼, 인문학도 원래 우리 삶 구석구석에 스며 있어야 한다고 생각해요. 너무 어렵거나, '교양 있는 사람들'만 아는 특별한 지식으로 박제되는 순간, 그 생명력을 잃어버리거든요.

예를 들어 이 책에서 '탄핵'을 다뤘잖아요. 이게 그냥 뉴스에 나오는 정치인들 싸움, 혹은 복잡한 법 조항 싸움으로만 보이면 얼마나 재미없고 멀게 느껴지겠어요. 하지만 가만히 들여다보면, 그 안에는 '약속(사회 계약)은 왜 지켜야 하는가?', '잘못된 권력에 어디까지 저항할 수 있는가(시민 저항권)?', '다수의 결정은 항상 옳은가?' 같은, 우리가 살면서 한 번쯤은 고민해봤을 법한 질문들이 숨어 있거든요. 저는 바로 그 지점을 독자들과 함께 이야기하고 싶었어요. "회사 대표의 결정은 항상 옳을까?" 또는 "동아리 회의에서 어제 부결된 안건, 오늘 또 올리면 짜증 나잖아요?"처럼 일상적인 질문에서 출발한 것도 이유가 있었죠.

제가 생각하는 '일상에서의 인문학적 성찰'이란, 바로 이런 거예요. 매일 뉴스를 보면서도, '저 사건이 나랑 무슨 상관이지?'가 아니라 '저것이 우리 사회의 어떤 원리를 보여주는 걸까?', '나라면 저 상황에서 어떤 선택을 했을까?' 하고 한 번 더 생각해보는 거죠. 거창하게 철학책을 읽지 않아도, 친구와 정치 얘기를 하다가도, 심지어 드라마를 보면서도 우리는 얼마든지 인문학적인 질문과 만날 수 있다고 믿어요.

이 책이 독자들의 일상에 스며드는 방식도 비슷했으면 좋겠어요. 앞으로 독자분들이 자신의 삶에서 크고 작은 선택을 내릴 때, 문득 떠오르는 '생각의 기준'이나 '질문의 실마리'가 되었으면 해요. 그래서 결국 '아, 이게 그때 그 책에서 봤던 그 이야기구나!' 하고 무릎을 탁 치면서, 세상을 조금 더 깊고 넓게 이해하고, 남들의 말에 쉽게 휩쓸리지 않고 자기만의 중심을 잡는 데 작은 힘이 되어준다면야…. 저로서는 더 바랄 게 없겠습니다.

이 책에서 다룬 수많은 개념과 논쟁들 중에서, 작가님 개인적으로 강조하거나 독자들이 꼭 곱씹어 봤으면 하는 개념이 있나요?

이 책에는 일부러 좀 반복해서 등장시킨 개념들이 있어요. 독자 한 분 한 분마다 와닿는 지점이 다르겠지만, 그중 한두 개라도 '아, 이거!' 하고 자기 삶으로 가져가시면 좋겠다는 바람이 있었죠.

개인적으로는 '시민 불복종'이라는 개념이 이번 책을 쓰면서 더 가깝게 다가왔어요. 특히 제가 좋아하는 헨리 데이비드 소로우의 영향이 컸죠. "법보다 중요한 것은 개인의 양심이며, 부당한 권력에는 '아니오'라고 말하는 것이 시민의 의무다." 이 얼마나 가슴 뛰는 말인가요? 그저 세상 흘러가는 대로, 남들이 시키는 대로 사는 게 아니라, 내 안의 목소리를 듣고 내 삶의 주인으로 당당하게 살 수 있겠다는 어떤 용기를 주거든요. '주인이 마음에 안 들면 저항할 수 있다니, 이거 참 신선한데?' 하는 짜릿함 같은 거요. 탄핵 정국을 보면서도, 많은 시민들이 바로 이 소로우의 정신으로 광장에 나오지 않았을까 생각했어요.

그리고 또 하나, 독자분들이 꼭 기억해주셨으면 하는 건 한나 아렌트가 말한 '악의 평범성'이에요. 우리가 흔히 '악'이라고 하면 무슨 뿔 달린 악마를 떠올려요. 하지만 한나 아렌트는 지극히 평범한 사람도 '생각 없이' 거대한 악에 가담할 수 있다고 사례를 통해 경고했어요. 그게 정말 무서운 거죠. '나는 그저 명령에 따랐을 뿐'이라는 변명이 얼마나 많은 비극을 낳았는지 역사가 보여주니까요. 우리도 언제든 그런 상황에 놓일 수 있다는 거예요. 그래서 이 책을 통해, 우리가 매 순간 '정신 똑바로 차리고 살아야 한다', '비판적으로 생각하고 질문해야 한다'는 메시지를 꼭 전하고 싶었어요. 흘러가는 대로 살면 안 된다, 이런 생각을 들게 만드는 개념이라 추천해요.

이 책을 완성하신 후, 저자로서 가장 크게 느끼신 '보람'과 동시에 혹시 '풀리지 않은 숙제'처럼 남은 아쉬움이 있다면요?

복잡하고 어려운 이야기를 쉽게 풀어내려고 했던 '지식 소매상'으로서의 시도가 어느 정도는 구현됐다는 느낌이 들 때인 것 같아요. 이걸 쓰면서 저 스스로도 '너무 어렵거나 지루하게 느끼시면 어떡하지?' 하는 걱정이 정말 많았거든요. 그런데 주변 분들이나 먼저 원고를 읽어보신 분들이 "딱딱한 법이나 정치 이야기가 아니라, 정말 사람 사는 이야기처럼 읽힌다", "뉴스로만 접했던 사건들의 이면을 알게 되어 시야가 넓어졌다" 같은 말씀을 해주셨어요. 아, 그래도 내 진심이 전해졌구나 싶어서 큰 보람을 느껴요.

아쉬운 것은 제 지식의 부족함이었어요. 개념을 쉽게 설명하기 위해 다양한 자료를 찾으려고 노력했지만, 그것을 판단하고 적재적소에 배치하는 것은 통찰력이 필요하더라고요. 통찰력은 공짜로 얻어지는 게 아니라 일정 기준 이상의 지식이 충분히 쌓여야 발휘되잖아요. 특히 현실정치나 제도적인 것에서 제 부족함을 많이 느꼈어요. 반대로 철학적인 것에 있어서는 꾸준히 관심이 있었기 때문에 알 수 없는 편안함과 자신감을 느꼈어요. 이 기회를 통해서 제 부족함을 알고 또 연마할 수 있었어요. 책에 대한 제 소신은 조금 특별해요. "전문가라서 책을 내는 게 아니라, 책을 내면서 전문가가 되는 거다."

이 책을 읽게 될 독자들에게, 특히 탄핵 정국을 거치며 혼란과 피로감을 느꼈을 시민들에게 말하고 싶은 게 있다면요?

이 책이 명쾌한 해답이나 정치적 처방전은 아니에요. 다만 혼란 속에서 길을 찾도록 돕는 '친절한 지도'이자 '생각의 도구'가 되면 좋겠어요. 민주주의나 헌법 원리를 아는 게 별난 게 아니라, 우리가 이 시대를 제대로 읽고 주체적으로 살아가려면 꼭 필요한 '기본 교양' 같은 거라는 말씀을 드리고 싶어요.

과거 우리가 시련을 극복하고 민주주의를 발전시켜 온 역사를 기억해보면 금상첨화겠죠. 수많은 사건이 있었지만 하나씩 매듭을 풀면서 성장해 온 흐름을 느끼셨으면 좋겠어요.

그런 시선을 개인에게 적용해보는 것도 의미 있어요. 여러분 인생이 아무리 힘들어도 곧 지나가요. 탄핵을 보세요. 나라가 주저앉을 것처럼 혼란스러웠지만 잘 수습되고 있잖아요. 코로나 때는 영원히 마스크를 쓸 것만 같았는데 이젠 추억이 됐죠.

여러분이 삶의 어떤 단계를 지나고 있던 간에, 나중엔 역사와 추억으로 남을 거예요. 그러니 너무 조급하게 생각하지 마시고, 담담하게 시련을 마주하시길 바라요.

탄핵이 뭐길래

33가지 논쟁과 10가지 개념으로 읽는 생활 인문학

발행일 2025년 6월 29일
지은이 마작가
기획 페스트북 편집부 **편집** 곽하늘 강채영 **표지디자인** 김안석
펴낸곳 주식회사 페스트북 **펴낸이** 마형민 **홈페이지** festbook.co.kr
편집부 경기도 안양시 동안구 관악대로 488
씨앗트 스튜디오 경기도 안양시 동안구 안양판교로 20

ⓒ 마작가 2025

ISBN 979-11-6929-151-4 03300

값 17,000원

이 책은 저작권법에 의해 보호를 받는 저작물이므로 무단 전재와 무단 복제를 금합니다. 페스트북은 작가중심주의를 고수합니다. 누구나 인생의 새로운 챕터를 쓰도록 돕습니다. voice@festbook.co.kr로 자신만의 목소리를 보내주세요.